Australische Blütenessenzen
für das
21. Jahrhundert

Edition Tirta

Impressum:

Vasudeva und Kadambii Barnao
Australische Blütenessenzen für das 21. Jahrhundert

erschienen in der
Edition Tirta im Reise-Know-How Verlag Peter Rump GmbH, Bielefeld

© Copyright der deutschen Ausgabe 1998: Peter Rump
Erstmals veröffentlicht 1997 von der Australasian Flower Essence Academy
P.O. Box 355 Scarborough, WA 6016, Australia
© Copyright Vasudeva und Kadambii Barnao 1997

ISBN 3-89416-785-8

Photos:
Vasudeva und Kadambii Barnao. Start's Spider Orchid Photo von Bill Jackson.
Gestaltung:
Umschlag: P. Rump, Bielefeld
Inhalt: Acorn Design, Perthindonesien
Bearbeitung für die deutsche Ausgabe: Gunda Urban, Bielefeld
Übersetzung aus dem Englischen: Burger & Schwarz, NL-Nieuwegein
Herstellung: Fuldaer Verlagsanstalt GmbH, Fulda

PRINTED IN GERMANY

Dieses Buch ist erhältlich in jeder Buchhandlung der BRD, Österreichs, der
Benelux-Staaten und der Schweiz oder über die Barsortimente.
Bitte informieren Sie Ihren Buchhändler über folgende Bezugsadressen:
Deutschland: Prolit GmbH, Postfach 9, D-35461 Fernwald (Annerod)
Schweiz: AVA-buch 2000, Postfach 27, CH-8910 Affoltern
Österreich: Mohr-Morawa Buchvertrieb GmbH, Sulzengasse 2, A-1230 Wien
Benelux: Nilsson & Lamm bv., Postbus 195, NL-1380 Weesp

Wer im Laden trotzdem kein Glück hat, bekommt unsere Bücher auch direkt bei:
Rump-Direktversand, Heidekampstr. 18, D-49809 Lingen (Ems)

Australische Blütenessenzen für das 21. Jahrhundert

Vasudeva und Kadambii Barnao

AUSTRALASIAN FLOWER ESSENCE ACADEMY

Perth, Australia.

INHALT

Danksagung 7

Über die Autoren 9

Einleitung 13

Heilung für das 21. Jahrhundert 17

Wie Sie dieses Buch optimal nutzen 21

Diagnosetechniken für die Blütenessenztherapie 25

    1. Psychologisches Profil 25

    2. Blütenaffinitätsdiagnose
       (einschließlich Farbgruppierungen) 26

    3. Baihui-Diagnose 33

    4. Florale Akupunkte 39

Anwendungstechniken für die Blütenessenztherapie 40

    1. Einnahme 40

    2. Florale Akupunkte, Florale Akupressur und der
       Blütenessenzprojektor 43

    3. Lokale Anwendung
       (Für direkte Anwendungen und Körperarbeit, Massage,
       Chiropraktik/Osteopathie, Physiotherapie etc.) 45

    4. Bäder 47

    5. Sprays 48

    6. Meditationen 49

Für die Tiere 51

INHALT

Die Wildblüten von A bis Z 55

Die floralen Akupunktkarten 249
Ohr(Auricular)-Akupunkte 249
Körper-Akupunkte 271

Register I
Index der Blüten II
Index der Axiome III
Index der floralen Akupunkte V
Index der positiven Eigenschaften, Schlüsselworte VI
Index der Problembereiche, Schlüsselworte VIII
Index der körperlichen Symptome X

Anhang XII

Dieses Buch ist allen gewidmet, deren Lebensziel es ist, das Leben für andere zu verbessern und die Schönheit des Lebens zu schätzen: in Menschen, Tieren, Pflanzen und in allen kollektiven und individuellen Lebensformen.

Unserer Herzen Dankbarkeit gilt allen Mitarbeitern, den Studenten, den Feldforschern, Freunden und Kollegen der Akademie, deren Engagement und Unterstützung die Qualität der Arbeit gesteigert haben, so daß die Wildblüten nun mit Sicherheit ihren Weg zu all den Menschen des 21. Jahrhunderts finden werden, die ihre Hilfe benötigen.

Vasudevas und Kadambiis Studien und Forschungsarbeiten über Blütenessenzen entstanden aus der jahrzehntelangen Entwicklung ihrer Kennt-
nisse und Praxis des Yoga. Bevor sie sich trafen, praktizierten beide bereits
viele Jahre die spirituelle Meditation, der sie die intuitive Sensitivität und
innere Ruhe verdanken, durch die sie die Feinheiten der menschlichen
Natur und die vielen geheimnisvollen Aspekte der Blüten zu schätzen lern-
ten.

Vasudeva begann 1977 aus Interesse an natürlichen Heilverfahren mit der
Produktion und Erforschung australischer Blütenessenzen. Er hatte unterschiedliche Studiengänge absolviert und obwohl diese ihm körperlich eine
große Hilfe waren, war er der Meinung, daß die Ursachen nicht ausreichend
bestimmt worden waren beziehungsweise nicht richtig damit umgegangen
wurde. Die Wirkung der Blütenessenzen, die Veränderung, die sie in seinem
Bewußtsein hervorbrachten und das innere und äußere Wohlsein, das sie
hervorbrachten, überraschten ihn. Er erkannte das hilfreiche Potential der
Blütenessenzen bei allgemeinen, menschlichen Problemen als etwas Wesentliches.

1980 zog er von Sydney nach Perth, ins Herz des Wildblütenstaats Western
Australia. Dort traf und heiratete er Kadambii, und gemeinsam begannen
sie, die Erforschung und Entwicklung der Blütenessenzen und die Stu-
dienprogramme ihrer Australasian Flower Essence Academy erheblich zu
erweitern, um deren Verbreitung zu fördern.

In den späten Achtzigern führte Kadambiis Arbeit mit einer Gemeinschaft
australischer Ureinwohner, den Nyoongah, zur Entdeckung der ältesten,
existierenden Blütenessenztherapie. Der Stammesälteste, Nunjin, bezeugte,
daß die althergebrachten Praktiken ihre Forschung bestätigten.

Später entdeckten sie die alte buddhistische Tradition der Blütenessenztherapie in Malaisien und Thailand, wo Tempel auf die Heilung mit Blütenessenzen spezialisiert sind.

Sie leisteten Pionierarbeit bei der Erforschung und Anwendung von Blütenessenzen an Akupunkten und Meridianen, was zusammen mit ihrer Weiter-
entwicklung der Blütenessenzen zu Cremes und Lotionen dazu führte, daß
ihre Arbeit jetzt auch in Krankenhäusern gelehrt und genutzt wird.

Seit 1989 machen sie Reisen, halten Vorträge auf Konferenzen für Medizin
und Naturheilkunde und geben weltweit Seminare für die Studenten der
Akademie. Als Hilfe für Studenten (national und international) haben die
Barnaos einen Videofernkurs und das Walkabout Healing Video produziert.

1995 wurden Kadambii und Vasudeva zu 'Knights Hospitaller of Saint John
of Jerusalem' und 'Ritter von Malta', eines 900 Jahre alten internationalen,
philanthropischen Ordens, geschlagen.

Sie wohnen mit ihren drei Kindern in Perth, Australien.

Blumen ziehen Leben an. Das ist das Geheimnis hinter ihren Formen, Farben, Düften und dem Bewußtsein, das sie manifestieren. Die Menschen und das Blütenreich haben eine Sehnsucht gemeinsam: Mit dem Leben zu interagieren und die gegenwärtigen Begrenzungen ihrer Entwicklung zu durchbrechen.

Menschen und Blumen haben eine Liebesbeziehung, die seit Hunderttausenden von Jahren wächst und gedeiht. So wurden bereits in die Gräber der Neandertaler Blumen gestreut. Weshalb hatten sie wohl das Bedürfnis, dies zu tun? Wie helfen uns Blumen bei den Übergangsriten unseres Lebens, bei Geburten, Hochzeiten, Gottesdiensten und Feiern, bei Krankheit und Tod? Sogar im gewöhnlichen Alltag umgeben wir uns mit Blumenbildern auf Drucken und Kleidung, auf Vorhängen, Papiertüten und Seife.

Vielleicht müssen wir uns nur einmal eine Welt ohne Blumen vorstellen, um ihre Rolle in unserem Leben zu erkennen. Wir besuchen Gärten, Parks und die Abgeschiedenheit der Wildnis, denn sie sind kostbar für uns. Hier interagieren wir mit den Blüten und können geistig auftanken, einen klaren Kopf bekommen und wieder neue Kraft gewinnen.

Die Nyoongah, Ureinwohner Südwestaustraliens, leben umringt von fruchtbaren, das ganze Jahr hindurch blühenden Wildblumen, die heute bei Botanikern weltweit bekannt sind. Kein Wunder also, daß die Hüter dieser Landschaft auch die älteste, existierende Tradition der Blütenessenztherapie bewahren. Die Mobarn oder Wadinyoongahri, Älteste und Heiler des Stammes, führen eine Heilzeremonie durch, bei der jemand in eine Grube gelegt wird, in der Kohle mit Erde bedeckt wurde und mit Wasser und Blüten bestreut wird, und mit einem Känguruhfell zugedeckt wird: eine Art Sauna. Man glaubte, daß die Blüten dem Menschen einen neuen Geist geben würden, daß wer Angst hatte,

Mut gewinnen, ein wütender Mensch Frieden finden und ein Kranker gesund würde. Das zieht uns an Blumen so an: Unser Leben erweitert sich durch die Interaktion mit den Gaben ihres heilenden Wesens.

Aus der Sicht der Nyoongah trugen die Blumen die Farben des Schöpfergeistes, des Waugal oder der Regenbogenschlange. Nachdem dieser die Eiszeit durchbrochen hatte, die die Erde bedeckte, konnte die Sonnenfrau mit ihrer Wärme zu ihr durchdringen. Die Blüten in allen Farben des Regenbogens erinnern daran, wie das Leben wiedererweckt wurde.

Die feinstoffliche Anwendung von Blüten kam und verschwand in vielen Kulturen - und nun ist sie wieder da.

Die Gaben der Wildblüten waren für uns, die Autoren, auch persönlich sehr wichtig, denn sie haben uns von ernsten Krankheiten geheilt, waren ein Katalysator für inneres Wachstum und haben uns Geheimnisse gezeigt, die wir unser Leben lang erforschen werden. Die Entwicklung der 'Living Essences of Australia' seit 1977 ist für uns in allen Bereichen eine Offenbarung. Unsere Erforschung der Blüten und ihres Heilpotentials führte zu der Entwicklung von Diagnose- und Anwendungstechniken, die nun Teil des Bildungsprogramms an der Akademie sind und auch in Kursen an naturheilkundlichen Schulen und in Krankenhäusern gelehrt werden.

Zunächst wollten wir all jenen ein Bildungsprogramm bieten, die sich auf die Blütenessenztherapie spezialisieren wollten. Der einjährige Kurs fand erstmals 1985 an der Akademie statt und wurde Jahr für Jahr erweitert, bis er als fünfjähriger Grundkurs 1989 seine endgültige Form gefunden hatte.

Wir wollten es Menschen ermöglichen, das breite Spektrum ihrer Heilfähigkeiten mit Blütenessenzen als eine ganz eigene Disziplin der Heilkunde effektiv auszuüben. Wir waren der Meinung, daß es ein großes Bedürfnis an solchen Experten gab, die sich um die realen und unmittelbaren Gesundheitsbelange des Gemeinwohls kümmern können. Vor dieser Zeit wurde die Blütenessenztherapie als Randgebiet anderer natürlicher oder esoterischer Therapieformen betrachtet, und sie konnte ihr volles Potential nie ganz entfalten. Therapeuten 'packten noch ein paar Blütenessenzen' zu ihren Therapien dazu, denn vielleicht würde es ja helfen, oder benutzten sie höchstens, um kurzfristig mentale Not zu lindern. Das Bildungsprogramm an der Akademie erfüllt unseren Wunsch, daß mehr Blütenessenztherapeuten in der Gemeinschaft arbeiten. Jahr für Jahr schließen weitere hundert Menschen das erste Therapeutensemester ab, entweder im Hauptquartier in Perth selbst oder über die nationalen und internationalen Videofernkurse. Dieses Buch ist das Curriculum des ersten Jahres.

Das Wissen für Fortgeschrittene und weiterreichende Curricula, einschließlich esoterischer Wissenschaften, wird in darauf aufbauenden Büchern behandelt. Dazu gehören Geistreisen entlang der Meridiane (einschließlich der Psychologie der Meridiane und Akupunkte), die Diagnose mittels archetypischer Psychologie, astrologische Diagnose, Metaphysik der Blütenessenzen, die Wissenschaft der Chakren und die Entwicklung des Bewußtseins.

In all den Jahren unserer Forschung war es uns immer wichtig, daß die Blütenessenzen ihr volles Potential in jedem Heilungsbereich entfalten können. So wurden spezifische Anwendungsformen entwickelt, wodurch die Blütenessenzen in verschiedenen Bereichen genutzt werden und mit anderen Heilwegen zusammenwirken können. Damit andere Therapeuten und Gesundheitsfachleute die Blütenessenzen in ihrem Bereich sicher anwenden können, wurden die Methoden und Systeme klar definiert und so gelehrt, daß sie ihren Bedürfnissen und denen ihrer Patienten gerecht werden.

Außerdem war es uns zu jeder Zeit ein Bedürfnis, dem großen Publikum ein einfaches und effektives System zur Verfügung zu stellen, auf das man für sein alltägliches Wohlbefinden und seine Gesundheit zurückgreifen kann. Dies inspirierte 1984 die Erforschung der Nutzung von Blütenessenzen in Cremes gegen Schmerz, Streß und Arthritis. Die Effektivität dieser neuen Methoden führte sogar dazu, daß sie Eingang fanden in die Welt der Krankenhäuser. Später wurden die Essenzkombinationen für Einnahme, das dem 'Wildflower Relief Elixir' und das '21st Century Survival Kit' entwickelt und veröffentlicht.

Währenddessen fanden wir weitere Heilblüten in Feld und Flur, im Wald, in Wüsten, den Kwongan Sandplains, in Schluchten, an Stränden und in den Bergen. Wir haben das Gefühl, daß unsere Arbeit eine sehr reale Brücke geschlagen hat zwischen der Welt der Natur und der Welt der Menschen, die so sehr in ihren modernen Problemen gefangen sind. Vielleicht ist das auch eine passende Beschreibung für die Wirkung der Blütenessenztherapie im allgemeinen, daß sie die Lücke zwischen den Menschen und dem natürlichen Gleichgewicht ihrer ursprünglichen Ausrichtung überbrückt.

Die Reise zu den Geheimnissen des Heilens bezieht alle Aspekte des menschlichen Wesens grundlegend mit ein. Die Blütenessenzen sprechen die Heilung von Körper, Geist und Seele zwar sehr sanft aber definitiv an. Man verspürt den Drang, die gewonnene Weisheit zu nutzen, das Leiden anderer zu lindern. Wir hoffen, wenn wir unser Wissen der letzten beiden Jahrzehnte mit den Lesern dieses Buches teilen, daß wir immer mehr Blüten und Menschen dazu verhelfen, sich gegenseitig zu finden und die Wunder der Heilung und Gesundung zu genießen.

Vasudeva und Kadambii

Bisher hat dieser Planet weder eine vollkommene Gesellschaft noch ein perfektes Heilsystem hervorgebracht. Diese Vollkommenheit lag offenbar außer Reichweite. Die Geschichte der Menschheit ist eine Geschichte der Selbstentdeckung, wobei die auf dieser Suche gewonnenen Erkenntnisse immer wieder durch neuere ersetzt oder abgeändert werden.

Ein Teil des wissenschaftlichen Fortschritts fand im Bereich der wesentlichen Aspekte des Menschseins und der Wirkweise seines Bewußtseins und seiner Energie statt. Viele alte und traditionelle Gesellschaften haben diese Wissenschaften jahrtausendelang entwickelt und uns wertvolle Erkenntnisse über das Wirken des Lebens und die Anwendung dieses Wissens für die Gesundheit und das Wohlsein aller weitervermittelt. Die Terminologie war sicherlich anders und wird aus heutiger Sicht oft mißverstanden. Außerdem ging ein Teil davon in abergläubischen Dogmen und in Religionen verloren.

Der weitere wissenschaftliche Fortschritt war hauptsächlich auf die äusseren Aspekte des Menschseins gerichtet, von der groben Materie bis hin zur molekularen, atomaren und subatomaren physischen Ebene. Diese Wissenschaften haben der Menschheit viel gebracht, obwohl die Menschen und ihre Umwelt bei ihrer Entwicklung oft Schaden genommen haben. Viele der heutigen wissenschaftlichen Praktiken werden von zukünftigen Gesellschaften genauso betrachtet werden, wie wir rückblickend den Hygienemangel und die ungewaschenen Hände der Chirurgen vor hundert Jahren betrachten.

Diese Entwicklung ist bereits im Gange. Eine Parallele zu den ehedem ungewaschenen Händen formt die heutige Sitte, nicht nach den tieferen Ursachen von Krankheit und mentalen Problemen zu suchen, wenn Menschen Heilung brauchen. Die heutige Menschheit verlangt eine holistische Heilkunst, die das ganze Wesen einbezieht und nicht nur die physischen Grundkomponenten, und sie will das beste physische Resultat ohne schädliche Nebenwirkungen.

Die Heilkundigen des 21. Jahrhunderts werden ein tiefes Verständnis des menschlichen Geistes und der Reisen des Einzelnen in seinem Leben, wonach er strebt und wie sich das auf ihn auswirkt, haben müssen. Heiler werden sowohl feinfühlig auf unser innerstes Wesen eingehen als auch ganz praktisch unsere körperlichen Leiden lindern müssen. Und die Heilung muß eindeutig erklärt werden.

Die Wildblüten bieten dieses breite Spektrum an Heilung, und sie helfen uns, in Kombination mit den diagnostischen Techniken, die vielen Schichten zu enthüllen, auf denen unser Leiden beruht. Anders ausgedrückt: Wer Heilung empfängt, lernt auch etwas über sein inneres Wesen, und wie er an den Punkt gelangt ist, Heilung zu benötigen. Solch eine Weisheit ist unschätzbar beim Aufbau eines besseren Lebens und beim Abwenden weiteren Leides.

Durch die moderne Lebensweise haben wir oft weder Raum noch Zeit für die Form der Heilung, die wir brauchen. Und durch die Intensität des modernen Lebens reagieren Körper, Geist und Seele der Menschen viel schneller. Wenn wir nicht in den Wald gehen können, um unser Gleichgewicht wiederherzustellen, können wir die Natur in den Blütenessenzen suchen, die immer in Reichweite sind.

Heilung der geistigen Grundmuster

Bei der Arbeit mit Wildblüten kann man von der körperlichen Ebene ausgehend den ursächlichen, mentalen Zustand herausfiltern und dort ansetzen, oder man lindert vom mentalen Zustand ausgehend das Körperliche. Hat jemand zum Beispiel durch Spannung verursachte Rückenschmerzen, so kann man die Blütenessenzen örtlich oder an den floralen Akupunkten anwenden, um die Symptome zu lindern. Man könnte etwa die Dampiera-Essenz benutzen, da es sich um einen spannungserzeugten Schmerz handelt. Außerdem wirken die Essenzen auf den Geist ein, der die Spannung im Rücken auslößt und aufrecht erhält. Schließlich wird der Geist von der Spannung geheilt, und er produziert keine weiteren körperlichen Schmerzsymptome. Ebenso könnte jemand, der oft unter geistiger Anspannung leidet, die sich in Rückenschmerzen äußert, mit der Einnahme von Dampiera-Essenz behandelt werden, um ihn von den spannungsvollen Gedankenprojektionen zu befreien, die die körperlichen Symptome verursacht haben.

In beiden Fällen geht es darum, entweder zur mentalen Wurzel des Problems zu gelangen oder an den Ort, wo der Körper reagiert, und zwar je nachdem ob der Betreffende auch das mentale Element erkennt oder nur das Körpersymptom. Blütenakupressur beschleunigt die Reaktion des Körpers auf die heilende Botschaft, weshalb die Anwendung bestimmter Wildblütenessenzen auf spezifische Akupunkte einen Durchbruch für die Blütenessenztherapie insgesamt bedeutete. Dennoch braucht dauerhaf-te Heilung Zeit, und so sollte die Anwendung der Essenz auf den Akupunkten oder die orale Verabreichung auch nach dem Verschwinden körperlicher Symptome fortgesetzt werden. Menschen, die bemerken, daß sie nun dem mentalen Muster der Anspannung und Sorge entwachsen sind, haben den Heilkreis durchlaufen, der mit Dampiera begann.

Uns selbst verstehen, damit wir uns heilen können

Da die Heilung des Bewußtseins charakteristisch für Blütenessenzen ist, richtet sich ein Großteil der Diagnose natürlich auf den Geist. Die von uns entwik-kelten und in diesem Buch erläuterten Diagnosetechniken sind hilfreich bei der Selbstdiagnose und dabei, anderen bei ihrer Selbstdiagnose zu helfen.

Selbst für unsere Heilung verantwortlich zu sein, ist aus vielen Gründen wichtig. Erstens geben wir unsere Verantwortung und Macht nicht in andere Hände, die unseren Körper oder Geist befreien sollen. Mit unserem Entschluß zu verstehen, wie unser körperliches oder geistiges Problem entstanden ist, nehmen wir von Anfang bis Ende bewußt am Heilungsprozeß teil. Zweitens erlangen wir Erkenntnisse über uns selbst, über andere und über das Leben insgesamt, indem wir aktiv zum Heilungsprozeß beitragen. Drittens können wir künftig eigene Probleme verhindern und anderen mit der Weisheit helfen, die wir aus der Heilreise mit den Blütenessenzen gewonnen haben.

Im Grunde diagnostizieren wir mit der Blütenessenztechnik die Eigenart einer Mauer, der wir in unserem Leben gegenüberstehen. Zumeist ist dies eine Situation nebst dazugehörigen Gefühlen, die man dauernd wiederholt. Wir bemerken oft, daß wir keinen Erfolg mit unseren Versuchen haben, unsere Probleme zu lösen. Man macht leicht den Fehler, zu meinen, das Problem sei jenseits unserer Lösungsmöglichkeiten.

Meistens versuchen wir die Mauer immer wieder mit den gleichen stumpfen Instrumenten zu durchbrechen. Wir versuchen vielleicht mehr Geduld bei der Lösung zu haben, oder mehr Wut, härter zu sein oder davor wegzurennen, nur um immer wieder mit der gleichen Situation konfrontiert zu sein, wenn nicht mit derselben Person, dann mit einer anderen oder mit uns selbst.

Heilung muß von innen kommen; der Verstand ist seine eigene Mauer. Die Mauer besteht aus fest gefügten Gedankenmustern - unseren eigenen, die wir im Lauf der Zeit entwickelt haben.

Jede durchlebte Erfahrung hinterläßt einen Eindruck. War die Erfahrung schmerzlich, so haben wir auch eine Gedankenform um sie herum aufgebaut, ein Überlebenskonzept, damit wir den Schmerz das nächste Mal vermeiden können. Wenn unser Schmerz etwa daher rührt, daß wir jemandem sehr nahe waren, wird unser Überlebenskonzept bei der nächsten Beziehung größere Nähe zu verhindern suchen, weil uns das weh tun kann. Da fällt die Erkenntnis leicht, daß unser Überlebenskonzept zu einem Lebensmuster geworden ist, das verhindert, daß wir intime Nähe genießen.

Viele ähnliche Konzepte blockieren unseren Geist, und dennoch haben sie uns geholfen, zu überleben. Wenn wir unseren Geist heilen, gewinnen wir unseren freien Willen wieder, unsere objektive Entscheidungsfähigkeit und unsere Spontaneität, die essentiell für unser Glück und unsere Lebensqualität sind.

Es ist das Wesen der Wildblüten, die mentalen Mauern zu heilen und es uns zu ermöglichen, auf neuen Lebenswegen voranzuschreiten und uns die Vitalität und Inspiration wiederzugeben, die unser Geburtsrecht sind.

Das Erkennen des Geburtsrechts des menschlichen Bewußtseins kenn-zeichnet das heutige Zeitalter. Unser natürlicher Drang, alle Grenzen auf jeder Ebene der Existenz durchbrechen und unseren Horizont erweitern zu wollen, führte zu einem Durst nach mehr Verständnis und Wissen über das Leben. Die größte Erkenntnis war so offensichtlich: daß wir *Teil* des Lebens sind, beschützt und genährt in diesem Leben, und daß wir nicht außerhalb allen anderen Lebens stehen.

Während wir genesen und die mentalen Fesseln sprengen, werden wir frei, um unsere spirituelle Natur und unsere Beziehung zum Universum zu erkunden. Unser kleiner Geist kann beginnen, sich mit dem universellen Geist zu verbinden und das Wesen der Natur zu durchschauen. Dies ist die Domäne des 21. Jahrhunderts und der Mensch, ganz und geheilt, tief in seinem Wesen verankert, wird sich sicherlich in einem großen Sprung vorwärts entfalten.

Das Buch ist in mehrere Teile gegliedert worden, damit sich die Informationen leichter finden und nutzen lassen. Nach der Einleitung und dem grundlegenden Kapitel über Heilung für das 21. Jahrhundert folgen die ersten beiden „Wie ..."-Kapitel. Darin werden Diagnose- und Anwendungstechniken beschrieben, aus denen ersichtlich wird, wie man die Wildblütenessenzen nutzen kann, um ihre Heilwirkung zu optimieren.

Diagnosetechniken für die Blütenessenztherapie

1. Psychologisches Profil
2. Blütenaffinitätsdiagnose (einschließlich Farbgruppierung)
3. Baihui-Diagnose
4. Blütenakupunkte

Anwendungstechniken der Blütenessenztherapie

Anwendungstechniken für die Blütenessenztherapie

1. Einnahme
2. Blütenakupunkte, Blütenakupressur
3. Blütenessenzprojektor
4. Lokale Anwendung

   (Lokale Anwendung und Körperarbeit,

   Chiropraktik/Osteopathie, Physiotherapie etc.)
5. Bäder
6. Sprays
7. Meditationen

Wildblüten von A bis Z

Das Buch befaßt sich im Hauptteil mit den einzelnen Wildblüten als solchen und ihren jeweiligen Heileigenschaften. Diese sind unter den folgenden Überschriften eingeordnet worden:

Axiome

Unter dem allgemeinen und botanischen Namen der Blüte steht ein kurzer Satz, der die heilenden Eigenschaften zusammenfaßt.
(Sie werden auch in einem Index am Ende des Buches aufgeführt.)

Heildefinition

Unter dem Axiom steht eine Zusammenfassung der Heildefinition.

Positive Eigenschaften - Schlüsselworte

Neben dem Bild der Wildblüte stehen Schlüsselworte, die sich auf die Heileigenschaften beziehen. Diese Wörter sollen dabei helfen, die mit einer Hei-lung angestrebten Werte zu bestimmen.
(Sie werden auch in einem Index am Ende des Buches aufgeführt.)

Problembereiche - Schlüsselworte

Unter der obigen Überschrift stehen die Schlüsselworte, die bei der Bestimmung des Problems oder des damit verbundenen mentalen Zustands helfen, auf die sich die Heileigenschaften dieser Wildblüte beziehen. (Sie werden auch in einem Index am Ende des Buches aufgeführt.)

Körper - Anwendung generell

Bei einigen Blüten werden die generellen Anwendungen bei körperlichen Problemen aufgelistet. Die Essenz wird entweder lokal angewendet, oral verabreicht, oder als Bad oder Spray genutzt. Diese Anwendungstechniken werden im ersten Teil des Buches behandelt (S. 46). (Körpersymptome werden in einem Index am Ende des Buches aufgeführt.)

Körper - Blütenakupressur

Es gibt für einige Blüten spezifische Akupunkte, die bei körperlichen Problemen angesprochen werden können. Die Liste der Körpersymptome soll dabei helfen, die richtige Essenz auszuwählen. Manche Akupunkte verweisen auf andere Blüten, die (a) gemeinsam mit oder (b) anstatt der angewandten Blüte verwendet werden können. Die Entscheidung für die richtige Blüte erfolgt in diesem Fall nach Lesung des psychologischen Profils im Abschnitt „Mental - Blütenakupressur" der genannten Blüten, mit dem und nachdem man den mentalen Zustand und somit die Blüte feststellen kann, die am besten zu dem Betreffenden paßt. Die Akupunkte und die Anwendung der Essenzen auf diesen Punkten werden im ersten Teil des Buches behandelt (S. 40 & 44).
(Körpersymptome werden in einem Index am Ende des Buches aufgeführt.)

Mental - Anwendung allgemein

Unter dieser Überschrift wird die allgemeine Anwendung der jeweiligen Blüte bei mentalen Zuständen erklärt und die kurze Heilungsdefinition weiter ausgeführt. Am Ende des Abschnitts finden Sie auch eine Zusammenfassung der generell zu erwartenden Heilresultate. In diesem Abschnitt wird von einer generellen oralen Verabreichung der Essenz ausgegangen.

Mental - Blütenakupressur

In diesem Abschnitt wird das psychologische Profil oder der mentale Zustand dargestellt, der zu dem beschriebenen Akupunkt gehört. Dies kann, muß sich aber nicht auf die körperlichen Symptome im Abschnitt „Körper – Blütenakupressur" beziehen.

Heilpfad der Seele

Dieses Buch befaßt sich mit dem körperlichen, mentalen und seelischen Aspekt der Heilung. Wir alle verstehen, was körperliches Leiden ist, und was wir bei dessen Linderung empfinden. Wir alle teilen die Auffassung, daß Desillusionierungen, Schwächen, unerreichbare Ziele, Beziehungsprobleme oder negative mentale Zustände zu Leiden führen, und wie großartig es ist, wenn einem dabei geholfen wird. Aber was heißt das eigentlich: Hilfe für die Seele?

In dem Wort „holistisch", das schon seit längerem für humanistische und naturheilkundliche Methoden verwendet wird, ist die für eine optimale Gesundheit und Freude erforderliche Integration von Körper und Geist enthalten. Reicht das? Was kann man sich noch mehr wünschen?

Was ein spiritueller Aspekt ist, wird unterschiedlich betrachtet. Wir meinen, daß die Seele ihren spirituellen Ausdruck im Leben findet, indem sie das kollektive Wohlsein auch dadurch erweitert, daß sie den Einzelnen seinen Ort im universellen Ganzen erkennen läßt. Die individuelle Reise der Seele hat zwar eine ganz persönliche Dimension und findet ihre eigene Erfüllung, aber ihr spiritueller Fortschritt bringt Licht in alles, was sie umgibt. Er dient dem Wachstum allen Lebens und geht nicht auf seine Kosten. Dies im Unterschied zu dem Fortschritten bei mentalen Bestrebungen, die meist ausschließlich auf das Individuelle gerichtet sind. Deren Erfüllung ist nicht nur vergänglich, sondern kann die Quelle großen persönlichen und planetarischen Leids sein. Wer nicht mehr in Berührung mit seiner Seele ist, die ihre Verwandtschaft mit allem erkennt, wendet sich persönlichen Wünschen zu, und das kann Ökosysteme, Beziehungen und letztlich die eigene körperliche und geistige Gesundheit zerstören.

Der Abschnitt "Heilpfad der Seele" enthüllt den Beitrag, den die jeweilige Wildblütenessenz bei der Entwicklung auf dem spirituellen Weg leistet, und bietet dabei jenen, die an ihren spirituellen Zielen arbeiten möchten, tiefere Einsichten in den potentiellen Nutzen der Blüte.

So hilft einem zum Beispiel Mauve Melaleuca auf der persönlichen Ebene, sich mental zu stabilisieren und im eigenen Innern die Fundamente der Liebe zu legen. Dadurch kann man zufrieden sein, ob man nun von einem anderen geliebt wird oder nicht. Auf der seelischen Ebene sind die Lektionen, nach immer tieferen Quellen der Liebe zu suchen, ein integraler Bestandteil von Spiritualität. Mauve Melaleuca hilft uns über die mentalen Barrieren hinweg, so daß wir tiefer gehen und die Freuden universeller Liebe erfahren können, die allem Leben zugrunde liegt.

Meditatives Gedicht

Der letzte Abschnitt ist das meditative Gedicht. So enthält jedes Gedicht die heilende Essenz der jeweiligen Wildblüte, und ist zugleich auch ein Instrument, unserem Geist diese heilende Weisheit näher zu bringen. Meditation ist ein Prozeß, bei dem wir uns geistig auf eine Vorstellung konzentrieren. Im Falle der Blütenessenzmeditation konzentrieren wir uns auf jene heilenden Eigenschaften der Blüte, die das Bewußtsein transformieren und erweitern. Eine Methode der Blütenmeditation wird im ersten Teil des Buches behandelt (siehe S. 51).

Für die Tiere

Schließlich finden sie im letzten Teil des Buches eine Übersicht über die Anwendung von Wildblüten zum Wohlsein von Tieren.

Die nun folgenden Diagnosetechniken wurden an der Akademie entwickelt, und sind Bestandteil des Bildungsprogramms. Die Techniken können einzeln oder insgesamt zur Selbstdiagnose oder zur therapeutischen Diagnose bei einem Patienten genutzt werden.

1. PSYCHOLOGISCHES PROFIL

Bei der Blütenessenztherapie geht es vor allem darum, die richtige Blüte oder Blüten mit jenen Menschen zusammenzubringen, die sie brauchen. Je genauer man dabei vorgeht, desto eindeutiger ist das Heilresultat. Wenn es um die Auswahl einer spezifische Blüte für die ureigensten Bedürfnisse eines Menschen geht, ist die wichtigste Methode die, bei der das psychologische Profil der Person und die Heilungsdefinition der Blüten aufeinander abgestimmt werden.

Diese Methode hängt von mehreren Faktoren ab, zum Beispiel wie gut ein Mensch die Probleme versteht, denen er gegenübersteht. Bei körperlichen Symptomen, die die Problemquellen aufzeigen, kann eine Diagnose oft relativ leicht erstellt werden. Leidet beispielsweise ein Mensch unter Verspannungen in Schultern, Nacken und Brustmuskeln, so gilt es einzuschätzen, welche der von ihm eingenommenen Haltungen diese körperliche Wirkung haben. Fühlt der Betreffende sich jedoch eher ganz allgemein unglücklich, unzufrieden oder beschwert und kann nicht genau sagen, woher diese Gefühle stammen, so muß man tiefer graben.

Es ist nicht immer einfach, sich über seine Probleme oder Lebenslage klar zu sein, wenn man sich selbst mittendrin befindet. Es ist jedoch möglich, das Labyrinth zu durchschauen. Stellen sie sich ein paar Fragen:

Vor welcher Mauer stehe ich gegenwärtig in meinem Leben, und welcher Teil meines Wesens verursacht das oder macht die Lösung schwieriger?

Welches Problem wiederholt sich in meinem Leben immer wieder, und welcher Teil meines Wesens muß sich ändern, damit ich es nicht erneut durchmachen muß?

Welche Änderungen meiner Haltung oder meines Verhaltens wären für mich im Moment am besten, halte ich aber für schwierig, wenn nicht gar unmöglich?

Hat man diese Fragen beantwortet, so fällt es einem leichter, die Blüten für jene zentralen Themen auszuwählen, die unser Potential für Erfüllung und Wohlsein einschränken.

Das bringt uns zum zweiten Faktor der Methode, das psychologische Profil zur Auswahl der richtigen Blütenessenzen zu nutzen: Die objektive und ehrliche Bewertung. Wenn wir es mit Schwierigkeiten oder einem Problem zu tun haben, spielen viele innere und äußere Faktoren eine Rolle. Da wir mit den tagtäglichen Auswirkungen dieser Situation fertig werden müssen, gelangen wir leicht zu festgefügten Ideen über das, was das eigent-liche

Problem ist. Dies führt oft dazu, daß wir uns auf äußere Wirklichkeiten konzentrieren, nach dem Motto: „Lägen die Dinge anders, würde ich mich nicht so mies fühlen. Ich wäre wieder glücklich." Wenn wir jedoch darauf warten, daß die Welt oder Menschen sich ändern, bevor wir unser Glück einfordern, werden wir lange warten müssen.

Es gehört zu den Grundlagen der Wirklichkeit, daß wir dem Leben nichts diktieren können. Wir sind nicht Herr über Menschen und Situationen - aber die gute Nachricht lautet, daß wir in jeder Situation Herr unserer selbst sind und deshalb entscheiden können, in welche Richtung UNSER Leben gehen soll. Das ist die Spezialität der Blütenessenzen. Die besten Resultate, die wir mit Blütenessenzen erzielen können, haben unmittelbar etwas mit dem Grad unserer objektiven und ehrlichen Selbsteinschätzung bei der Auswahl der benötigten Blütenessenzen zu tun.

Außerdem muß man bei der Auswahl der richtigen Blütenessenzen für die Heilung die Blütenessenzen sehr gut kennen. Wer die vielen hilfreichen Blüten noch nicht gut genug kennt, findet in diesem Buch die nötige Einleitung. Die verschiedenen Überschriften, die Texte zu den Wildblüten und die Diagnosetechniken wurden so ausgewählt, daß sie die wesentlichen Heileigenschaften aufzeigen, nach denen die Menschen suchen. Hat man erst einmal seine Auswahl getroffen, so wird die Art der Anwendung gewählt: die orale Verabreichung, eine Blütenakupunkturbehandlung, ein Bad oder ein Spray, und vielleicht fügt man dem noch eine Meditationsübung hinzu.

2.   BLÜTENAFFINITÄTSDIAGNOSE

Die Bewegung im Leben scheint von Kräften der Anziehung und Abneigung herzurühren, zwischen denen neutrales Niemandsland liegt. Wir bemühen uns um Erstrebenswertes und versuchen zu meiden, was uns unangenehm ist oder traurig macht, und verwenden für beides genauso viel Energie. Manchmal befinden wir uns zwischen den Fronten - in einer systaltischen Pause.

Wenn es uns hinaus in einen Park, Wald oder eine Wildnis zieht, was zieht uns dann an? Wir gehen spazieren, legen uns hin oder sitzen in Kontemplation da. Wenn dort Blumen stehen, ziehen sie uns an, interessanterweise aber einige mehr als andere. Wie kranke Tiere auch suchen wir in der Natur instinktiv das, was uns Linderung verschafft. Tiere haben kein Mikroskop, mit dem sie analysieren könnten, was sie wollen, und in unserem technologischen Zeitalter übergehen wir oft unsere ebenso wichtigen intuitiven Reaktionen. Eingeborene Heiler weisen entschieden darauf hin, die unbewußten Reaktionen als Richtungsweiser der inneren Prozesse eines Menschen zu ehren. Eben dieser Antrieb liegt hinter der Effektivität der Blütenaffinitätsdiagnose.

Vielleicht erinnern Sie sich an eine Blume aus ihrer Kindheit, ihrem Zuhause, bei der Oma, auf dem Schulweg oder am Ferienort. Oftmals beschwört die Erinnerung eine bestimmte Atmosphäre herauf, ob glücklich oder schmerzlich. Egal welche Atmosphäre mitschwingt, Sie wurden unbewußt zu dieser Blume hingezogen, interagierten mit ihr, und Sie half Ihnen.

Das gilt auch für die Blumen in unserem Garten. Wir meinen zwar, daß wir alle Blumen mögen, aber wenn das wahr wäre, könnten wir uns niemals entscheiden, welche wir dort anpflanzen. Statt dessen fällt uns die Auswahl der Blumen, die wir am liebsten pflanzen wollen, leicht; natürlich unter Berücksichtigung des Bodens und der Sonneneinstrahlung.

Wenn wir an Blumen denken, die wir seit jeher lieben, so erinnern wir uns vielleicht auch an solche, zu denen wir uns einst sehr hingezogen gefühlt haben, und die wir heute zwar schätzen, aber nicht mehr als etwas ganz Besonderes. Das weist darauf hin, daß wir uns „weiterentwickelt" haben, weg von dem Problem oder der Haltung die wir hatten, als diese Blume uns so stark angezogen hat.

Menschen reagieren auf Blumen auf dreierlei Art. Sie spüren:

1. **eine positive Anziehung,** die Auftrieb verleiht und ermutigt;

2. **eine neutrale Anziehung,** die kaum Einfluß hat;

3. **eine negative Anziehung,** die unangenehm ist oder irritiert.

Eine positive Anziehung zeigt, daß wir offen für die Heilungsaustrahlung dieser Blume sind und ein Bedürfnis daran haben. In diesem Fall scheint uns die Blume zu einer Veränderung oder einem mentalen Zustand zu verhelfen, den wir bewußt anstreben, und sie erzeugt ein positives Empfinden der Ruhe oder Sorglosigkeit.

Eine neutrale Anziehung zeigt, daß wir nicht benötigen, was diese Blume behandelt. Obwohl sie angenehm ist, interagiert die Blume kaum mit unserem mentalen Zustand.

Eine negative Anziehung zeigt, daß wir die starke Interaktion mit dieser Blume nicht mögen. Die Blüte ist mit Sicherheit heilsam für den gegenwärtigen mentalen Zustand und fördert Gedanken ans Licht, die wir lieber im Dunkeln gelassen hätten. Manchmal handelt es sich um eine schmerzliche Erinnerung, die mit einem bestimmten mentalen Zustand einhergeht. Ein andermal resultiert die Abneigung aus der Schwierigkeit, einem negativen Zustand ins Gesicht zu sehen, und wir wollen deshalb nicht daran erinnert werden. Diese negativen Reaktionen kann man als negative Anziehung betrachten.

Die Blütenaffinitätsdiagnose nutzt diese drei Grundreaktionen auf Blumen für die Auswahl der passenden Essenzen für die Heilung.

Hierzu unternimmt man die folgenden Schritte:

GRUNDMETHODE DER BLÜTENAFFINITÄTSDIAGNOSE

1. Konzentrieren Sie sich auf ein bestimmtes Problem oder eine Situation, die Ihre Lebensqualität beeinträchtigt. Nehmen Sie Kontakt auf zu allen Gefühlen und zu der Atmosphäre, die diese Situation heraufbeschwören. Je stärker der Kontakt zu den entsprechenden Emotionen ist, desto klarer wird die Diagnose ausfallen. Manchmal hilft es, sich an eine für das Problem typische Situation aus der Vergangenheit zu erinnern und sie sich mehrfach durch den Geist gehen zu lassen.

2. Sowie Ihnen die Gefühle oder der ungewünschte mentale Zustand präsent sind, können wir den zweiten Schritt tun. Sie bleiben weiterhin bei diesen Gefühlen und arbeiten die einzelnen Blütenbilder durch, wobei sie sich die Bilder gut und flott ansehen. Tun sie dies so zügig, daß keine Auswahl durch den Intellekt möglich ist, da Sie ja eine unbewußte und keine bewußte Antwort wünschen. (In der Akademie benutzen wir (dort auch erhältliche) Blütenaffinitätsdiagnosekarten. Sie können aber auch dieses Buch benutzen und die Seiten mit den Wildblütenbildern zügig durchblättern.)

3. Notieren Sie die Blüten, bei denen eine starke Reaktion erfolgt, sei sie positiv oder negativ, und bleiben Sie weiterhin bei dem Problem und seiner Atmosphäre. Sie können die Blüten, bei denen eine neutrale Reaktion erfolgte, zur Seite legen; wir brauchen sie nicht mehr.

4. Nachdem Sie ihre Auswahl getroffen haben und sie als positiv oder negativ notiert haben, wählen Sie die Blüten aus, die den stärksten Eindruck hervorgerufen haben, und numerieren Sie diese von 1 bis 7.

5. Womöglich haben Sie manche Blüten deshalb ausgewählt, weil Sie im Unterbewußtsein das Verhalten eines oder mehrerer Menschen reflektieren, die mit der Situation zu tun haben, und Sie haben das Gefühl, daß diese Blüte nichts mit Ihnen persönlich zu tun hat. Dennoch liegt der „Samenschatten" wahrscheinlich auch in Ihnen.

So könnte sich etwa eine Frau für die Blüte der Red Leschenaultia entscheiden, die Härte und Unsensibilität heilt. Sie versteht nicht, weshalb sie diese Blüte gewählt hat, da sie sehr fürsorglich und sensibel in ihrer Beziehung zu einem rücksichtslosen, unsensiblen Mann ist. Dennoch, eines Tages oder vielleicht in zehn Jahren, sagt sie sich: „Weshalb sollte ich weiterhin so sensibel sein", und sie wird hart zu sich selber und zu anderen. Bearbeitet sie dieses Thema nicht, so werden sich diese Eigenschaften wahrscheinlich manifestieren. Die gegenwärtige Anziehungskraft der Blüte ist ein Hinweis darauf, daß der Samenschatten bereits genährt wird. Obwohl die Blüte scheinbar mehr zu ihrem Partner gehört, kann sie sehr gut zu ihr passen. Außerdem: Meistert die Frau die Heilungsbotschaft der Blütenessenz, dann erlangt sie auch Meisterschaft über den Aspekt ihres Geistes, der zu Härte führt, und sie lernt, mit diesem Verhalten bei anderen umzugehen.

Die sieben Blüten beziehen sich auf das Problem, mit dem Sie zu arbeiten beschlossen haben und können oral verabreicht werden (siehe Anwendungstechniken für die Blütenessenztherapie, Einnahme), oder Sie führen zwecks Feinabstimmung eine Baihui-Diagnose durch und erfahren mehr über den Einfluß der Blüten.

FORTGESCHRITTENE METHODEN DER BLÜTENAFFINITÄTSDIAGNOSE

Um das therapeutische Spektrum der Diagnose zu erweitern, sind weitere Schritte möglich.

Falls Sie über Blütenaffinitätsdiagnosekarten verfügen (einzelne, beschichtete Photos der Blüten):

1. Nach der ersten Auswahl der Blüten in die drei Kategorien Positiv, Negativ und Neutral, legen Sie die neutralen Karten weg, die negative Blütenauswahl nach links und die positive nach rechts.

2. Gruppieren Sie die von den Blüten dargestellten Themen; die Blüten könnten beispielsweise das Thema Selbstwertgefühl, Energieprobleme und schmerzliche Erinnerungen behandeln. (Die negativen und positiven Karten werden dabei zusammengelegt.)

3. Spüren Sie bei der Betrachtung der Heileigenschaften der Blüten die Reaktionsabfolge des Problems auf. Zur Erläuterung verwenden wir das oben erwähnte Beispiel: Hier liegen die schmerzlichen Ereig-nisse im Zentrum, das Thema des Selbstwertgefühls erwächst aus ih-nen, und die Energieprobleme folgen aus dem geschwächten Selbst-wertgefühl.

   Wenn wir die Reaktionsabfolge des Themas so betrachten, zeichnen wir eine Art Landkarte unseres Bewußtseins, auf der wir sowohl die Reise, die wir bisher in dieser Situation gemacht haben, als auch den Grund für bestimmte mentale oder körperliche Zustände klar erkennen können.

   Oft gelangen wir auch an eine Reaktionsquelle, die mit unseren tiefsten Wünschen verbunden ist. Meist weisen Orchideen und Wasserlilien auf einen ersehnten, lebenswichtigen Wunsch hin, nach dem wir über die Mauer unseres Problems hinweg greifen. Es ist inspirierend, uns solche Quellen bewußt anzueignen, und zu erkennen, daß wir, auch wenn wir bei der Verarbeitung der Wirklichkeit nicht weiterkommen, dennoch auf unsere inneren Bestrebungen hinarbeiten und somit unsere Heilung fördern können.

4. Wie bei der Grundmethode selektieren wir aus den bisher gewählten die sieben Blüten mit dem stärksten Einfluß und numerieren sie von Eins bis Sieben. Nun kann eine Einnahmedosis hergestellt werden, oder die Diagnose kann mit der Baihui-Technik weiter präzisiert werden.

Im Folgenden ein **ein Beispiel für die Blütenaffinitätsdiagnose:** Beachten sie, daß eine Blüte, egal ob positiv oder negativ ausgewählt, dem mentalen Zustand des Diagnostizierten entspricht (wie bei einer Landkarte). Bei einer positiven Auswahl bezieht sich die Heileigenschaft der Blüte auf etwas, dessen Bedarf der Person bewußt ist. Die negative Auswahl zeigt, daß die Heileigenschaft der Blüte benötigt wird, daß aber der zu heilende mentale Zustand vom bewußten Geist kaum anerkannt oder verarbeitet wer-den kann.

Pos. Auswahl	Pos. Auswahl
White Spider Orchid	White Nymph Waterlily

Neg. Auswahl	Neg. Auswahl	Pos. Auswahl
Black Kangaroo Paw	Illyarrie	Menzies Banksia

Pos. Auswahl			Pos. Auswahl
Reed Triggerplant	Pos. Auswahl	Pos.Auswahl	Yellow Cone Flower
Pos. Auswahl	Cowkicks	Urchin Dryandra	Pos. Auswahl
WA Smokebush			Hyb. Pink Fairy Orchid

In unserem Beispiel sieht man die **erste Ebene** der persönlichen Bestrebungen klar und deutlich. Die positiv ausgewählte White Spider Orchid besagt, daß die Person das Gefühl hat, überwältigt zu sein von dem Leid, das sie in dieser Situation umringt, und daß sie es gerne überwinden und meistern würde. Die positiv gewählte White Nymph Waterlily deutet darauf hin, daß sie einen mentalen Zustand herbeisehnt, in dem sie einen klaren und selbstlosen Blickwinkel innehat und sehen kann, was generell nötig ist, und wo sie, aus ihrem höheren Bewußtsein Klarheit und Frieden bringen kann.

Die **zweite Schicht** hat etwas mit dem Schmerz der gegenwärtigen Situation zu tun. Die Illyarrie wurde negativ ausgewählt, was darauf hindeutet, daß man sich nicht mit den Schatten vergangener Erfahrungen konfrontieren, sondern sie verbannen möchte. Die positiv gewählte Menzies Banksia besagt, daß man versteht, daß man von dem Schmerz gelähmt ist und ihn durchbrechen muß. Die negativ gewählte Black Kangaroo Paw zeigt, daß man vermutlich anderen in der Situation befindlichen Menschen ein negatives Gefühl entgegenbringt, da sie einem weh getan haben, und man sich das nicht eingestehen will. Meist deshalb, weil das höhere Selbst weiß, daß solch ein Verhalten nicht gut ist, und weil diese Negativität gegen tiefe Überzeugungen verstößt. Manchmal möchte man sich nicht eingestehen, wie sehr man von anderen beeinflußt werden kann.

Auf der **dritten Ebene** wird das Selbstwertgefühl von dem erlittenen Schmerz beeinträchtigt. Die positiv gewählte Urchin Dryandra weist auf einen Verlust an Freude und auf Minderwertigkeitsgefühle hin, weil der Betreffende sich nicht geliebt fühlt. Er muß sein Selbstwertgefühl wiederherstellen. Das gibt er auch gerne zu. Die positiv gewählte Yellow Cone Flower fügt dem hinzu, daß der Mensch die Anerkennung anderer sucht und hofft, geliebt zu werden, indem er ihnen Gutes tut. Die Person schätzt sich selbst nicht und gibt das auch zu. Die positiv gewählte Hybrid Pink Fairy Orchid ist ein Hinweis, daß man von den Gefühlen und Reaktionen anderer stark beeinflußt wird, und daß man versucht, den Frieden zu wahren, damit man akzeptiert wird. Das bedeutet, daß man mit den Stimmungen der Menschen seiner Umgebung auf und ab treibt, und daß man das Gefühl hat, man bilde keine Ganzheit und habe keinen Frieden.

Die **vierte Schicht** wird von einer Reihe Blüten geformt, die sich mit den weiteren Auswirkungen der Situation auf Geist und Körper befaßt. Die positiv gewählte Reed Triggerplant zeigt, daß der Betreffende sich der akkumulativen Auswirkungen des situationsbedingten Traumas auf seinen Energiehaushalt bewußt ist. Diese Blüte ist ein Hinweis, daß diese und ähnliche Situationen schon sehr lange und kontinuierlich auftauchen. Die positiv gewählte Cowkicks deutet ebenfalls auf ein Energieproblem hin, das der zerstörerischen Auswirkung der Situation entspringt und das einem bewußt ist. Der Betreffende findet es schwierig, sich zu sammeln und weiterzumachen. Der positiv gewählte West Australian Smokebush fügt diesem Szenario das seine hinzu. Auch hier erfährt der Betreffende die Auswirkungen der Situation bewußt, hat nebelhafte Empfindungen und kann sich nicht konzentrieren oder fühlt sich benommen. Dies führt zu einer gewissen Ängstlichkeit und zu dem Gefühl, daß die Dinge einem entgleiten.

Einige Problemlösungen

Problem: Es wurden sehr viele Blüten ausgewählt.

Lösung: Die Schwierigkeit besteht darin, daß sie eine allgemeine Diagnose ha-ben und keine spezifische. Die Person denkt an viele Bereiche ihres Lebens, und diese Komplexität zeigt sich in der großen Blütenauswahl. Damit das nicht geschieht, sorgen Sie dafür, daß sie sich nur auf eine einzige Mauer, auf ein einziges Problem konzentriert, bevor Sie mit ihrer Auswahl begin-nen.

Wenn Sie dies nicht vorab getan haben, und die Blütenauswahl zu groß ist, können Sie die Diagnose an diesem Punkt korrigieren. Der Betreffende kann sich nun auf das Problem oder die Situation konzentrieren, die als erste bearbeitet werden muß, und aus der ersten Auswahl die sieben Blüten selektieren, die den stärksten Einfluß haben (sowohl positiv als auch negativ).

Problem: Eine Person möchte sein Problem anfangs nicht mitteilen.

Lösung: Das macht nichts, denn sowohl die Blütenaffinitäts- als auch die Baihui-Diagnose können durchgeführt werden, auch wenn der Therapeut das Problem nicht kennt. Er muß sich lediglich vergewissern, daß die Person ihr Problem selber klar wahrnimmt, da die Diagnose ansonsten nicht zutreffend ist.

Während und durch die Auswahl der Blüten in der Diagnose enthüllt sich dem Therapeuten alles, ohne daß die Person darüber sprechen müßte; für Menschen, die durch Ereignisse in ihrem Leben traumatisiert wurden, kann das sehr tröstlich sein. Die Blüten jedenfalls werden trösten und dabei helfen, die Person für nachfolgende Sitzungen zu öffnen.

GRUPPIERUNG NACH FARBE

Farbe	In positiver Balance	Übermaß	Mangel
Gelb	sorgenfrei, optimistisch, rege	zerstreut, oberflächlich, veränderlich	traurig, dumpf, trübsinnig
Blau	fokussiert, ruhig, stetig	beengt, pessimistisch, rigide	unfokussiert, unberechenbar
Rot	Energie, Mut, Kraft	aggressiv, unsensibel, Gefahr	schwach, ängstlich lethargisch
Grün	nährend, befreiend, friedfertig	fade, schwach, nachgiebig	ruhelos, frenetisch
Rosa	Unterscheidung, innere Kraft, Sensibilität	übersensibel, emotional	unzentriert, beeinflußbar
Violett / Lila	offen, die Natur liebend	fordernd, selbstbezogen	gefühllos, hart
Orange	liebevoll distanziert, objektiv	abgeschnitten, intellektuell rechtfertigend	irrational, voreingenommen
Weiß	Reinheit, erleuchtend, höhere Sicht	klinisch, weit weg	Mangel an Vision und höheren Bestrebungen
Braun	neutralisierend, geerdet, in Balance, praktisch	eingeschränkte Sicht, erdverhaftet	ungeerdet, ohne Verbindung, unpraktisch

Schwarz ist keine Farbe, sondern die Abwesenheit derselben. Schwarz weist darauf hin, daß man vorsichtig sein sollte, da starke Transformationskräfte am Werk sind, wie etwa der Tod.

Ein extra Schritt bei der Blütenaffinitätsdiagnose wäre die Gruppierung der Blüten nach Farbe. Das ist besonders dann interessant, wenn eine oder zwei Farben in der Blütenauswahl vorherrschend sind.

Gruppiert man die Blüten nach Farbe, so zeigen sie jenen Aspekt ihrer heilenden Natur, für den die betreffende Farbe steht. Die Blüte ist ein Meister dieser Farbe und balanciert sie aus, indem sie ein Zuviel des mentalen Zustands freisetzt, für den diese Farbe steht, oder indem sie ein positives Gleichgewicht herstellt, wenn es an dieser Farbe mangelt. Im Fall der komplementären Farben Rot/Grün und Blau/Gelb ist die Blüte ein Meister jenes mentalen Aspekts, mit dem die jeweilige Farbkombination sich befaßt.

Im Idealfall verfügt der Mensch über ein gesundes und positives Gleichgewicht aller Farben und die Eigenschaften, für die sie stehen. Eine Problemlage akzentuiert meist nur ein bereits vorhandenes Ungleichgewicht.

Die **Tabelle auf Seite 30** kann als einfache Richtlinie bei der Gruppierung und Betrachtung dieser Form der Blütenauswahl dienen.

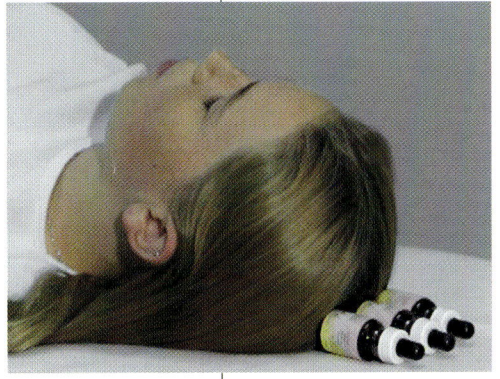

3. BAIHUI-DIAGNOSE

Das Wort Baihui kommt aus China und bedeutet wörtlich "hundert Begegnungen". Es ist der Name des Akupunktes auf dem Gouverneur,dem Du-Kanal auf der Schädeldecke. Dieser Punkt wird als Regent aller Meridiane und Akupunkte betrachtet und als Eingang zu allen Organen, Geweben, Drüsen und den damit verbundenen mentalen Zuständen.

Wir haben diesen Punkt bereits vor vielen Jahren als diagnostischen und interaktiven Behandlungspunkt genutzt, ohne die alte Qi Gong-Wissenschaft dahinter zu kennen. Das Sahasrara-Chakra war uns allerdings bekannt: Es liegt an einem unsichtbaren Punkt kurz oberhalb der Schädeldecke und meistert und steuert alle mentalen Zustände.

Man nennt dieses Chakra auch tausenblättrigen Lotus, wobei die symbolischen Blütenblätter die tausend mentalen Neigungen oder Zustände darstellen, die wir Menschen zum Ausdruck bringen. Gemäß der Wissenschaft des Yoga gibt es sieben Hauptchakren. Die ersten sechs sind Türen, durch welche sich die fünfzig grundlegenden "Vrttis" oder mentalen Zustände ausdrücken. Da sie sich sowohl nach innen als auch nach außen hin ausdrücken können, werden sie mit zwei multipliziert. Das ergibt hundert Möglichkeiten des mentalen Ausdrucks. Diese hundert werden weiter multipliziert mit den fünf Bewegungs- und den fünf Sinnesorganen, die zu den jeweiligen Chakren gehören. Diese fünf Bewegungs- und Sinnesorgane sind:

Der Geruchs-, der Geschmacks-, der Tastsinn, die Augen und Ohren sowie die Bewegungsorgane der Ausscheidung, der Sexualität, die Füße, Hände und die Stimme. Die Multiplikation mit diesen zehn Organen bringt uns schließlich auf tausend mentale Ausdrucksformen.

Bei der Nutzung dieses dem Sahasrara-Chakra naheliegenden Punktes konnten wir die Interaktion einer Blütenessenz mit dem dominanten mentalen Zustand der zu diagnostizierenden oder behandelnden Person beobachten. Man hat die Art, diesen Punkt zu finden, bereits vor Jahrtausenden entwickelt: Der Patient legt vier Finger einer Hand eng aneinander und legt sie, bei den Augenbrauen angefangen, dreimal hintereinander auf Stirn und Schädel und endet so bei einem Punkt auf der hinteren Mitte des Kopfes.

Wir haben herausgefunden, daß selbst auf diesem Punkt in der Flasche plazierte Blütenessenzen, mit diesem interagieren und diagnostische Wirkungen auf den Patient haben. Dann entdeckten wir bei unserem Akupunkturstudium 1990 die Existenz des chinesischen Qi-Gong-Baihui-Punktes. Die alten Chinesen lokalisierten diesen Punkt, indem sie eine Linie von der Unterseite des Ohrläppchens zur oberen Mitte des Ohres und diese bis zum Mittelpunkt der Schädeldecke weiterzogen. Und siehe da, es ist genau der gleiche Punkt wie der des Sahasrara.

Aus den Jahrzehnten unserer Studien der yogischen Wissenschaft wußten wir, daß die althergebrachten Wissenschaften alle aus Quellen in Nordindien und dem Himalaya stammen und sich von dort aus über Indien und China ins restlichen Asien und den Orient verbreiteten. Das ist ein weiterer Beweis für ihre gemeinsame Herkunft. Die verschiedenen Kulturen entwickelten die Wissenschaften gemäß ihrer eigenen Vorlieben zu unterschiedlichen Künsten weiter. Indien war eher ein Zentrum der Erweiterung und des Verständnisses von Geist und Bewußtsein mit den Wissenschaften der Chakren, des Yoga, der Meditationspraxis, der Homöopathie und des Ayurveda. China vertiefte sich mehr in die Elemente und Primärkräfte, mit den Wissenschaften des Qi Gong, der Kräutermedizin, der Akupunktur und der Kampfkunst des Kung Fu.

Mit dem Baihui-Punkt und dem Sahasrara-Chakra haben wir also einen Zugang zu allen Organen, Meridianen, Akupunkten, Chakren, Vrttis, Drüsen und all den kollektiven mentalen Zuständen, die damit einhergehen.

Wir beschlossen, eine solide Methode für die Nutzung dieses Punktes zu entwickeln und nannten sie Bahui-Diagnose. Wir fanden heraus, daß man sich mit unserer Methode sehr genau selbst diagnostizieren kann, wobei der Therapeut es einem lediglich leichter macht. Der Mensch, der eine Diagnose will, erhält so Zugang zu allen Gedankenformen seines Problems oder seiner Lage, und erkennt, ob die an diesem Punkt getestete Essenz eine positive Wirkung haben kann. Diese Diagnoseform ist sehr exakt und erhellend, sowohl für den Patienten als auch den Therapeuten. Sie muß jedoch richtig durchgeführt werden, damit entsprechende Resultate erzielt werden. Dazu sind folgende Schritte erforderlich:

DIE SCHRITTE DER BAIHUI-DIAGNOSE

1. Der Ort, an dem die Baihui-Diagnose durchgeführt wird, muß ruhig sein, und man sollte mindestens eine halbe Stunde ungestört arbeiten können.

2. Die Person sollte zu jenem Bereich ihres Lebens und Wesens Kontakt aufnehmen, zu dem sie die Diagnose wünscht. Führt ein Therapeut die Diagnose durch, so sollte er mit der Person sprechen, bis sie wirklichen Kontakt zu einem Problem hat und nicht nur zu einer intellektuellen Idee hiervon. Die Interaktion und Diagnose ist besonders klar, wenn die Person direkten Kontakt zu dem heilungsbedürftigen mentalen Zustand hat, der Heilung bedarf.

3. Die Person sollte bequem auf dem Rücken liegen. (Wenn Sie sich selbst diagnostizieren, sollten Sie sich nicht auf Ihr Bett legen, weil die Gedankenverbindung zum Schlaf Ihre Konzentration stören könnte.) Nun legen Sie ein weißes oder neutral gefärbtes Kissen so unter den Kopf und die Haare, daß Sie leicht an den Baihui-Punkt gelangen können.

4. Nun aktiviert die Person das Problem oder die Gedankenform, indem sie Kontakt mit den damit verbundenen Gefühlen oder der Atmosphäre Kontakt aufnimmt. Wie bei der Blütenaffinitätsdiagnose fällt es der Person vielleicht am leichtesten, Zugang zu diesen Gefühlen zu bekommen, wenn sie sich Situationen aus der Vergangenheit vor den Geist holt, die für das Problem typisch sind.

5. Wenn der Person klar ist, daß die Gefühle aktiv sind, beginnt die Diagnose. Hat die Person bereits Blüten durch die Blütenaffinitätsdiagnose ausgewählt, so wird die Blüte, die als erstes ausgewählt und als wichtigste eingestuft wurde, weil sie starke Eindrücke hervorgerufen hat, so am Baihui-Punkt plaziert, daß der Flaschenboden die Kopfhaut berührt. Hat keine Blütenaffinitätsdiagnose stattgefunden, so plaziert die Person oder der Therapeut dort eine Essenz, die dem psychologischen Profil des Problems der Person und den diesbezüglichen Heilungseigenschaften der Blüten entspricht.

6. Zu keiner Zeit sollte eine Person, die die Diagnose begleitet, deutende Fragen stellen oder Hinweise darauf geben, welche Reaktion die Blütenessenz zeitigen sollte. Für eine akkurate Diagnose ist Objektivität unabdingbar. Der Therapeut sollte sich darauf beschränken, zuzuhören, was die Person über sich ereignende Veränderungen sagt und eventuell fragen, wenn der Patient still ist: „Kannst du mir sagen, was jetzt geschieht?"

7. Nach einigen Minuten mit der ersten Essenz berichtet der Patient alle Veränderungen. Finden keine weiteren Veränderungen mehr statt, dann machen Sie weiter, wobei Sie sich vergewissern, daß die Person sich immer noch auf das zu bearbeitende Problem konzentriert.

8. Wenn es Veränderungen oder Reaktionen gibt, so zeigt das, daß die Essenz eine heilende Interaktion in die Wege leitet. Erreicht die Interaktion einen Höhepunkt und ergeben sich keine weiteren Veränderungen mehr, so wird die nächste Essenz links oder rechts neben die erste gelegt, wobei der Flaschenboden wie zuvor die Kopfhaut berührt.

Wir raten nachdrücklich dazu, die Blütenaffinitätsdiagnose vor einer Baihui-Diagnose durchzuführen und zwar aus folgenden Gründen:

a) Manchen Menschen fällt es schwer, sich einem Therapeuten gegenüber offen über ihr Problem zu äußern und verletzlich zu sein. Wenn man sich lediglich auf verbale Hinweise verläßt, kann das eigentliche Problem im Verborgenen bleiben.

b) Menschen sind sich möglicherweise der unbewußten Grundlage ihres Themas nicht bewußt.

c) Es existieren womöglich Kommunikationsprobleme zwischen der Person und dem Therapeuten. Das kann daran liegen, daß man sich anders ausdrückt, sprachliche Schwierigkeiten hat, oder daß es ein Problem ist, einen gemeinsamen Rahmen für das gegenseitige Verständnis zu finden.

d) Durch die Blütenaffinitätsdiagnose wählen Menschen ihren eigenen Weg der Heilung, und wir sind davon überzeugt, daß dies der beste Pfad im Heilungsprozeß ist.

9. Wurde vor der Baihui-Diagnose keine Blütenaffinitätsdiagnose durchgeführt, so könnte folgendes geschehen: Es hat etwa sieben Minuten lang mit der Blütenessenz auf dem Baihui-Punkt keinerlei Veränderungen gegeben. Wahrscheinlich war es keine passende Essenz, und sie hat nichts mit dem Problem zu tun. Sie kann daher weggelegt werden. Hat die Person jedoch das Problem und die Atmosphäre von Anfang an nicht „wirklich gefühlt", so erfolgt ebenfalls keine Reaktion. Daher sind die ersten Schritte bei dieser Diagnosetechnik so wichtig.

BEACHTEN SIE: Alle in einer Blütenaffinitätsdiagnose gewählten Blüten (die wichtigsten sieben) sollten auf dem Baihui-Punkt belassen werden, bis die Diagnose beendet ist. (Siehe Nr. 10). Die Kombination aller gewählten Blüten erzeugt den Gesamteffekt.

10. Bei der nächsten Essenz berichtet die Person wie gehabt über Veränderungen, und wenn diese Reaktionen einen Höhepunkt erreicht haben, wird eine weitere Essenz dazugelegt, entweder daneben oder in einer Pyramide gestapelt, wobei sie jedoch immer die Kopfhaut berührt.

11. Die Baihui-Diagnose kann jederzeit abgeschlossen sein, sogar schon nach der ersten Essenz. Die Diagnose ist abgeschlossen, wenn die Person von einer vollständigen Veränderung berichtet, was sich folgendermaßen äußert:

a) Sie kann das Problem oder die betreffende Atmosphäre nicht mehr heraufbeschwören.

b) Sie nimmt dem Problem gegenüber eine völlig neue Haltung und Sichtweise ein, was ihr wie eine Offenbarung vorkommt.

c) Sie fühlt sich entlastet und empfindet Frieden, oder ist eventuell fröhlich und inspiriert.

Wann auch immer sich einer dieser Zustände einstellt, runden Sie die Baihui-Diagnose ab und merken die Blüten, die eine heilende Wirkung zeitigten, für die orale Verabreichung vor.

Wenn Sie vorher eine Blütenaffinitätsdiagnose durchgeführt haben, steht ihnen für die Baihui-Diagnose eine Abfolge von sieben Blüten zur Verfügung. Beachten Sie, daß die Baihui jederzeit irgendwo zwischen der ersten und siebten Blüte abgeschlossen sein kann. Das bedeutet, daß weitere Essenzen, obwohl sie für das Heilungsthema relevant sind, für die Abrundung der Diagnose und auch für die Heilung der zentralen Fragen und mentalen Zustände nicht notwendig sind. Die zentralen Fragen führen meist zu Folgeproblemen, und wenn diese zentralen Probleme geheilt werden, verschwinden auch die Folgen. So sind die Blüten, die mit diesen „gesonderten" Themen zusammenhängen, auch nicht mehr notwendig.

Wenn wir auf unser Beispiel aus der Blütenaffinitätsdiagnose zurückkommen: Die Person hat die Baihui-Diagnose abgeschlossen, bevor die Essenzen für ihre Vitalität hinzugefügt werden konnten. Hat sie erst einmal ihren Schmerz geheilt und wieder Selbstwertgefühl erlangt, so steigert sich die Vitalität von selbst.

Einige Problemlösungen

Problem: Die Person kann sich von Anfang an nicht konzentrieren.

Lösung: Legen Sie die *Pink Trumpet Flower* auf den Baihui-Punkt, während die Person sich in die betreffenden Gefühle hineinversetzt, und belassen Sie die Essenz während der gesamten Diagnose auf dem Baihui-Punkt. Sie wird jedoch nicht in die orale Verabreichung mit aufgenommen.

Problem: Die Person redet während der Baihui-Diagnose viel, auch über andere Themen.

Lösung: Erinnern Sie die Person wiederholt sanft daran, bei der ursprünglichen Gedankenform und den Gefühlen zu bleiben und auch weiterhin mit der gleichen für das Thema typischen Vorstellung zu arbeiten.

Problem: Die Person intellektualisiert die Veränderung, die sie erfährt und verliert den Kontakt zu ihrem Gefühl.

Lösung: Lassen Sie sich nicht auf Unterhaltungen ein, richten Sie die Person sanft auf das ursprüngliche Problem, und leiten Sie sie wie zu Beginn an, den Kontakt zur Atmosphäre aufrecht zu erhalten.

Problem: Alles scheint plötzlich zu stoppen oder zu „erkalten", aber das Problem ist immer noch da.

Lösung: Die Person hat wahrscheinlich eine tiefere mentale Ebene erreicht, die vielleicht unangenehm ist. Damit die Diagnose weiter durchgeführt werden kann, fügen Sie – passend zum Grund der Pause oder der Intensität – den vorhandenen Essenzen eine oder mehrere der folgenden hinzu: *Menzies Banksia, Illyarrie, Ribbon Pea, Macrozamia.*

Menzies Banksia heilt die Furcht, daß sich ein Schmerz wiederholt.

Illyarrie heilt die Furcht vor unterdrückten Erinnerungen.

Ribbon Pea heilt irrationale Befürchtungen, zu sterben oder ausgelöscht zu werden.

Macrozamia heilt schmerzliche Erinnerungen, die mit sexuellen Traumata zusammenhängen.

Diese Essenzen helfen durch die nächste Phase der Diagnose, wenn die passende Essenz gewählt wird. Welche Essenz auch immer benutzt wurde, sie kann der oralen Verabreichung am Ende der Diagnose hinzugefügt werden.

Problem: Die Person wird von den aufsteigenden Gefühlen überwältigt, weint, ist ängstlich oder wütend.

Lösung: Es werden definitiv die richtigen Essenzen angewendet, aber der Geist befindet sich nicht mehr auf dem Heilpfad und wird abgelenkt. Nehmen Sie Dampiera in die Diagnose auf, um die Emotionen freizusetzen, so daß die restliche Diagnose durchgeführt werden kann. Sie kann der Verabreichung am Ende der Diagnose hinzugefügt werden.

Man kann sich auch überlegen, ob man *Menzies Banksia, Illyarrie, Ribbon Pea,* oder *Macrozamia* anwenden sollte.

Problem: Die Baihui scheint abgerundet, aber die Person fragt sich: „Wie nun weiter?"

Lösung: Der *Star of Bethlehem* (Australien) wird der Diagnose hinzugefügt. Diese Essenz öffnet den Geist für kreative Lösungen und Optionen für den künftigen Weg. Sie rundet die Diagnose ab und kann bei der Verabreichung am Ende hinzugefügt werden.

4. BLÜTENAKUPUNKTE

Die floralen Akupunkte und ihre entsprechenden Blütenessenzen können auf dreierlei Weise als Diagnoseinstrument genutzt werden:

1. Den körperlichen Symptomen entsprechend

Bei einem bestimmten körperlichen Problem kann man dies mit der „körperliche Symptomliste" (alphabetischer Index hinten im Buch) vergleichen. Darin werden allgemeinen körperlichen Problemen bestimmte Akupunkte zugewiesen und ein oder zwei Blütenessenzen, die auf diesem Akupunkt angewendet werden können. Von diesen nimmt man die Blüte, deren psychologisches Profil zum Problem paßt und wendet sie dann auf dem Akupunkt an. (Siehe Abschnitt Blütenakupunktanwendungen.)

2. Dem psychologischen Profil entsprechend

Paßt das Problem eines Menschen zum psychologischen Profil einer bestimmten Blüte, wählt man den für diese Blüte spezifischen Akupunkt aus und wendet sie dort an.

3. Mittels der Ah-shi-Punkt-Reaktion

Man drückt mit einem Wattestäbchen sanft aber fest auf die verschiedenen Akupunkte des linken und rechten Ohres. Jeder Punkt, der empfindlich oder schmerzhaft reagiert, weist auf das Bedürfnis hin, das betreffende Organ oder den Körperbereich auszubalancieren. Diese empfindlichen Punkte werden Ah-shi-Punkte (Chinesisch für „Oh ja!") genannt. Man sucht die zu diesem Punkt gehörenden Blütenessenzen und das zu dem mentalen Zustand/Problem passende psychologische Profil heraus, und wendet die Essenzen auf diesem Punkt an.

Ein breites Spektrum an Anwendungsmöglichkeiten steigert den Nutzen der Blütenessenzen. Es ist für eine Therapie wesentlich, daß man sie bis zum Abschluß des Heilungsprozesses gründlich durchführt, daher muß sie den Bedürfnissen und Einschränkungen des Lebensstils des Nutzers entsprechen und leicht realisierbar sein. Ist die regelmäßige Einnahme ein Problem, so kann man eine Blütenakupunkt- oder eine Badetherapie durchführen. Dies ist weit besser, als mit der Behandlung zu kämpfen und sie vielleicht sogar aufzugeben, bevor die gewählten oder verschriebenen Blütenessenzen ihr volles Potential entfaltet haben. Fällt es einem zum Beispiel schwer, die Blütenakupункttherapie bei sich selbst anzuwenden, dann sind die Einnahme, Bäder oder Sprays sicherlich hilfreicher.

Im Idealfall werden die Blütenessenzen oral verabreicht, da man so zum Problemkern durchdringen und ihn vollständig heilen kann. Das kann die ganze oder nur ein Teil der Behandlung sein; in manchen Fällen ist es die letzte Therapiephase.

1.   Einnahme

Wieviel Tropfen pro Dosis?

Der Wirkungsbereich der Wildblütenessenzen umfaßt sowohl die höheren, geistigen Aspekte als auch die fundamentalen, körperlichen Aspekte. Man kann bei der oralen Dosis die Blütenessenzmenge der Ebene anpassen, auf der sich der mentale Zustand manifestiert, und damit auch die Wirkung steigern. Je mehr Essenz man verwendet, desto dichter - also körperlicher - die Ebene und je weniger, desto subtiler die Ebene der manifesten Aktivität. Generell gelten 70 Tropfen auf 25ml als Maximum (Körperebene) und 3 Tropfen auf 25ml als Minimum (mentale und feinere Ebenen). Zwischen diesen beiden Äußersten liegt eine gleitende Skala, und man muß einschätzen können, in welchem Bereich der mentale Zustand hauptsächlich aktiv ist, und wieviel Tropfen Essenz man daher für eine Einnahme benötigt.

In der Folge ein Beispiel:

Person A :   Problem/Situation: Sehr starke Akne,
das eigene Äußere spielt eine große Rolle.
diagnostizierte Wildblütenessenz:
Hybrid Pink Fairy Orchid
Dosierung 70 Tropfen

Person B: Problem/Situation: Sehr verlegen, wird leicht rot,
kann anderen nicht in die Augen sehen.
diagnostizierte Wildblütenessenz:
Hybrid Pink Fairy Orchid
Dosierung 40 Tropfen

Person C: Problem/Situation: Es fällt schwer, in Gruppen zu reden; mißmutig, man fragt sich ob andere einen mögen oder akzeptieren.
diagnostizierte Wildblütenessenz:
Hybrid Pink Fairy Orchid
Dosierung 20 Tropfen

Person D: Problem/Situation: Man möchte den eigenen mentalen Zustand und Humor wahren können, egal wo und mit wem man zusammen ist.
diagnostizierte Wildblütenessenz:
Hybrid Pink Fairy Orchid
Dosierung 10 Tropfen

Person E: Problem/Situation: Man möchte Menschen und dem Leben sehr intuitiv entgegentreten und dabei seine innere Integrität und den Frieden bewahren.
diagnostizierte Wildblütenessenz:
Hybrid Pink Fairy Orchid
Dosierung 3 Tropfen

Das Beispiel zeigt einige generelle Wirkebenen, vom Körperlichen bis hin zum subtilen Geist. Man vergewissert sich bei jeder einzelnen Blüte, auf welcher Ebene sie wirken soll. Das bedeutet, wenn fünf oder mehr Essenzen ausgewählt oder verschrieben wurden, wird jede einzelne daraufhin geprüft, welchen Bereich oder welche Wirkebene sie anspricht.

Wurde die Blütenaffinitätsdiagnose durchgeführt, so kann man den Betreffenden fragen, ob er eine körperliche Auswirkung verspürt, wenn er mitten in seinem Problem/der Situation steckt. Dies kann als Richtlinie für die Dosierung der einzelnen Blüten dienen.

Wurde die Baihui-Diagnose durchgeführt, so hat der Betreffende während der Diagnose meist verschiedene körperliche Zustände beobachtet, die als Richtlinie dienen können.

Eine Person spürt beispielsweise, wie sich ihr Magen verkrampft, wenn sie sich an etwas erinnert, was sie wütend macht. Während der Baihui-Diagnose dieses mentalen Zustands spürt sie vielleicht diese Anspannung oder ein Unwohlsein im Magenbereich. Wird eine bestimmte Blütenessenz, wie etwa die Black Kangaroo Paw, auf den Baihui plaziert, so verschwindet dieses Gefühl allmählich. Das ist ein Zeichen dafür, daß die Black Kangaroo Paw jenen mentalen Zustand heilt, der sich als körperliches Unwohlsein manifestiert. Die Anzahl Tropfen in der Dosis wird sich deshalb im oberen Bereich befinden.

Im wesentlichen ist also zu beachten: Je genauer man die Ebene der Aktivität und die dazu passende Blütenessenzdosis bestimmt, desto mehr fördert man die Heilung.

Zubereitung des Einnahmefläschchens

Nachdem festgestellt wurde, wieviel Tropfen der jeweiligen Blüten nötig sind, füllt man diese in ein Fläschchen mit einer der folgenden Haltbarkeitsflüssigkeiten: Branntwein, Wodka, Apfelessig, Malzessig oder pflanzliches Glyzerin. Man kann den Branntwein zu einem Viertel oder zur Hälfte mit Quellwasser (oder mit anderem, reinen Wasser) verdünnen. Man kann Essenzen auch mit reinem Wasser mischen, muß sie dann jedoch gekühlt aufbewahren und bedenken, daß sie nur einige wenige Tage wirksam sind.

Gehen sie wie folgt vor:

1. Füllen Sie etwas Haltbarkeitsflüssigkeit in ein Fläschchen (mit Pipette).

2. Geben Sie die richtige Anzahl Tropfen der jeweiligen Blütenessenz hinein.

3. Füllen Sie die Flasche bis unter den Hals (bei einer 25ml Flasche also bis zur 25ml Marke, nicht ganz füllen).

4. Schütteln Sie die Mischung: Schließen Sie die Flasche fest, und schlagen Sie den Flaschenboden zehn Sekunden lang immer wieder auf die Handfläche. Dies verbindet die Haltbarkeitsflüssigkeit mit den subtilen Eigenschaften der Blütenessenzen.

Die Mischung kann nun eingenommen werden.

Einnahme

Es gibt zwei Methoden der Einnahme:

1. Geben Sie sechsmal täglich einen Tropfen der Blütenessenz unter die Zunge.

2. Trinken Sie morgens und am späten Nachmittag oder abends ein halbes Glas Wasser, in das Sie sechs Tropfen getan haben.

Die Einnahmemenge (einer 25ml Flasche) reicht für etwa sechs bis acht Wochen. Am Ende dieser Zeit muß der Betreffende einschätzen, wie tief die Heilung vorgedrungen ist und ob weitere sechs bis acht Wochen nötig sind, um sie vollständig abzuschließen.

Zu den bereits für die Anwendung fertigen Blütenessenzkombinationen gehören:

1. Das *Wildflower Relief Elixir* als generelle Unterstützung in streßreichen und traumatischen Zeiten.

2. Die *21st Century Survival Kit Essences* einschließlich der Kombinationen für:
Innere Kraft, Positivität, Kreativität, ausbalancierte Gefühle, Entspannung, Energie, Konzentration und Meditation.

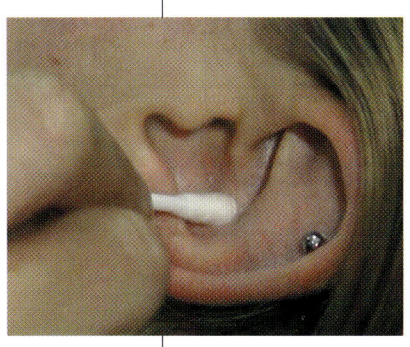

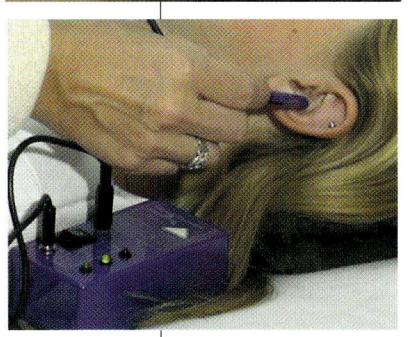

2. BLÜTENAKUPUNKTE, BLÜTENAKUPRESSUR und der BLÜTENESSENZPROJEKTOR

Man könnte fragen: „Weshalb sollte man Blüten auf Akupunkten anwenden?"

Die Meridiane oder Bahnen der Qi-Gong-Wissenschaft (die man bei der Akupunkturtherapie nutzt) sind die Wege des Qi oder der Vitalkraft. Diese Meridiane umspannen den Körper wie ein Netz und verbinden alle Organe und Körperbereiche miteinander. Auf jeder Bahn befinden sich an verschiedenen Stellen Akupunkte, die als Eingang zu den Meridianen dienen - wie eine Tür.

Die Meridiane und Akupunkte haben unterschiedliche Eigenschaften, die zu ganz bestimmten Blütenessenzen passen. Ist die Vitalkraft in einem bestimmten Organ oder Meridian zu stark oder zu gering, so kann eine Blütenessenz, die zur Eigenschaft dieses bestimmten Organs oder Meridians paßt, das Gleichgewicht wieder herstellen. Stimmen die Botschaften der Blütenessenz mit dem Akupunkt und Meridian überein, so können sie die Zustände körperlicher Gesundheit und des Bewußtseins ausgezeichnet transformieren.

Wir haben entdeckt, daß die Kombination bestimmter Blüten mit Akupunkten dafür sorgt, daß sich die Heilung schneller einstellt, und daß sie besonders bei akuten körperlichen oder geistigen Problemen nützlich ist.

In diesem Buch befassen wir uns hauptsächlich mit den Akupunkten am Ohr, die leicht zu orten und nutzen sind, und einige wenige am Kopf und am Körper. Auf dem Ohr befindet sich, ebenso wie auf den Händen und Füßen, eine vollständige Energiekarte des Körpers, die man als Eingang zu allen Meridianen, Organen und Bereichen des Körpers nutzen kann.

Nach Auswahl der richtigen Blütenessenz für einen bestimmten floralen Akupunkt (siehe Abschnitt Diagnosetechniken - Blütenakupunkte) kann man sie dort wie folgt anwenden:

1. Direkte Anwendung auf dem Akupunkt

Einfach nur einige Tropfen Blütenessenz. Diese Methode wendet man hauptsächlich auf dem Baihui-Punkt an, dem Extra-Sechs-Punkt, dem Nabelpunkt und dem Herz-1-Punkt in der Achselhöhle. Diese Punkte werden mindestens zweimal täglich und manchmal stündlich behandelt (Beschreibung bei der jeweiligen Blüte).

2. Blütenakupressur

Einige Tropfen Blütenessenz auf ein Wattestäbchen auftragen, das man fünf Minuten auf dem Punkt pulsieren läßt. Diese Anwendung erfolgt auf den meisten Punkten. Befindet der Punkt sich auf dem Ohr oder Körper, so werden immer beide Ohren oder der beide Körperhälften behandelt. Diese Art der Behandlung erfolgt meist über mehrere Wochen zweimal täglich.

3. Blütenessenzprojektor

Der Blütenessenzprojektor wurde entwickelt, um die Heilungseigenschaften der Blüten zu erweitern und nicht, um sie zu stören. Das Wort „Projektor" wurde benutzt, um die Wirkung der Blütenessenzprojektion im Fluß des Qi im Körper zu beschreiben. Das macht den Prozeß verständlich. Alle Wildblüten haben zwei Komponenten: Vitalkraft und Bewußtsein. Die Bewußtseinskomponente ist wie eine Idee oder ein Konzept. Beschäftigt man sich etwa mental mit dem Konzept, wie sehr man sich darüber freuen wird, ein ersehntes Ziel zu erlangen, so ist die für die Durchführung benötigte Ausdauer und Willenskraft vergleichbar mit der Vitalkraft, die für diese Manifestation notwendig ist. Die Integration einer Blütenessenz mit einem Akupunkt ist somit eine Integration von Vitalität und Bewußtsein, und sie verbindet die Blütenessenz mit dem Fluß der Vitalität, der bereits in einem Menschen vorhanden ist.

Wenn eine Blütenessenz ein hundertprozentiges Resultat hätte, so würde das bedeuten, daß sie zu 100 Prozent in den Fluß des Qi aufgenommen wurde. Leider stößt man mit der Akupressur mittels Pulsationstechnik auf einen natürlichen Widerstand, der das Heilpotential beeinflußt. Wir haben entdeckt, daß durch die Nutzung des Projektors der Widerstand gegen eine Integration von Blütenessenz und Vitalkraft stark reduziert wird.

Man nutzt den Blütenessenzprojektor, indem man zunächst einige Tropfen Blütenessenz auf den entsprechenden Akupunkt auf dem Ohr (beide Seiten) aufträgt. Der Akupunkt ist nun von der ihm genau entsprechenden Blütenessenz bedeckt. Nun bestrahlt man ihn etwa fünf Minuten mit der Lichtquelle.

4. Akupunktur (nur für qualifizierte Akupunkturisten)

Tauchen sie die Nadel vor der Akupunktur am passenden Punkt in die ihm entsprechende Blütenessenz. (BEACHTEN SIE: Wenn sie den Akupunkt vor dem Stechen mit Menzies Banksia benetzen, verringert sich die Schmerzempfindung stark. Dampiera kann dort angewendet werden, wo der Körper die Nadeln festhält, und sich das Herausziehen als schwierig gestaltet.)

3. LOKALE ANWENDUNG

(Für direkte Anwendungen und für Körperarbeit,
Massage, Chiropraktik/Osteopathie, Physiotherapie etc.)

Einige Wildblüten wirken durch einfache, lokale Anwendung. Das heißt,
das Konzentrat oder eine Verdünnung kann direkt auf einen Körperbereich
aufgetragen werden. Die Verdünnung kann aus einem Teil Blütenessenz
und zwei Teilen Branntwein bestehen, wobei der Branntwein bereits zu
einem Viertel oder zur Hälfte mit Quellwasser (oder anderem, reinen
Wasser) verdünnt sein kann. Schütteln Sie die Mischung: Schließen Sie die
Flasche fest, und schlagen Sie den Flaschenboden zehn Sekunden lang
immer wieder auf die Handfläche. (Beachten Sie: Diese Mischung eignet
sich lediglich für die lokale Anwendung).

ALLGEMEIN ANGEWANDTE WILDBLÜTEN

Wildblütenessenzen zur Schmerzreduktion:

Alle Essenzen werden so oft angewendet wie nötig. Bei chronischen Problemen wird eine regelmäßige Anwendung, dreimal täglich, empfohlen.

Menzies Banksia: Diese Essenz wird auf solche Körperpunkte angewendet,
die eine Schmerzbotschaft ausstrahlen, auf heiße Schmerzpunkte oder Auslöser. Man trägt sie auch um eine schmerzende Wunde oder eine Operati-
onsnarbe herum auf (nicht in die Wunde!).

Dampiera: Bei Schmerzen infolge von Muskelverspannungen, Krämpfen
oder Spasmen auf den Körperbereich auftragen.

Macrozamia: Bei allen Schmerzen begleitet von Blockierungen oder der
Produktion von Flüssigkeiten im Körper (Schwellungen etc.). Die Essenz
auf den Körperbereich auftragen. Man trägt die Essenz auch um Wunden
oder Operationsnarben herum auf.

Purple Flag Flower: Bei Schmerzen, die durch zunehmenden Druck oder
gestreßtes Gewebe verursacht werden, diese Essenz auf den Körperbereich
auftragen.

**Wildblütenessenzen für Probleme mit blockierten oder fehlerhaften
Botschaften der Nerven (was auch zu Schmerzen führen kann):**

Ursinia und ***Leafless Orchid:*** Bei mangelnden Körperreaktionen, fehlerhaften oder unkontrollierbaren Reaktionen, bei Zittern und Schütteln. Die
Essenzen werden entlang der Beschwerdelinien aufgetragen, wenn möglich
auch vom betroffenen Bereich hin bis zum angrenzenden Wirbelsäulen-
bereich. Wenn man beispielsweise ein Problem mit der Hand hat, so werden
die Essenzen im betroffenen Bereich und die Arme und Schulter hinauf bis
hin zur Wirbelsäule aufgetragen.

Wildblütenessenzen zur Linderung von Bewußtseinstrübungen und zur Erleichterung der Genesung nach Anästhesie:

West Australian Smokebush: Bei Ohnmacht, nach einer Anästhesie, einem Trauma und Schock. Diese Essenz kann auf den Extra-Sechs-Akupunkt (siehe Kapitel Körper-Akupunkte) und/oder regelmäßig von Schläfe zu Schläfe auf die Stirn aufgetragen werden.

Diese Essenz hilft, nach einer Anästhesie - insbesondere nach langen und schwierigen Operationen - wieder schneller wach und gesund zu werden.

Wildblütenessenz bei Energieverlust:

Leafless Orchid: Bei Energieproblemen insbesondere bei der Rekonvaleszenz, oder bei der Erholung nach einem großen Energieaufwand, insbesondere wenn sie für andere aufgewendet wurde. Alle viertel oder halbe Stunde ein paar Tropfen Essenz auf den Baihui-Punkt (siehe Kapitel Körper-Akupunkte) auftragen.

Wildblütenessenzen bei Übelkeit:

Rose Cone Flower: Bei Übelkeit, einschließlich morgendlicher Übelkeit, Reaktionen auf Drogen, etc. Einige Tropfen Essenz regelmäßig auf den Nabel auftragen.

Hybrid Pink Fairy Orchid: Bei morgendlicher Übelkeit auch zusammen mit der Rose Cone Flower. Einige Tropfen regelmäßig auf den Nabel auftragen.

Black Kangaroo Paw: Bei morgendlicher Übelkeit und bei Übelkeit durch Gifte (z.B. Reaktionen auf Drogen oder verdorbene Nahrung) auch zusammen mit der Rose Cone Flower. Einige Tropfen regelmäßig auf den Nabel auftragen.

Wildblütenessenz bei Schlaflosigkeit:

Hops Bush: Bei Aufgeregtheit, wenn man nicht entspannen kann, bei Ruhelosigkeit und Schlafproblemen. Auftragen auf der Kopfmitte, entlang der Scheitellinie von vorne nach hinten, stündlich ab 16 Uhr bis zur Schlafenszeit. Empfehlenswert auch um 16 und 18 Uhr jeweils eine Einnahme von sechs Tropfen auf ein halbes Glas Wasser.

Wildblütenessenz bei Sorgen während der Rekonvaleszenz und Genesung:

Golden Waitsia: Bei Überreaktionen auf kurzes oder längeres Unbehagen, Nervosität bei unwichtigen Gesundheitsproblemen. Zweimal täglich auf die Fußsohlen auftragen.

Cremes und Lotionen

Um die Anwendung leicht zu machen, wurden Kombinationen von Wildblütenessenzen in Cremes und Lotionen suspendiert. Die Pain Creme und die Great Reliever Bodylotion wird angewendet bei: Schmerzen generell, Krämpfen, Spasmen, Prellungen, Verbrennungen, Insektenbissen, beschädigtem Gewebe und für die Tonisierung, den Kreislauf und zur Sportprophylaxe (um Verletzungen und Steifheit zu verhindern). Die zweite Kombination, die Stress Reliever Skin Lustre Creme und die Stress Reliever Bodylotion, wird generell bei Streß, Spannung, Schlaflosigkeit und bei den Nebenwirkungen dieser Probleme angewendet, etwa bei beengtem Brustkorb und Atemproblemen.

4.   BÄDER

Alle Wildblütenessenzen können sowohl in Fuß- wie in Vollbädern angewandt werden. Gut ist, Zugang zu einem Whirlpool zu haben, der bei dieser Therapieform die Wirkung verstärkt, da die feinen Blüteneigenschaften sich fortwährend neu mit dem Wasser verbinden, während es um den Körper sprudelt.

Man kann die ausgewählten Wildblütenessenzen zwar an einen heilungsbedürftigen, mentalen Zustand anpassen, aber je sorgfältiger man die Auswahl trifft, und je mehr sie auf eine bestimmte Heilwirkung zugeschnitten sind, desto besser. Am besten verzichtet man darauf, zu viele Essenzen auf einmal zu benutzen, denn damit verwässert man möglicherweise die Wirkung der Essenzen, die man am meisten braucht.

Für ein Vollbad oder den Whirlpool läßt man, wenn die Wanne halb voll ist, (insgesamt) zwanzig Tropfen Blütenessenz am Wasserhahn ins Bad. Bei fünf Blüten etwa nimmt man also jeweils vier Tropfen pro Essenz.

Im Idealfall fügt man dem Badewasser in den ersten 15 Minuten nichts anderes hinzu. Es ist empfehlenswert, so tief wie möglich einzutauchen, so daß der ganze Körper von Essenzen umspült wird.

Bei einem Fuß- oder Babybad fügt man dem Wasser insgesamt zehn Tropfen hinzu.

Einige Wildblütenessenzkombinationen haben eine ganz gezielte, therapeutische Wirkung.

Streß generell

Diese Kombination hilft, Spannungen und mentale Zustände zu überwinden, die den Streß festhalten:
Golden Waitsia, Hops Bush, Purple Flag Flower, Hybrid Pink Fairy Orchid.

Kinder

Hilft, Ruhe und Haltung zu wahren. Hilft Kindern, die Gesamtperspektive im Auge zu behalten, während sie lernen, unterschiedliche Aspekte zu integrieren. Hilft ihnen, zentriert zu bleiben, und sich nicht durch die Ereignisse und Erfahrungen des Tages überwältigen zu lassen.
White Nymph Waterlily, Leafless Orchid.

Babys

Damit sie mit der allem Leben zugrunde liegenden, sanften, wohlwollenden Liebe in Kontakt bleiben, unabhängig von den schwierigen Anpassungen, die sie täglich leisten müssen. Fördert mentale Zustände, frei von festgefügten Mustern, wie Wachwerden müssen oder gewohnheitsmäßigem aber grundlosen Weinen.
Purple Nymph Waterlily, Blue China Orchid.

Beziehungspartner

Um das Wesen der Liebe einer tiefen Ebene hervorzubringen, und um das Verlangen zu fördern, seinen Partner glücklich zu sehen. Um seine Spontaneität und Sorglosigkeit wiederzugewinnen, und um sich von dem Bedürfnis zu lösen, sich auf kleinliche Beziehungsaspekte zu konzentrieren. Um das Glück der Zärtlichkeit und das Verschmelzen der Seele zu erleben.
Purple Nymph Waterlily, Golden Waitsia, Red Leschenaultia.

Traurige und ängstliche Gefühle generell

Diese Essenzen fördern die Leichtigkeit des Seins und ermöglichen es, Kontakt zu einer positiven und ausgeglichenen Sicht auf das Leben zu bekommen. Sie fördern das Gefühl der Erdung und der Entspanntheit.
Yellow Flag Flower, Brown Boronia, Hybrid Pink Fairy Orchid.

Energiekombination generell

Hilft, wieder Verbindung zur Vitalkraft, dem Qi, aufzunehmen, um das Qi zu regulieren und mentale Zustände zu fördern, die eine ausgeglichene Konzentration aufrecht erhält.
Pink Fountain Triggerplant, Purple Enamel Orchid, Rabbit Orchid, Pink Trumpet Flower.

5. SPRAYS

Wildblütenessenzen lassen sich in therapeutischen Sprays anwenden, sowohl im Körperbereich als auch dort, wo Menschen ihre Zeit verbringen.

Man nutzt eine saubere, neue Sprayflasche willkürlicher Größe. Für die Mischung geben Sie ein wenig Quellwasser oder ähnlich reines Wasser in eine Sprayflasche und fügen dem insgesamt 20 Tropfen einer oder mehrerer Essenzen hinzu. Schütteln Sie nun die Mischung: Schließen Sie die Flasche fest, und schlagen Sie mit dem Flaschenboden zehn Sekunden lang auf Ihre Handfläche.

Die ganze Person oder der Bereich wird 15 Sekunden lang besprüht. Damit sich eine Heilwirkung aufbaut, sollte man dies täglich tun.

In der Folge einige Wildblütenkombinationen für generelle Heilungsbedürfnisse:

Bett-Spray

Damit man in Frieden schlafen kann oder um aufwühlende Energien loszulassen. Um die Aufmerksamkeit auf Positives zu richten und den Tag optimistisch zu beginnen, bereit und offen für neue Erfahrungen.
Hops Bush, Yellow Flag Flower, Dampiera.

Studier-/Arbeitsstuhl-Spray

Damit man offen für das Lernen ist und einen Sinn darin sieht. Damit man nicht zu sehr an kleinen Details festhält und das große Ganze aus den Augen verliert. Damit man sich mental von Fixierungen auf Probleme und Konzepte entfernen und wieder zu ihnen zurückkehren kann, wenn man erfrischt ist. Damit man sich nicht von der Aufgabe ablenken läßt. Damit man sich nicht gespalten fühlt bei dem Wunsch, sich entweder an die Arbeit zu setzen oder spielen zu gehen. Damit die eigene Ausrichtung und Motivation im Einklang mit dem Bedürfnis nach Entspannung bleibt.
Yellow Leschenaultia, Golden Waitsia, Brown Boronia, Pink Trumpet, Red Beak Orchid.

Wohnzimmer-Spray

Fördert das Gleichgewicht zwischen den männlichen und weiblichen Aspekten. Hilft, sich am kollektiven Wohlsein zu orientieren, während man seine persönliche Wünsche erfüllt. Fördert das tiefe Verständnis in Beziehungen und hilft gegen Überreaktionen bei emotionalen Schwierigkeiten.
Macrozamia, Balga, Rabbit Orchid, Purple Eremophila, Mauve Melaleuca.

Personenspray

Reinigt den ätherischen Körper und hält den Geist frei von negativen Einflüssen. Wahrt die innere Integrität. Auch hilfreich, um den inneren Widerstand gegen Krankheiten und Viren aufrechtzuerhalten.
Shy Blue Orchid, Antiseptic Bush, Geraldton Wax.

6.   MEDITATIONEN

Die Resonanzwirkung einer Wildblüte läßt sich steigern, indem man durch eine Visualisierungs- und Meditationstechnik Kontakt zu ihr aufnimmt.

Dazu wählen Sie eine Blüte aus, deren Eigenschaften Sie an dem Tag besonders benötigen, oder auf die Sie im Rahmen Ihrer Heilungsreise hinarbeiten.

Sie machen diese Meditation am besten an einem ruhigen Ort, an dem Sie nicht gestört werden und setzen sich dazu bequem hin. Betrachten Sie das Bild der Blüte sorgfältig, damit Sie ein klares Bild im Kopf haben. Lesen Sie das meditative Gedicht dieser Blüte so oft, bis Sie den Rhythmus ihrer Botschaft in sich aufgenommen haben.

Schließen Sie nun die Augen, und stellen Sie sich vor, Sie wären sehr klein, befänden sich mitten auf der Blüte und sähen die Blütenblätter. Sehen Sie sich selbst auf dieser Blüte sitzen mitsamt den Problemen oder Situationen, mit denen Sie konfrontiert sind.

Gönnen Sie sich die Zeit, auf diese Weise bei dem Bild der Blüte zu bleiben. Beobachten Sie Ihre mentale Reise, und entspannen Sie sich in die heilende Atmosphäre.

Sie können den großen Vorrat an Heilung durch Mutter Natur auch über einen direkten Zugang in ihrem Garten, in einem Park oder Naturreservat anzapfen. Nutzen Sie diese Meditationstechnik, indem Sie sich unmittelbar vor eine Blüte setzen, die starken Einfluß auf Sie hat. Die Blume interagiert mit Ihnen, und einfach nur mit ihr zu sitzen, tut Ihnen bereits gut, wie wenn Sie neben einem lieben Freund sitzen.

Oft lernt man das Königreich der Blüten ganz neu schätzen, und es wird einem bewußt, von wie vielen frei verfügbaren Geschenken der Heilung man eigentlich umringt ist.

Mit der überzeugendste Nachweis für die Heilwirkung der Wildblüten stammt aus dem Tierreich. Die Heileigenschaften der Wildblüten wirken sich auf wilde Tiere und Haustiere genauso aus, wie auf Menschen. Und die Natur tierischen Bewußtseins sorgt vielleicht sogar dafür, daß sie sich weniger gegen Transformation und Heilung sperren als Menschen.

Wir haben oft erfahren, wie begierig Tiere sind, dem Heilpfad zu folgen und den sanften Annäherungsversuchen der ihnen verabreichten Blüten nicht zu widerstehen.

Ob es sich um körperliche Probleme, wie Schmerzen oder um mentale Zustände wie Aggression handelte, die Resultate waren immer ausgezeichnet und besonders befriedigend.

Manche Menschen argumentieren, Tiere hätten weder Geist noch Seele. De facto zeigen jedoch viele Menschen täglich, wie wenig sie die feineren Eigenschaften von Tieren schätzen, selbst von den Tieren, die sie angeblich lieben wie ein Familienmitglied. Weil Tiere ihre Gedanken nicht verbal ausdrücken können, analysieren Menschen ihren Einfluß auf Tiere nicht näher. Kein Wunder vielleicht, daß viele Menschen sich bei ihren Tieren so viele Freiheiten herausnehmen, haben sie doch bereits große Schwierigkeiten damit, die nicht sprechenden, tauben oder blinden Mitglieder der eigenen Spezies (einschließlich Babys und Kleinkinder) zu verstehen und adäquat auf sie zu reagieren.

Haustiere

Bei Haustieren entstehen die heilungsbedürftigen Probleme meistens (1.) aus einem Mangel an Verständnis für ihre körperlichen Bedürfnisse und individuelle Ausrichtung und (2.) durch das falsche Verhalten und den Mangel an Aufmerksamkeit der Menschen in ihrer Umgebung. Das bedeutet nicht, daß man sie nicht von dem Problem befreien könnte, aber das Ausmaß der Heilung hängt von einigen Erkenntnissen der Halter ab. So ist beispielsweise die Blütenessenztherapie keine Dauerlösung für einen aggressiven Hund, dessen Halter die Gewohnheit hat, ihn zu schlagen. Wenn seine Aggressivität jedoch vom vorigen Halter stammt und der neue nett ist, so kann der Hund von den Erfahrungen der Vergangenheit geheilt werden.

Ein Tier kann auch übertrieben sensibel auf seine Umgebung reagieren. Aber auch, wenn der Halter nicht weiß, wie es soweit gekommen ist, kann dem Tier geholfen werden. Mentale Zustände führen zu körperlichen Zuständen, wie bei Menschen. Mit den körperlichen Symptomen drückt der Körper aus, wie es um ihn steht, und daß er versucht, dies zu ändern, bis wieder ein gesundes Gleichgewicht hergestellt ist.

Manche Probleme hängen mit der eigenen Mentalität einer Spezies zusammen. Blütenessenzen für die Schwächen dieser Mentalität sind ein großes Plus für Tiere. Pferde* sind Vegetarier und somit Beutetiere für andere Spezies. Sie sind daher gebaut, um sich gegen Angriffe zu verteidigen.

Als Teil des "Equine Welfare" Programms der Akademie wurden Pferde in besonderem Maß erforscht.

Mutter Natur hat sie sehr sensibel gemacht, und wenn sie extreme Schmerzen ertragen müssen, lassen sie ihren Körper leicht los und beenden so ihr Leiden.

Wenn Pferde starke Koliken kriegen, muß man sehr schnell handeln, bevor der Todestrieb in Gang kommt. Die Standardwildblüte bei Koliken für die lokale Anwendung am Bauch ist die Menzies Banksia, am Rückgrat und über dem Schwanz wird Ursinia angewendet. Menzies Banksia zerstreut die Furcht, daß der Schmerz sich wiederholt und bricht mit dieser Botschaft auch die Schmerzintensität und die Furcht, die im Extremfall zum Tode führt. Ursinia führt verschiedene Bereiche in eine gesunde Synthese zurück. Sie reaktiviert die funktionellen Verbindungen zwischen den verschiedenen Elementen der Eingeweide. Derartige Heilungen werden meist schon erzielt, bevor der Tierarzt kommt. Tiere reagieren genau wie Menschen, sie sind erleichtert und beginnen mit ihrer Genesung.

Wilde Tiere

Ein Teil der Arbeit mit Tieren, die uns zutiefst befriedigt hat, fand mit wilden Tieren* statt, die gerettet werden mußten, weil sie durch den Einfluß menschlicher Zivilisation körperliche Probleme hatten. Diese Arbeit hat die Heilungsdefinitionen der Essenzen wie die Arbeit mit Haustieren bestätigt.

Die Akademie führt ein Känguruh-Rettungsprogramm durch, das verwaiste Jungtiere versorgt und bietet Gruppen, die sich um wilde Tiere kümmern, umsonst Beratung.

Als wir zum ersten Mal mit zwei verwaisten Känguruhbabys zusammenlebten, man nennt sie in Australien Joeys, haben wir viel darüber gelernt, wie sich Männlichkeit und Weiblichkeit bei Menschen und Tieren gleichermaßen spiegelt. Das Männchen, Rajah, war vollständig von der Sorge des Weibchens, Radha, abhängig. Sie putzte ihn und wenn ihn ein Geräusch erschreckte, rannte er in ihre Arme. Sie standen oft mitten im Wohnzimmer umarmt und sahen/hörten fern. Rajah lutschte auch immer am Daumen, sowohl im Beutel als auch außerhalb. Er entwickelte sogar ein Methode, einen Ellbogen mit der anderen Pfote abzustützen, damit der Arm seiner Lutschhand nicht ermüdete.

Wir machten uns auch ein wenig Sorgen darüber, wie es ihm im Auswilderungsgehege mit den anderen Männchen gehen würde, wo wir ihn hinbrachten, bevor er in die freie Wildbahn entlassen wurde. Ein Männchen zu sein heißt, seinen Platz in der Meute einzunehmen, in der Hierarchie der jungen Raufbolde. Wir behandelten ihn mit Balga (der Blackboy-Wildblütenessenz), um ihm dabei zu helfen, seine maskuline Kraft ins Gleichgewicht zu bringen.

Eines Tages schlug ein Freund vor, es doch einmal mit einem Männchen gleichen Alters, namens Rhubarb zu probieren, der äußerst selbstbewußt war. Rhubarb kam in seinem Beutel zu Besuch und sowie das Weibchen ihn sah, erkannte sie einen guten Fang in ihm. Sie folgte ihm überall hin und zunächst sah Rajah nur zu und versuchte, die neuen Erfahrungen aufzunehmen. Dann trat er in Aktion.

Er nahm eine Haltung ein, die wir noch nie bei ihm beobachtet hatten, richtete sich zu seiner doppelten Größe auf und baute sich vor Rhubarb auf, der anfangs protestierte, sich aber schnell eines besseren besann. Schon bald verbeugte er sich, Pfoten auf dem Boden, vor Rajah und machte Ergebenheitsgeräusche. Wir wußten, es würde Rajah in der freien Wildbahn gut gehen – und dem war auch so.

Oftmals besteht die wichtigste Aufgabe von Essenzen darin, einem körperlichen und mentalen Trauma entgegenzuwirken, das Tiere bei einer Verwundung erleiden, oder wenn sie plötzlich in Menschenhände fallen oder zum Waisen werden. Die Resultate waren sehr befriedigend und inspirierend. In den meisten Fällen wurden die Essenzen äußerlich auf den Tierkörper aufgetragen.

Bei körperlichen Problemen gelten die gleichen Anforderungen wie bei Menschen: Bei Schmerzen werden also die Essenzen gegen Schmerz angewandt, bei Energieverlust die dementsprechenden Essenzen, usw. Das gilt auch für die lokalen Anwendungen.

Generelle Behandlung mentaler Zustände bei Haustieren und wilden Tiere:

Anwendungsweise:
1. Sechsmal täglich auf den Kopf des Tieres auftragen.
2. In einer Saugflasche oder im Wassernapf, 1 Tropfen auf 10ml.
3. In Früchten, wo passend ins Futter, bei erwachsenen Tieren einmal täglich10 Tropfen pro Frucht, bei Jungtieren die Hälfte.

Red Leschenaultia und Orange Spiked Pea:
Übertriebene, aggressive Reaktionen, Angriffe.

Ribbon Pea, Hops Bush und Fuchsia Gum:
Ängstliche und nervöse Überreaktionen.

Purple Nymph Waterlily und Southern Cross:
Unfähig, das Gleichgewicht zu wahren.

Macrozamia und Goddess Grasstree:
Mangel an femininen oder mütterlichen Reaktionen.

Macrozamia und Balga:
Mangel an oder übertriebene männliche Reaktionen.

Hybrid Pink Fairy Orchid und Geraldton Wax:
Überreaktionen, sensibel für die Umwelt,
unfähig mit neuen Situationen umzugehen.

Goddess Grasstree und Purple Nymph Waterlily:
Verhindert beim Traume, die Eltern zu verlieren,
daß sie aufgeben und sterben.

Pink Fountain Triggerplant und Cowkicks:
Bei mangelnder Verbindung zu Vitalität und Lebenskraft,
unfähig Kraft zu tanken.

Blue China Orchid und Brown Boronia:
Gefangen in unnötigen Wiederholungs- und/oder destruktiven Mustern.

DIE WILDBLÜTEN VON A BIS Z

Integrität

Heiligkeit

Reinigung

wachsam

Fokus

*Problembereiche
Schlüsselworte:*

kompromißbereit

beeinflußbar

abgelenkt

hilflos

Das innere Licht hochhalten

Die Essenz der Wahrhaftigkeit, durch die man nur das, was das innere Wesen unterstützt, in sein Leben läßt. Man reinigt sich mit ihr von negativen Einflüssen, die von außen kommen, oder von solchen, die sich im Laufe der Zeit in einem selbst aufgebaut haben. Diese Essenz hilft, inmitten der unterschiedlichsten Lebensbereiche die innere Heiligkeit durch eine Ausrichtung nach innen, durch Wachheit und dadurch aufrechtzuerhalten, daß man keine Kompromisse eingeht, die die Schätze des Lebens betreffen.

Mental - Anwendungen allgemein

Für Menschen, die sich leicht von Attraktionen und frivolen Vergnügungen blenden lassen, und deren Beeinflußbarkeit ihrem allgemeinen Wohlsein schadet.
Für Menschen, die sich zu leicht beeinflussen lassen.
Für Menschen, die ihre Situation als frustrierend sowie sich selbst dabei als hilflos empfinden, und die immer mehr das Gefühl haben, sie können mit der Lage, in die sie sich manövriert haben, nicht mehr umgehen.
Für Menschen, die sich beschwert fühlen vom psychischen „Schrott" der Umgebung, in der sie Zeit verbringen, oder der Menschen aus ihrem Umkreis, und die bemerken, daß sie diesen aufsaugen.

Die Heilung inspiriert, die innere Integrität zu wahren und dem inneren Licht treu zu sein. Der neue Glanz und die kompromißlose, innere Ausrichtung vertreiben die Beeinflussung durch negative Ablenkungen.

Körper - Anwendungen allgemein

Auch als Spray, täglich, im Raum, Bett oder im eigenen Bereich (10 Tropfen auf 125ml Wasser, dann schütteln) und als ätherisches Reinigungsbad (20 Tropfen auf ein Vollbad).

Heilpfad der Seele

Im Laufe unserer Lebensreise können sich Einflüsse und Energien sammeln, die unsere höheren Ziele und Bestrebungen schließlich verschleiern und uns von ihnen abbringen können. Wenn wir uns nicht auf unsere Ziele konzentrieren, sind wir verletzlich durch negative Erfahrungen. Damit öffnen wir uns einem Erfahrungs-spektrum, das uns von unseren Zielen ablenken kann. Wenn wir frisch bleiben und darauf achten, wohin ein Weg führen kann, bleiben wir auf Kurs und zwar in Richtung wertvoller und positiver Erfahrungen.

Meditatives Gedicht

Antiseptic Bush

Im strahlenden Juwel meines Geistes

scheint das reine Licht.

Ich sehe klar.

Mein innerer Weg führt mich

zu den Schätzen des Lebens.

Reife

Selbstbewußtsein

ausgleichend

Kreativität

zerstörerisch

aggressiv

unsensibel

unreif

Die Kraft des kreativen Kriegers

Für die Reifung des männlichen Prinzips oder den inneren Mann. Fördert bei Männern und Frauen positive Kreativität, Selbstbewußtsein, das Setzen und Erreichen von Zielen, wodurch man sich der Bedürfnisse anderer und der Umwelt zunehmend bewußt wird und sie mehr achtet. Hilft dabei, Erfolg und lebenserhaltende Qualitäten, wie etwa Fürsorglichkeit und Gemeinschafts-/Familiensinn, in Balance zu bringen.

Mental - Anwendungen allgemein

Für Männer und Frauen, denen es schwerfällt, geradeheraus und selbstbewußt zu sein, oder deren Selbstbewußtsein sich aggressiv und übermächtig gebärdet. Beides weist auf fehlende Reife der inneren, männlichen Kraft hin.

Oft für junge Mädchen, Jungen und Pubertierende, die ihre neue (selbstbewußt männliche) Sexualität nicht integrieren können und wenn ihnen maskuline Kraft fehlt oder diese unausgeglichen ist, wobei die negative, gefährliche und zerstörerische Seite vorherrscht. Auch für Menschen, die keinen Zugang zu ihrer Kreativität haben, zu ihrer Fähigkeit, Neuland zu betreten und originelle und neue Dimensionen zu erforschen.

Durch die Heilung reift der männliche Aspekt und wird zum kreativen, umfassenden Betätigungsfeld, wodurch man zugleich sowohl selbstbewußt als auch fürsorglich sein kann.

Körper - Anwendungen allgemein

Auch oral (60 Tropfen auf 25ml Branntwein, siehe "Einnahme") bei generellen Problemen mit ungenügend eingedicktem Stuhlgang. Bei Diarrhöe lokal auf dem Unterbauch.

Mental - Blütenakupressur

Psychologisches Profil:
Unabhängig, eigenwillig, macht was er will.
Mageneingangs-Akupunkt am Ohr. (siehe S. 251)

Psychologisches Profil:
Sexuell zu geringes Selbstbewußtsein, Befürchtungen hinsichtlich der sexuellen Fähigkeiten, Impotenz aufgrund psychologischer Probleme.
Hoden- (Eierstock-)Akupunkt am Ohr. (siehe S. 268)

Psychologisches Profil:
Sexuell frigide, Abneigung gegen Sexualität.
(äußere) Genitalien-Akupunkt am Ohr.(siehe S. 254)
(anwenden mit der Macrozamia Blütenessenz)

Psychologisches Profil:
Mental selbstbewußt, zu sehr darauf versessen, die eigenen Ideen in die Tat umzusetzen. Unsensibel und ohne Kontakt zur Umwelt und zu anderen Menschen.
Nieren-Akupunkt am Ohr. (siehe S. 260)

Körper - Blütenakupressur

Körperliche Symptome:
Übelkeit, Erbrechen.
Mageneingangs-Akupunkt am Ohr. (siehe S. 251)
(siehe auch Start's Spider Orchid)

Körperliche Symptome:
Epididymitis, unregelmäßige Menstruation.
Hoden- (Eierstock-)Akupunkt am Ohr. (siehe S. 268)

Körperliche Symptome:
Impotenz, sexuelle Frigidität.
(anwenden mit der Macrozamia-Blütenessenz)
(äußere) Genitalien-Akupunkt am Ohr.(siehe S. 254)
(anwenden mit der Macrozamia-Blütenessenz)
(siehe auch White Nymph und Purple Nymph Waterlily)

Körperliche Symptome:
Tinnitis und Schwerhörigkeit.
Nieren-Akupunkt am Ohr. (siehe S. 260)
(siehe auch Brown Boronia, Geraldton Wax, Yellow Leschenaultia).

Heilpfad der Seele

In uns vermischen sich die kreative Kraft und die empfangende Kraft. Wenn wir zu einem Ganzen werden wollen, müssen beide Kräfte eins werden. Unsere kreative Kraft drückt die Macht aus, das geschaffene Universum zu schützen und zu lieben und furchtlos auf unserer Reise voranzuschreiten. Die Aboriginees Australiens sehen den Balga und seine Blüten als Krieger, der mit dem Speer in der Hand über den Stamm wacht.

Meditatives Gedicht

Balga

Mein Weg führt voran,

gerade und wahrhaftig.

Unterwegs

werden weder die zarten Blütenblätter geknickt

noch können Dornen mich behindern.

Die Liebe ist meine Kraft.

Positive Eigenschaften Schlüsselworte:

Vergebung

Sensibilität

Liebe

Positivität

Problembereiche Schlüsselworte:

Wut

Haß

Negativität

Besessenheit

Schmerz

Die Freude der Vergebung

Die Essenz der Vergebung und Liebe. Bringt nach Groll und heftigen emotionellen Traumata, die man scheinbar nicht vergessen kann, das Licht zurück und sensibilisiert wieder. Diese Essenz führt die Menschen wieder in ihr Herz zurück, so daß sie sich nicht in ihrem Hader verfangen, sondern im Leben fortschreiten und das Negative hinter sich lassen können.

Mental - Anwendungen allgemein

Reduziert das Trauma bei Trennungen und bei Trauer/Verlust/Wut, oder wenn man in einem Teufelskreis gefangen ist. Auch bei Kontrollthemen, wenn man beispielsweise im späteren Leben die Rolle seiner Eltern oder anderer Autoritätsfiguren übernimmt. Hilft, das Bedürfnis loszulassen, mit anderen vergangene oder gegenwärtige Probleme durchzukauen.
Für jene, die es genießen, Menschen leiden zu sehen, die ihnen weh getan haben.
Negative Emotionen haben die Neigung zu wachsen und unseren Geist zu überwältigen; es ist, als würde man in eine ständig tiefer werdende Grube fallen, und die Aufgabe, da wieder herauszukommen, ist schlicht heroisch.

Die Heilung befreit den Geist von der negativen Ausrichtung, und man kann nun positive Wege einschlagen, wodurch die Erfahrung von Freude am Leben gestärkt und gefördert wird.

Körper - Anwendungen allgemein

Zur Beseitigung von Giftablagerungen vier Tropfen in frischem Zitronensaft und Wasser mit einer Prise Salz, einen Monat lang jeden Morgen eine halbe Stunde vor dem Frühstück einnehmen. Danach weitere acht Wochen oral verabreichen.

Mental - Blütenakupressur

Psychologisches Profil:
Fühlt sich bei der Suche nach Lösungen überlastet, wird aggressiv und unsensibel.
Zwerchfell-Akupunkt am Ohr. (siehe S. 252)

Körper - Blütenakupressur

Körperliche Symptome:
Bei Übelkeit und morgendlicher Übelkeit mit Rose Cone Flower auf den Nabel auftragen (einige Tropfen beider Essenzen, keine Druckmassage notwendig).
Körperliche Symptome:
Schluckauf, Gelbsucht.
Zwerchfell-Akupunkt am Ohr. (siehe S. 252)
(siehe auch Woolly Banksia)

Heilpfad der Seele

Wir werden mit einer der härtesten Lektionen, die wir im Leben lernen, konfrontiert, wenn uns ein Mensch verrät, den wir mögen oder für den wir offen sind. Dann wird geprüft, ob wir fähig sind, die größere Vision vom Sinn und den höheren Zielen unserer Seele auch unter Umständen zu bewahren, mit denen unsere Persönlichkeit ringt. Wenn wir das Licht hereinlassen und es unserer Seele erlauben, uns zu führen, erfährt die Persönlichkeit Heilung und Orientierung, und wir werden aus dem Dunkel von Negativität und schmerzhaften Handlungen befreit.

Meditatives Gedicht

Black Kangaroo Paw

Ich bin ein Teil des Lebens,

beobachte und nehme teil.

Von Stürmen gebeutelt

verliere ich meinen Weg nicht.

Ich sehe weiter auf das Licht

und schwinge mich der Freude frei entgegen.

stärken

Selbstkontrolle

Wille

Erneuerung

Wandel

süchtig

schwach

überwältigt

besessen

Die Erhabenheit des Willen

Um den Willen zu stärken und wieder Kontrolle über das Selbst zu erlangen. Um sich der Schönheit innerer Konzentration und Konsequenz bei der Realisierung eines erfüllten Lebens bewußt zu werden. Gewohnheiten sind wie alte Sessel, klobig und vertraut, aber ein Mensch muß gegen seine alten Programmierungen kämpfen, um eine gesunde, neue Richtung einschlagen und neue Erfahrungen machen zu können. Diese Essenz hilft, Veränderungen zu inspirieren, indem sie alte Verhaltensmuster, die die Lebensqualität beeinträchtigen, durchbricht.

Mental - Anwendungen allgemein

Wenn ein Mensch sich an Lebens- und Verhaltensmuster gewöhnt hat, die seine Entwicklung, sein Glück oder seine Beziehungen hemmen. Diese Essenz hilft durch eine positive Sicht auf Selbstkontrolle, Disziplin und Ausrichtung bei der mentalen Metamorphose hin zu neuen Wegen. Die Vorteile der neuen Lebenseinstellung und das Gefühl eines freien, konzentrierten Willens, ermutigen und inspirieren dazu, konsequent vorwärts zu gehen.

Für Kinder, die in routinemäßigen Mustern gefangen sind, die etwa mitten in der Nacht aufwachen, weinen oder destruktives Verhalten an den Tag legen, um Aufmerksamkeit zu erlangen; die sofort reagieren, wenn es nicht nach ihrem Willen geht.

Für Menschen, die mit Sucht oder zwanghaften Verhaltensmustern kämpfen.

Die Heilung stärkt den Willen, wieder Meister über den eigenen Verstand zu werden. Daraus entsteht die Kraft, sich auf das zu richten, was man ändern möchte - und es zu ändern.

Heilpfad der Seele

Jede Bewußtseinserweiterung kostet Kraft und Mühe. Diese Bemühungen brauchen einen Fokus, entsprechende Führung und eine Vorwärtsbewegung. Alte Gewohnheiten halten uns gefangen und behindern unseren Fortschritt. Ihre Macht besteht darin, uns in falscher Sicherheit zu wiegen. Über einen freien Willen zu verfügen, heißt, seinen Unwillen zu durchbrechen, das Alte aufzugeben und spontan am Leben mitzuwirken.

Meditatives Gedicht

Blue China Orchid

Die schweren Gewänder lege ich ab,

eines nach dem anderen.

Wie ein Schmetterling

verlasse ich den Kokon

und strecke mich dem Himmel entgegen.

Überall ruft das Leben,

in mir - freudige Erregung.

**Positive
Eigenschaften
Schlüsselworte:**

geben

teilen

offen

frei

freigiebig

**Problembereiche
Schlüsselworte:**

unersättlich

selbstsüchtig

habgierig

hamstern

kleinlich

Die Freude am Geben

Die Essenz inspiriert zu Offenheit und zur Freigebigkeit, alles, was wir haben, mit allen zu teilen und zwar auf allen Ebenen. Ein Fenster der Seele öffnet sich, offenbart uns die grundlegenden Bedürfnisse unserer Mitmenschen und erweckt unser Verlangen, ein barmherziger und wohlwollender Geber zu sein. Hilft auch, einem ungesunden Bedürfnis nach materiellem Besitz - nach Haben und Festhalten - die Energie zu nehmen.

Mental - Anwendungen allgemein

Für Menschen, die es vermeiden wollen, freigiebig zu sein, oder etwas von sich zu geben. Oft erscheint es ihnen rätselhaft, daß andere sie nicht mögen. Wer mit diesen Menschen zu tun hat, sieht, daß sie scheinbar jeder Motivation mißtrauen und sich fragen, was andere von ihnen wollen. Wenn dies andere Menschen nervt, oder diese ablehnend reagieren, scheinen diese Hilfeverweigerer nicht zu verstehen, weshalb diese Menschen so reagieren.
Für Menschen, die sich zu sehr mit den flüchtigen Vergnügungen materieller Dinge beschäftigen, die horten, verbergen und festhalten, was sie haben. Dies ist wirklich ein sehr trauriger Zustand, der keinerlei Freude macht.
Für Menschen, die kleinlich sind.

Die Heilung ermöglicht es der Person, ihr Bewußtsein über die äußerst beengende materielle Ausrichtung hinaus zu einer wohlwollenden, offenen und sorgloseren Haltung zu erweitern. Menschen und ihre Gefühle werden dann wichtiger als „Dinge".

Körper - Anwendungen allgemein

Bei Bauchschmerzen

Mental - Blütenakupressur

Psychologisches Profil:
Haltungen wie: "Mir geht's gut, das Leben meint's gut mit mir", aber indifferent, beziehungsweise möchte nichts von den Dilemmas und Schwierigkeiten anderer wissen.
Magen-Akupunkt am Ohr. (siehe S. 267)
Psychologisches Profil:
Besitzergreifend und/oder habgierig durch Unsicherheit/Furcht vor Mangel.
Leber-Akupunkt am Ohr. (siehe S. 261)

Körper - Blütenakupressur

Körperliche Symptome:
Magenkrämpfe, Erbrechen, Verdauungsstörungen, Magenschmerzen.
Magen-Akupunkt am Ohr. (siehe S. 261)
(siehe auch Many Headed Dryandra)
Körperliche Symptome:
Hepatitis, Hypochonderschmerzen, Augenkrankheiten.
Leber-Akupunkt am Ohr. (siehe S. 261)
(siehe auch White Eremophila)

Heilpfad der Seele

Das Universum ist freigebig und schenkt dem ganzen Leben Schutz und Nahrung. Sich gegen diesen dynamischen, universellen Fluß zu stemmen, öffnet der Verzerrung Tür und Tor zu unserem Leben. Wenn wir die Gezeiten des Gebens stauen, wird unser Leben arm, bar des Glücks und der Süße. Die Ausrichtung auf Besitz schenkt keine tiefe und bleibende Erfüllung und kann eine Beziehung ruinieren. Der Geist des Teilens und das Glück am Spaß anderer führen dazu, daß man sich weit mehr am Zusammensein mit ihnen und an der Einheit erfreuen kann.

Meditatives Gedicht

Blue Leschenaultia

Ich öffne die Tür

und lade das Leben ein,

sich anzusehen, was ich zu bieten habe.

Laß mich bitte mehr geben,

es kommt immer mehr herein,

strömt herein wie ein endloser Strom

und wieder hinaus in den Ozean.

Toleranz

unparteiisch

Freundlichkeit

Demut

Anerkennung

**Problembereiche
Schlüsselworte:**

kritisch

verurteilend

arrogant

Überlegenheit

Die Süße der Anerkennung

Die Essenz der Freude an der Einzigartigkeit der Menschen. Ermutigt dazu, die Menschen und ihren inneren Wert anzuerkennen und zu respektieren. Wenn intellektuelle Kritik transformiert werden muß in die Akzeptanz anderer, und ihrer individuellen und anderen Art sich zu äußern. Ermöglicht der Süße und Offenheit - statt Beurteilungen - in die Wechselbeziehung zu anderen mit einzufließen.

Mental - Anwendungen allgemein

Hilfreich bei der Überbrückung von Kommunikations- und Respektproblemen in Beziehungen.
Bei Gefühlen mentaler Überlegenheit.
Bei einer Mentalität, die es gewohnt ist, Menschen und ihre Ideen auseinanderzupflücken und Fehler zu suchen, statt eine positive Sichtweise aufrechtzuerhalten, die Ideen ohne negative Vorurteile abwägt und unterscheidet.
Auch bei einer Geisteshaltung, die Menschen schnell als Narren abstempelt oder für beschränkt hält, weil sie nicht als intellektuell Gleichwertige die „Klingen kreuzen" wollen.

Die Heilung ermöglicht es der liebevollen Natur des Menschen in den Vordergrund zu treten und offen für die Sichtweise anderer, ihre Ideen und Denkweise zu sein.

Mental - Blütenakupressur

Psychologisches Profil:
Intellektuelle Arroganz.
Stirn-Akupunkt am Ohr. (siehe S. 253)

Psychologisches Profil:
Von der Richtigkeit der eigenen Ideen und des eigenen Wissens
überzeugt sein. Das Gefühl, die eigenen Vorstellungen, wie die Dinge
sich entwickeln sollten, seien richtig.
Lungen-Akupunkt am Ohr. (siehe S. 261)
(anwenden mit Yellow Leschenaultia) (siehe auch White Eremophila)

Körper - Blütenakupressur

Körperliche Symptome:
Kopfschmerzen, Benommenheit, Schlaflosigkeit.
Stirn-Akupunkt am Ohr. (siehe S. 253)

Körperliche Symptome: Husten, Asthma
Lungen-Akupunkt am Ohr. (siehe S. 261)
(anwenden mit Yellow Leschenaultia)
(siehe auch White Eremophila)

Heilpfad der Seele

Die Erweiterung unseres Bewußtseins kann uns mental stärken und befähigen, klar zu unterscheiden. Dennoch ist der fundamentale Respekt für alle Seelen und ihren Weg eine zuverlässige Grundlage für den positiven Austausch in Beziehungen mit anderen. Die Fähigkeit zu mentaler Gymnastik ist kein Zeichen für erweitertes Bewußtsein, ebenso sind Menschen nicht deshalb mental oder spirituell unterentwickelt, weil sie intellektuell nicht eloquent sind. Arroganz kann zu spiritueller Unbeweglichkeit führen. Wenn wir glauben, wir seien besser als andere, leben wir in einer selbsterschaffenen Illusion.

Meditatives Gedicht

Brachycome

Dem Herzen anderer lauschend

ist Verständnis leicht.

Die Empfindung, wie das Leben sie berührte

und einen Eindruck wie Samt

auf ihrem Wesen hinterließ,

so vertraut und einzigartig.

**Positive
Eigenschaften
Schlüsselworte:**

frei

Loslösung

Geduld

Akzeptanz

**Problembereiche
Schlüsselworte:**

Sorgen

Furcht

Schlaflosigkeit

besessen

Die Befreiung des Denkens

Die Essenz des befreiten Geistes. Inspiriert zu der Erkenntnis, daß man Geduld braucht und das „Hier und Jetzt" akzeptieren muß, wenn die Lebensreise Lösungen bringen soll. Nimmt Sorgen weg, so daß man die Chancen zur Freude in der Gegenwart nicht verpaßt.

Mental - Anwendungen allgemein

Wenn der Geist im Griff morbider, besorgter oder unangenehmer Gedanken ist. Diese Gedanken können zu depressiven Gefühlszuständen und mentaler Verwirrung gehören.
Bei Ängsten, die in chaotischen Umgebungen zunehmen.
Wenn sich die Gedanken im Kreis drehen, es keine sofortige Lösung gibt, und man das Problem dennoch nicht loslassen kann. Die Gedanken nehmen zu, weil sie soviel Energie bekommen, und das Problem wird anscheinend schlimmer.

Die Heilung befreit den Geist von seiner ungesunden Ausrichtung und bringt ein Gefühl der Erleichterung. Dadurch findet man wieder zur natürlichen Haltung, die Dinge entweder anzugehen oder geduldig auf eine Wende im Geschehen zu warten.

Körper - Anwendungen allgemein

Hilfreich bei Streß und Schlaflosigkeit, verursacht durch Besorgtheit oder ein zu angeregtes Denken.
Auch bei Tinnitus und Hörstörungen. (siehe weiter unten)

Mental - Blütenakupressur

Psychologisches Profil:
Mentale Verwirrung, überarbeitet. Besorgt und nervös, chaotische Umgebung.
Nieren-Akupunkt am Ohr. (siehe S. 260)

Körper - Blütenakupressur

Körperliche Symptome:
Tinnitus und Hörprobleme.
Nieren-Akupunkt am Ohr. (siehe S. 260)
(siehe auch Balga, Geraldton Wax, Yellow Leschenaultia)

Heilpfad der Seele

Eine der Illusionen im Leben ist, daß Probleme nur durch Handeln gelöst werden können. Wir sind uns sicher, härter oder schneller arbeiten oder denken zu müssen, um eine Lösung zu finden. Oft ist ein Problem jedoch die Chance, etwas auf einer tieferen Ebene zu verstehen. Indem wir die Lektion eines Problems in uns aufnehmen und darüber nachsinnen, was unsere Reaktionen uns über uns selbst sagen, können wir große Fortschritte machen und dafür sorgen, daß dieselben Probleme/Lektionen nicht andauernd wiederkehren.

Meditatives Gedicht

Brown Boronia

Von dem kleinen Denken

transformiert sich mein Geist

in das Große - das Alles Mögliche.

Die Grashalme, Sterne und ich,

alles ist, wie es sein soll.

Positivität

Optimismus

Licht

Erneuerung

Hoffnungslosigkeit

kämpfen

Widerstand

alter Schmerz

Von Licht und Liebe umfangen

Diese Essenz hilft Menschen, ihr Licht wieder anzuschalten, das heißt, sie erkennen, daß sie der inneren und äußeren Schönheit die Hand reichen müssen, um zu spüren, wie gut es ist zu leben. Wie auch immer die Vergangenheit ausgesehen hat, egal wie lange man schon verletzt ist und um Fortschritte kämpft, es warten positive Lebenserfahrungen am Horizont. Die Erneuerung von Hoffnung und Optimismus, wenn wir Kontakt zu unserem inneren Licht haben, wird immer belohnt.

Mental - Anwendungen allgemein

Für jene, die den Kampf ums Überleben aufgeben wollen, weil sie in der Vergangenheit schmerzvolle Erfahrungen gemacht haben. Der Betreffende hat oft trotz der Bürde seiner Erinnerungen weitergekämpft und nun das Gefühl, das Leben könne einfach nicht wertvoll oder erfüllend sein. Die Realitäten seines Lebens können die Empfindungen dieses Menschen eventuell sogar vollkommen rechtfertigen. Dennoch ist sein verbissenes Festhalten an der Hoffnungslosigkeit ein weiteres Leiden, das er seiner Situation aufbürdet.
Für Menschen, die nicht mit einem Ereignis klarkommen und deshalb das Gefühl haben, das Leben sei wertlos.

Die Heilung entzündet die Flamme der Hoffnung und bringt wieder Licht in das Leben der Menschen. Sie sind dann wieder fähig, an ein sehr erfülltes Leben zu glauben und daran zu arbeiten.

Körper - Anwendungen allgemein

Bei schwierigen, akuten oder chronischen Krankheiten, z. B. bei Krebs.

Heilpfad der Seele

Wer denkt, er könne den Sinn hinter allen Tragödien sehen, die einem Menschen geschehen, ist mutig und vielleicht naiv. Die Seele war auf einer langen Reise und hat auf dem Weg nach Hause viele Transformationen durchlebt. Wenn wir uns dem Licht entgegenstrecken, der Liebe, die im ganzen Universum eingebettet ist, wird die Seele erfrischt und strahlt in Schönheit in unser Leben hinein.

Meditatives Gedicht

Candle of Life

Das bin ich.

Das strahlende Wesen

spiegelt sich

so wunderschön in allem.

Ich sehe: Ich bin Teil des Lebensstrahls,

der Freude verströmt.

*Positive
Eigenschaften
Schlüsselworte:*

Freude

loslassen

befreien

Genialität

freundlich

**Problembereiche
Schlüsselworte:**

Groll

Eifersucht

Bitterkeit

Neid

Schuld

Die Vergangenheit befreien

Die Essenz intensiviert innere Erneuerung und befreit von altem Gepäck, das in einem glücklichen Leben keine Rolle spielt. Damit man sich mit Themen aus der Vergangenheit, die einen bitteren Geschmack hinterlassen haben, auseinandersetzen und sie heilen kann. Damit man erneut die Freude erfährt, in gegenwärtigen und zukünftigen Beziehungen das Beste aus den Möglichkeiten zu machen.

Mental - Anwendungen allgemein

Für jene, die dem Glück anderer negativ gegenüberstehen und neidisch darauf sind, weil ihr eigenes Hoffen und Sehnen durchkreuzt wurde.

Für jene, die anderen Menschen ihr Glück übel nehmen, weil sie es ungerecht finden, daß sie selbst nicht soviel Glück hatten.

Für Menschen, die noch auf altem, ungelöstem Ärger und Negativität sitzen. Sie werden zynisch und können dann keine Freude mehr anziehen. Ob Situationen aus der Vergangenheit nun die gegenwärtige äußere Wirklichkeit beeinflussen oder nicht, diese Menschen können ihre Bitterkeit nicht loslassen und werden daher in ihren gegenwärtigen Beziehungen zu anderen stark davon beeinflußt.

Dies führt häufig zu noch mehr Bitterkeit, und solange diese nicht geheilt wird, geht das immer so weiter.

Die Heilung inspiriert dazu, den eigenen Weg zu akzeptieren, und das eigene Leben zu lieben, anstatt das Leben oder andere Menschen für die eigene mißliche Lage verantwortlich zu machen.

Körper - Anwendungen allgemein

Vergiftungen, Infektionen. Auch bei einer der mentalen Ursachen für Arthritis und bei schwerer Starre des Körpers.

Mental - Blütenakupressur

Psychologisches Profil:
Rachegelüste, Haß.
Gebärmutter-Akupunkt am Ohr. (auch bei Männern) (siehe S. 270)

Psychologisches Profil:
Sadistische Handlungen, Haß.
Milz-Akupunkt am Ohr. (siehe S. 264)

Psychologisches Profil:
Übermäßigkeit, Gier nach Erfüllung.
Hinterkopf-Akupunkt am Ohr. (siehe S. 262)

Körper - Blütenakupressur

Körperliche Symptome:
Unregelmäßige Menstruation, Leukorrhöe (Weißfluß), Dysmenorrhöe
(schmerzhafte Regelblutung), Impotenz, nächtliche Ejakulation.
Gebärmutter-Akupunkt am Ohr. (auch bei Männern) (siehe S. 270)
(siehe auch Macrozamia)

Körperliche Symptome:
Unterbauchblähungen. (anwenden mit Pale Sundew)
Milz-Akupunkt am Ohr. (siehe S. 264)
(siehe auch Swan River Myrtle)

Körperliche Symptome:
Kopfschmerz, Neurasthenie.
Hinterkopf-Akupunkt am Ohr. (siehe S. 262)

Heilpfad der Seele

Ein Zeichen für Fortschritt auf dem Weg zur Erleuchtung ist unsere Fähigkeit, uns nicht von Aggressivität oder Grausamkeit ablenken oder fangen zu lassen. Heilen wir dies nicht, sondern wollen wir unseren Schmerz festhalten und negativ reagieren, so kommen wir völlig von unserem Weg und dessen Sinn ab. Sind wir allerdings in dieser Situation gefangen, dann kommen wir um so leichter wieder heraus, je eher uns klar wird, wie wir da hineingeraten sind, und was wir daraus lernen; zudem lassen wir uns nicht weiter auf solch eine zerstörerische Bitterkeit ein. So befreien wir uns von der Vergangenheit und ihrer Wirkung. Das gilt sowohl für die Gesellschaft als auch für Individuen.

Meditatives Gedicht

Cape Bluebell

Oh, wieder entspannt zu sein

mit der Welt, mein Freund.

Harte Schichten lösen sich nun,

lassen mich zurück

so beweglich und weich

wie einen jungen Sproß.

Die eigene Wahrheit äußer

offen aussprechen

Mut

Klarheit

Anerkennung

Problembereiche
Schlüsselworte:

unterdrückt

introvertiert

nicht beachtet

Schmerz

Diese Essenz ermutigt dazu, den Schmerz zu äußern, den man empfindet, so daß andere die Situation besser verstehen und entsprechend reagieren können. Damit ma die Furcht verliert, aufgestaute Gefühle mitzuteilen, und dem wirklichen Geschehe ins Gesicht sehen kann. Dadurch kann die Wahrheit Klarheit schaffen und man wird sowohl von der Erwartung befreit, gerecht behandelt zu werden als auch von der ungesunden Situation, von anderen aus- genutzt zu werden. Hilfreich, um einseitig Beziehungen auszugleichen, und um Realität in verpflichtende Beziehungen einfließen zu lassen.

Mental - Anwendungen allgemein

Für jene, deren Meinung nicht beachtet wird, und die in der Folge ihre Gefühle unterdrücken, da es sinnlos zu sein scheint.
Für Menschen, die ihre Gefühle unterdrücken, weil sie befürchten, abgelehn zu werden, wenn sie diese äußern, egal wie diplomatisch oder vorsichtig sie das tun. Es ist der Person oder den Menschen, bei denen sie diese Reaktion befürchten, vielleicht nicht klar, daß sie den Betreffenden für selbstverständ- lich halten oder ihm Schmerzen zufügen.

Die Heilung inspiriert dazu, die Wahrheit zu sagen. Das ermöglicht es andere ihre wahren Absichten zu offenbaren und anzufangen, ihre echte Wertschät- zung auszudrücken, oder aber weiterhin ihre egoistischen Ziele zu verfolgen aber nun offen. Was auch immer geschieht, der Betroffene weiß nun, wo er oder sie steht und kann mit der neuen Klarheit die nächsten Schritte zur Lösung des Problems tun.

Körper - Anwendungen allgemein

Bei Spannungen in Bauch und Magen oral einnehmen, oder auf den betroffenen Körperbereich auftragen.

Heilpfad der Seele

Furcht ist der Fluch des menschlichen Geistes. Obwohl sie uns bis zu einem gewissen Grad vor Schaden schützt (und das ist auch ihr instinktives Ziel), staut die Furcht dennoch unseren Lebensfluß, wenn man sie nicht meistert. Die subtile Furcht abgelehnt zu werden, wenn man sich äußert, schwächt unser inneres Feuer und unseren Antrieb und bindet uns an Stagnation. In diesem aufgestauten Tümpel wachsen die Probleme und rauben uns immer mehr Vitalkraft, bis wir uns eine Krise kreieren. Es ist viel gesünder, anderen gegenüber verletzlich und ehrlich zu sein, da man nach ihrer Reaktion besser einschätzen kann, wo man in seinem Leben steht.

Meditatives Gedicht

Cats Paw

Ich spreche von Herzen,

die Bedeutung ist nicht verborgen.

Ich sage meinen Teil, gebe von meinem Geist.

Was immer deshalb zu mir kommt,

kann nichts anderes sein als

die Glückseligkeit der Wahrheit.

Positive Eigenschaften Schlüsselworte:

verantwortlich

miteilsam

fürsorglich

Reife

Problembereiche Schlüsselworte:

unverantwortlich

egoistisch

unbeständig

unreif

Teil des Ganzen sein

Damit man sich mit Verantwortung wohl fühlt. Diese Essenz hilft, sich zu beruhigen, und sie bringt innere Zufriedenheit, was die Freude an der Familie oder Gruppe vergrößert. Dadurch kann die Person ihrer Verantwortung gerecht werden und den Lohn von Regelmäßigkeit und gemeinsamen Zielen ernten. Es geht um das Thema der Verantwortung im Familien- oder Gruppenleben, wo Pflichten und der alltägliche Druck dazu führen können, daß man Abstand nimmt und seinem Teil der gemeinsamen Bürde aus dem Weg geht.

Mental - Anwendungen allgemein

Für jene, die sich nur auf ihre eigenen Wünsche richten und wenig fürsorglich werden.

Für ein Familienmitglied, das sich plötzlich in den Realitäten des Lebens gefangen fühlt, wie etwa ein Paar mit jungen Kindern, insbesondere beim ersten Kind. Der Betreffende genießt es, zur Familie zu gehören, meidet aber die entsprechenden Verpflichtungen. Er möchte die Freude und den Komfort des Familienlebens und zugleich die Freiheiten eines Single für sich beanspruchen. Das ist auch möglich, solange man sich ausreichend Mühe gibt, niemanden darunter leiden zu lassen, daß man eigenen Zielen nachstrebt. Meist sind solche panischen Zeiten Phasen im Reifeprozeß, und man lernt, die unterschiedlichen Aspekte der echten Bedürfnisse auf verantwortliche Weise ins eigene Leben zu integrieren.

Die Heilung inspiriert zu Offenherzigkeit und dazu, den eigenen Anteil am gemeinsamen Leben auf sich zu nehmen. Man orientiert sich erneut an Fürsorglichkeit.

Heilpfad der Seele

Selbstlosigkeit ist eine kostbare Entwicklung in unserem spirituellen Leben. Der ruhelose, hungrige Geist gibt keine Ruhe, da er so vielen eigenen Wünschen hinterherläuft - ein Wunsch nach dem anderen. Diese Wünsche sehen bisweilen einladender aus, wenn sie noch außer Reichweite sind. Hat man sie erreicht, will man etwas anderes, oder mehr. Ihre Befriedigung führt zu einem Gefühl der Leere. Wenn wir aufhören, unsere selbstsüchtigen Wünsche zu nähren, öffnen sich neue Wege ins Glück und unser Umkreis und die Menschen darin spiegeln Freude.

Meditatives Gedicht

Christmas Tree

Wir sind zusammen,

jeder ist Teil des anderen.

Wir gehen dem Sonnenaufgang entgegen

Hand in Hand.

Meine Hand wird immer warm sein,

meine Arme immer offen.

Positive Eigenschaften Schlüsselworte:

Vertrauen

Selbstwertgefühl
lernen

Akzeptanz

Potential

Problembereiche Schlüsselworte:

Selbstvorwürfe

Minderwertigkeit

Uns selbst akzeptieren

Die Essenz inspiriert zu positiven und selbstbewußten Gefühlen. Die Fähigkeit, aus Fehlern zu lernen, mit Akzeptanz und ohne Schuldzuweisung oder Bedauern. Von innerer Akzeptanz – über Ausrichtung - zum Erfolg. Hilfreich bei der Überwindung negativer Selbstbilder und ihren anschließenden Phasen der Stagnation und Depression.

Mental - Anwendungen allgemein

Für Menschen, denen Vertrauen fehlt, die sich auf einer untergeordneten Position halten und sich nicht zu verbessern suchen.
Sie fühlen sich nutzlos, oder nicht gut genug, und halten so die Situation instand.
Für Menschen mit einem Minderwertigkeitskomplex, die alles auf sich selbst abladen.
Für jene, denen Vertrauen fehlt.
Diese Essenz wird oft bei Menschen angewendet, die als Kind nicht ermutigt worden sind und kein gutes Selbstbild haben. Auch in Fällen, in denen die Erfahrungen in Beziehungen immer zu dem Gefühl geführt haben, man sei für den anderen nicht gut genug.

Die Heilung führt zu der Erkenntnis, daß es notwendig ist, mit dem eigenen Potential zu arbeiten, sich selbst zu respektieren und zu lieben, sich zu verbessern und aus seinen Fehlern zu lernen.

Heilpfad der Seele

In den frühen Phasen unserer Entwicklung müssen wir feststellen, wer wir sind und unsere Individualität schätzen lernen. Geschieht dies nicht, so steht uns nicht genügend Kraft und Entschlossenheit zur Verfügung, um auf unserem Pfad voranzuschreiten. Minderwertigkeitsgefühle sind eine Illusion, da tief in uns allen der vollkommene Ausdruck göttlicher Liebe lebt.

Meditatives Gedicht

Correa

In der Symphonie des Lebens

singe ich einen Ton.

Er klingt wie kein anderer,

und deshalb gebe ich alles hinein

und höre wundervolle Musik

mein Leben lang.

neue Energie

neu aufbauen

Vitalität

Problembereiche Schlüsselworte:

zerschmettert

müde

Erschöpfung

Trauma

Die Wiederherstellung

Die Essenz der Genesung von einem Trauma. Hilft, den feinstofflichen und physischen Körper nach einer vernichtenden Erfahrung mental und/oder körperlich wieder aufzubauen und miteinander zu verbinden. Integriert solche Erfahrungen auf weise Art mit dem Verstand und der Lebensperspektive, so daß man mit neuer Kraft weitermachen kann.

Mental - Anwendungen allgemein

Findet bei Schicksalsschlägen Anwendung. Oft hat der Betreffende nicht für solch ein Ereignis vorgesorgt und ist daher mental nicht darauf vorbereitet, mit dieser Situation umzugehen und sich anzupassen. Solchen Menschen fällt es schwer, ihr Leben wieder aufzubauen, sie sind hoffnungslos und machen sich zum Opfer der Umstände.

Die Heilung hilft, einen tieferen, mentalen Zustand und einen Blick für die Möglichkeiten zu entwickeln. Befindet man sich in einer traumatischen Lage, so erhält man durch die Essenz die Kraft, sein Leben zu wandeln und es mit der erweiterten Sicht neu aufzubauen.

Körper - Anwendungen allgemein

Zur Genesung eines Traumas.
Zur Erholung des ätherischen Körpers, wenn er einen vernichtenden Schlag erlitten hat.

Mental - Blütenakupressur

Psychologisches Profil:
Unfähigkeit, sich emotional von einem Schock oder Trauma zu erholen.
Herz-Akupunkt am Ohr. (siehe S. 255)
(siehe auch Pink Fountain Triggerplant, Purple Enamel Orchid, Reed Triggerplant.)
Psychologisches Profil:
Schlaflosigkeit, von Träumen gestörter Schlaf, das Gefühl auseinanderzufallen, der Lage nicht gewachsen sein.
Shenmen-Akupunkt am Ohr. (siehe S. 263)

Körper - Blütenakupressur

Körperliche Symptome:
Energiemangel nach einem Schock oder Trauma. Nach Operationen, Unfällen oder jähen emotionalen Ereignissen, die die körperliche Vitalität und Kohäsion zerstören.
Herz-Akupunkt am Ohr. (siehe S. 255)
(siehe auch Pink Fountain Triggerplant, Purple Enamel Orchid, Reed Triggerplant.)
Körperliche Symptome:
Entzündung, Schmerz.
Shenmen-Akupunkt am Ohr. (siehe S. 263)
(evtl. zusammen mit Pink Fairy Orchid, Hybrid Pink Fairy Orchid, Reed Triggerplant, Pink Fountain Triggerplant, Violet Butterfly) (siehe auch Purple Flag Flower und Yellow Flag Flower)

Heilpfad der Seele

Optimismus lohnt sich. Sich des möglichen Auf und Ab im Leben bewußt zu sein, verschafft uns den Vorteil, bereit zu sein, wenn sich das Blatt wendet, und die Veränderungen führen dann nicht dazu, unser Fortschreiten zu behindern. Optimismus, der unbewußt und ohne höheres Ziel ist, kann waghalsig sein und offen für Schwierigkeiten. Wir fühlen uns dann leer. Weit besser ist es, unsere Begeisterungsfähigkeit und unseren Schwung im Leben zu bewahren, während wir zugleich die vielen Erfahrungen berücksichtigen, die das Leben bringen mag.

Meditatives Gedicht

Cowkicks

Mein inneres Licht führt mich

auf den Wegen meines Lebens.

Ganz und eins mit mir

erhebe ich die Augen, um alles zu sehen

und zu verstehen, wo und wann

der nächste Schritt zu tun ist.

**Positive
Eigenschaften
Schlüsselworte:**

Demut

Vertrauen

selbstsicher

*innere
Befriedigung*

**Problembereiche
Schlüsselworte:**

fordernd

egoistisch

Mitte sein wollen

Konkurrenz

Die Akzeptanz aller als Gleiche

Die Entdeckung, daß alle gleich sind. Diese Essenz hilft, Probleme zu starken Konkurrenzverhaltens zu lösen, und sie versetzt den Menschen in die Lage, mit anderen als Gleiche zu interagieren. Das Selbst agiert nun aus größerer Tiefe heraus, in der es Freude am Erfolg anderer empfinden kann, ohne sich minderwertig oder unbeachtet zu fühlen.
Wenn man sich nach der Anerkennung und Akzeptanz anderer sehnt.

Mental - Anwendungen allgemein

Für jene, die dazu neigen, Aufmerksamkeit, Respekt und Anerkennung zu fordern.
Für Menschen, die sich nach Anerkennung sehnen und es negativ werten, wenn andere sich nicht danach richten. Man muß solchen Menschen dauernd erklären, wie gut ihre Arbeit war oder wie gut sie sind. Dazu gehören plötzliche Anwandlungen der Überlegenheit, Selbstüberschätzung und das Abtun anderer als Wasserträger. Dieser Charakterzug tritt phasenweise in der Kindheit auf, insbesondere dann, wenn Eltern dazu neigen, das Kind zu beschwichtigen und negatives Verhalten zu ignorieren. Die Anforderungen steigern sich so immer mehr.

Die Heilung beruhigt den Geist, der nun Selbstsicherheit und innere Zufriedenheit empfinden kann.

Mental - Blütenakupressur

Psychologisches Profil:
Überlegenheitskomplex, diktatorisch.
Herz-Akupunkt am Ohr. (siehe S. 255)
Psychologisches Profil:
Läßt sich leicht von der Umgebung ablenken, ist zu sehr aufs
Äußere gerichtet, übervorsichtig.
Augen-Akupunkt am Ohr. (siehe S. 253)

Körper - Blütenakupressur

Körperliche Symptome:
Hysterie, Herzklopfen, Arrhythmie.
Herz-Akupunkt am Ohr. (siehe S. 255)
(siehe auch Ursinia)
Körperliche Symptome:
Augenkrankheiten, überanstrengte Augen, Probleme beim
Fokussieren.
Augen-Akupunkt am Ohr. (siehe S. 253)

Heilpfad der Seele

Das Licht des Bewußtseins ist die Essenz jedes Lebewesens. Wir
müssen das Licht in uns erkennen und es ist egal, ob andere dies
auch tun. Es *ist* und wird immer *sein*. Desgleichen kann man das
innere Licht in anderen scheinen sehen. Man verfügt nicht mehr
über einen Rahmen, innerhalb dessen man sich unter- oder
überlegen fühlen könnte. Solche Gedanken sind die Illusionen eines
Geistes, der sich für klein hält.

Meditatives Gedicht

Cowslip Orchid

Ich grüße Euch - jedes Lebewesen

jeden Felsen und Stern.

Danke, daß Ihr Teil seid

dieser Welt, derer ich mich erfreue.

*Positive
Eigenschaften
Schlüsselworte:*

Flexibilität

offen

kooperativ

loslassen

**Problembereiche
Schlüsselworte:**

starr

unterdrückend

ernst

nervös

Die Freiheit, loslassen zu können

Offen für die vielen Ströme des Glücks und der Erfüllung. Reich durch Flexibilität. Die Essenz des Loslassens, die den Fluß des Lebens zuläßt. Hilfreich in Veränderungsphasen, bei Trauer und Versöhnung, läßt die alten Tage ziehen und umarmt den neuen Tag auf flexible Weise.

Mental - Anwendungen allgemein

Bei allgemeinen Streßproblemen, bei Unflexibilität, wenn man sich neuen Situationen, Streß und Spannung nicht anpassen kann, weil man möchte, daß die Dinge so und nicht anders laufen.
Bei Abschiedstraumen wie Trauer, Trennung, Scheidung.
Für jene, die unkooperativ sind, es sei denn, man macht, was sie wollen.
Wenn es um Festhalten und um die Starrheit von Körper und Geist geht. Damit man frei wird vom Bedürfnis, daß das Leben oder die Menschen sich einer einzigen Sichtweise unterordnen müssen, so daß man befriedigt oder glücklich sein kann und sich wohlfühlt.

Die Heilung inspiriert dazu, Konzepte loszulassen, durch die man mental behindert wird, und auf eine neue Art flexibel zu sein. Es wird zunehmend leichter, neue Verhaltensweisen zu akzeptieren und damit umzugehen. Dadurch eröffnen sich neue Möglichkeiten für tiefe Erfüllung und Freude an Beziehungen.

Körper - Anwendungen allgemein

Bei harter, verspannter Muskulatur, bei Krämpfen und Spasmen, unmittelbar auf den Körperbereich auftragen. Bei Kopfschmerzen aufgrund von Anspannungen im Nacken und in den Schultern, auf diesen Bereich auftragen. Bei Verstopfungen auf den Unterbauch auftragen. Bei chronischen Problemen dieser Art oral verabreichen. Bestandteil der Formel für die *Pain Cream.*

Körper - Blütenakupressur

Körperliche Symptome:
Spasmen, Krämpfe und schmerzhafte Muskulatur an Wirbelsäule,
Nacken und Gelenken.
Wirbelsäulen-, Nacken- und Gelenk-Akupunkte am Ohr.
(siehe S. 256-259 und 265-266)
(siehe auch Purple Flag Flower, Leafless Orchid, Menzies Banksia und
Macrozamia, Ursinia.)

Heilpfad der Seele

Wenn wir an rigiden Konzepten darüber festhalten, was wir für richtig
halten oder was uns glücklich machen wird, behindern wir unsere
eigene Entwicklung und somit das Glück anderer. Wenn wir offen
sind, können wir uns viele Optionen ansehen und sogar neue Wege
der Freude ausprobieren. Wenn wir unser Leben offen erforschen,
lernen wir, was wahrhaft tiefes Glück ist. Und wir entwickeln auch
die Weisheit und das Verständnis, wie wir es in unserer Welt zum
Vorschein bringen.

Meditatives Gedicht

Dampiera

Als die Gitter meines Geistes

den Fluß der Freude gefangennahmen,

öffnetest Du mich

für die Freiheit,

in jeder Gelegenheit

das Potential für Glück zu sehen.

Gelöstheit

Frieden

Positivität

Befreiung

Vertrauensbildung

**Problembereiche
Schlüsselworte:**

bezichtigen

Groll

Rache

Unrecht

erfahren

mißtrauisch

Innere Entschlossenheit

Die Essenz ruft lebensbejahende Positivität hervor und hilft, Gedanken an Unrecht, das man früher erlitten hat, loszulassen. Hilft, Gelöstheit zu finden, mit sich in Frieden zu leben und nicht seinen Rachegefühlen zu folgen. Befreiung durch die Erkenntnis, daß man die Wahl hat, wie man auf Ereignisse reagiert, und daß man sein Herz verhärtet, wenn man Vorwürfe hegt. Damit man die Sanftheit des Seins findet und Verantwortung für eine bessere Zukunft übernimmt.

Mental - Anwendungen allgemein

Für jene, die 'geladen' sind und Rachegefühlen hegen gegen Leute, die ihnen Unrecht zugefügt haben.
Für jene, die aufgrund ihrer Erfahrungen in der Vergangenheit kein Vertrauen in neuen Beziehungen finden.
Für jene, die glauben, daß Rache befriedigt.
Für die oder den rachsüchtige/n, sitzengelassene/n Geliebte/n.
Für Menschen, die rachsüchtig gegen Personen, die sie lieben, gehandelt haben und die dies nun anekelt. Es tut ihnen nun leid, jemandem weh getan zu haben, den sie liebten, und sie haben das Gefühl, das Leben habe sie in eine schmerzliche Falle gelockt.
Für jene, die das Leben und andere Menschen für ihr Unglück verantwortlich machen. Dies führt dazu, daß sie sich vor Sensibilität und Offenheit verschließen.

Die Heilung führt zu der Erkenntnis, daß wir selbst für unsere Handlungen und Reaktionen im Leben verantwortlich sind. Daß dem Leben Wohlwollen zugrunde liegt, und daß wir daran mitwirken müssen, damit wir glücklich werden und uns von alten Schmerzen befreien können. Dann können wir uns von dem Gedanken entfernen, daß uns Unrecht getan wurde und von den Menschen, die uns dies angetan haben. Und wir können mit offenem Herzen ein positives Leben in der Gegenwart beginnen.

Heilpfad der Seele

Der Gedanke, daß wir losgelöst und dennoch zugleich auch verletzlich sein können, scheint paradox. Losgelöstheit im positiven Sinne heißt, alles was schädlich oder unnötig ist, loszulassen, und verletzlich sein im positiven Sinne heißt, offen für die Liebe zu sein. Wenn schmerzvolle Ereignisse eintreten, sorgen die Qualitäten der Losgelöstheit und Verletzlichkeit dafür, daß wir geheilt und intakt die andere Seite erreichen und unser liebendes Wesen dabei sogar noch kraftvoller und pulsierender wird. Verhärtet man sich jedoch, ist bitter und hegt seinen Groll, so hat der Schmerz Bestand. Weit besser ist es, die positiven Qualitäten zu hegen und weiterzugehen.

Meditatives Gedicht

Donkey Orchid

Was geschehen ist,

liegt hinter mir.

Meine Gedanken gehen vorwärts

hin zu Tagen der Freude

und friedvollen Nächten

voll seliger Träume.

Positive
Eigenschaften
Schlüsselworte:

gütig

geben

liebevoll

Problembereiche
Schlüsselworte:

fordernd

egozentrisch

aufgebracht

Wutanfälle

Das dankbare Herz

Für den Aufbau eines gütigen, liebevollen Wesens. Diese Essenz stimuliert Liebe und die Ausrichtung auf andere. Man wird durch Geben glücklich, bringt seine Sichtweise wieder ins Lot, die zu Introvertiertheit geführt hatte und zu einer fordernden Haltung, zu sehr auf sich selbst konzentriert und darauf, was man hat oder nicht hat.

Mental - Anwendungen allgemein

Für jene, die Gefühle zur Manipulation von Menschen und Situationen nutzen, damit ihre eigenen Wünsche befriedigt werden. Für Probleme der Gier und Habsucht.
Für Menschen, die grüblerisch, rachsüchtig und manipulativ sind, um Druck zu erzeugen, damit sie bekommen, was sie wollen. Sie möchten, daß das Leben sich um sie dreht und reagieren schlecht darauf, wenn ihr Verhalten Freunde und Verwandte krank macht, und diese ihnen das auch sagen.
Für fordernde Kinder, die in Wut ausbrechen, um die Eltern fertigzumachen und ihre Wünsche durchzusetzen.
Für Menschen, die glauben, sie bekämen lediglich dann Liebe, wenn sie Druck auf andere Leute ausüben und sie manipulieren.

Die Heilung stimuliert den Aspekt der Liebe und löst die selbstsüchtige Konzentration. Wenn die betreffende Person erkennt, daß ihre unglückliche Wirklichkeit die Folge des egoistischen, gierigen Zustandes ist, in dem sie sich befindet, so erfolgt der Wandel.

Mental - Blütenakupressur

Psychologisches Profil:
Eifersucht, das Gefühl, man sollte auch haben, was seinesgleichen besitzt und Ressentiments, wenn das nicht der Fall ist.
Zungen-Akupunkt am Ohr. (siehe S. 269)

Heilpfad der Seele

Früher glaubten die Menschen, die Sonne umkreise die Erde. Das war durch die geringe Spannweite des Bewußtseins eine ganz natürliche Sichtweise zu Zeiten Galileos, der dank seines demütigen, auswärts gerichteten Geistes erkannte, daß es die Erde war, die die Sonne umkreist. Wir können auch die Illusion hegen, daß sich das Leben um uns und unsere Bedürfnisse dreht, oder daß dies zumindest so sein sollte. Wahre Gelassenheit liegt in dem dankbaren Wissen, daß das gesamte Universum sowohl in uns als auch außerhalb von uns fließt und allen alles gibt, genauso wie unser spirituelles Selbst dies tut.

Meditatives Gedicht

Fringed Lily Twiner

Mein Herz hat

so viele Geschenke

empfangen.

Die Morgensonne,

einen freundlichen Blick

und das Lächeln der Freunde.

Wohlwollen

gute Absichten

Gewissen

geradeheraus

einmischend

schnüffeln

Geschwätzigkeit

trügerisch

Kontrolle

Sich für Wohlwollen entscheiden

Damit wir uns mental für Wohlwollen und gute Absichten entscheiden. Diese Essenz befreit das
Gewissen, wodurch man ganz
natürlich zu ausgeglichenen,
gesunden Bestrebungen zurückge-
führt wird. Für jene, die in
ungesunder Neugier für die
Angelegenheiten anderer gefangen
sind, die sich mit persönlichen
Informationen über sie mächtig
fühlen und nicht dem Drang
widerstehen können, dies für die
eigenen Zwecke auszunutzen.

Mental - Anwendungen allgemein

Für jene, die sich auf Kleinlichkeiten bei anderen konzentrieren und
durch Geschwätzigkeit Schaden verursachen. Sie mögen die Kontrolle
über andere, die ihnen aus den persönlichen Informationen über sie
erwächst. Dies macht solche Menschen sehr unpopulär und führt zu
komplizierten, emotionalen Situationen. In Extremfällen sind sie sehr
selbstgefällig und fühlen sich anderen überlegen, da sie mit dieser
Kontrolle über das Leben anderer eine verheerende Wirkung ausüben
können. Oft wollen solche Menschen Heilung, weil andere Menschen
sie ablehnen oder hassen, egal ob sie vom Schulhof oder von der
Chefetage stammen.
Für jene, die hinter den Kulissen manipulierend die Kontrolle über
andere genießen.

Die Heilung führt zu der Erkenntnis, daß Kontrolle über andere
ungesund und abstoßend ist. Dann dominiert das Gefühl, daß diese
Art Bestrebungen völlig falsch sind, und das Gewissen kommt ins
Spiel. Nun widmen sie der schöneren, ehrlichen Herangehensweise
an Beziehungen mehr Aufmerksamkeit und sind geradeheraus.

Heilpfad der Seele

Da wir uns im Geist des Schöpfers befinden, bleibt nichts, was wir tun könnten, verborgen. Für wie schlau ein Mensch sich auch immer halten mag, seine Illusion wird ihm schmerzhaft bewußt werden, da das restliche Leben ganz natürlich und unerbittlich auf seine Handlungen reagiert.

Meditatives Gedicht

Fringed Mantis Orchid

Ich sehe, wo ich fehlgegangen bin.

Der Geist sollte immer

ein Instrument der Ehrlichkeit sein.

Dies kann ich nun tun:

meinen Fehler

erkennen.

Die Einheit von Denken, Worten und Taten

Damit das Selbst in all seinen Äußerungen eins ist. Die Essenz hilft, die Freiheit zu finden, seine wahren Gedanken und Absichten zu zeigen. Sie befähigt uns, als Mensch, der mit sich eins ist, zu denken, zu sprechen und zu sein, ohne eine darunterliegende Negativität zu verbergen und so der Heuchelei zu verfallen.

Mental - Anwendungen allgemein

Bei Charaktereigenschaften, die heuchlerisches Verhalten fördern, etwa wenn man jemandem gegenüber negativ eingestellt ist, aber dieser Person nichts davon zeigt. Die Fähigkeit, andere Menschen auf diese Art zu betrügen, führt außerdem dazu, daß man sie für dumm hält. Wird dies alles entlarvt, so zieht dies bei solchen Menschen weitere Negativität nach sich.
Für jene, die das Unglück anderer amüsiert, während sie vorgeben, Sympathie zu empfinden. Sie verachten diejenigen, die sie als Narren betrachten.

Die Heilung ermöglicht es ihnen, ihre negativen Gedankenmuster loszulassen und es nur für fair zu halten, daß andere ihnen entgegentreten und mehr Ehrlichkeit und Integrität von ihnen erwarten. Sie können nun offen und ehrlich mit anderen Menschen umgehen.

Heilpfad der Seele

Die Einheit von Denken, Worten und Taten ist ein wesentlicher
Entwicklungsschritt auf dem Weg des nach Spiritualität Strebenden.
Bis diese Einheit Wirklichkeit ist, schafft die Dualität oder „Trialität"
dieser drei Aspekte Disharmonie und oft auch Schmerz und Leid für
uns selbst und andere. Wenn wir in unseren Äußerungen nach innen
und außen ehrlich sind, ist das Potential unserer Transformation
maximal, denn nun können wir daran, wie das Leben auf uns reagiert,
bewußt erkennen, was an unseren Einstellungen falsch oder unfair ist,
und es dann ändern. Wer das eine denkt, etwas anderes sagt und
wieder etwas anderes tut, ist weit davon entfernt, das Leben zu
genießen. Uns mit den Konsequenzen unseren Denkens zu konfrontieren, macht uns frei für neue und bessere Gedanken und eine neue
und bessere Wirklichkeit.

Meditatives Gedicht

Fuchsia Grevillea

Wie ich denke, werde ich.

Den Geist mit liebevollen Gedanken zu erfüllen

führt zu liebevollen Worten

und zu liebevollen Taten.

In solch einer Welt möchte ich leben.

Positive
Eigenschaften
Schlüsselworte:

bequem

entspannt

akzeptierend

nachsinnen

Problembereiche
Schlüsselworte:

ängstlich

Klaustrophobie

in der Falle

irrational

Panik

Frei von Klaustrophobie

Frei, es bequem und Frieden zu haben, sogar wenn man eingeengt wird. Die Essenz gegen Klaustrophobie, sowohl auf körperlicher als auch auf emotionaler Ebene. Befähigt einen Menschen in einem beengten Raum oder unter Bedrohung keine Panik zu empfinden. Kann den Adrenalinschub oder die Angst erden, so daß die Vernunft die Oberhand behält.

Mental - Anwendungen allgemein

Für Menschen, die unter Klaustrophobie leiden. Bei der Furcht, eingeschlossen zu werden. Wenn man nicht in ein Flugzeug steigen, Tunnel durchqueren, in kleine Räume hineingehen kann, etc.
Wenn man fürchtet, in einer Beziehung zu ersticken.
Bei Befürchtungen und der Angst, daß es im Leben immer enger wird und es keine Lösungen gibt.

Die Heilung befreit den Geist von dem irrational gesteuerten Adrenalinausstoß, so daß er nun klar und ruhig denken kann.

Körper - Anwendungen allgemein

Bei Schweißausbrüchen und starken Spannungen, ausgelöst von der Furcht, in die Falle gelaufen zu sein.

Heilpfad der Seele

Wir sind immer frei, lediglich unsere Wahrnehmung einer Situation macht uns zum Gefangenen. Nichts kann unsere Seele gefangennehmen.

Meditatives Gedicht

Fuchsia Gum

Ich bin frei, zu gehen wohin ich will.

Wie eine Brise

oder ein Sonnenstrahl.

Mein Geist bringt mich

an die schönen Orte,

wann immer ich will.

*Positive
Eigenschaften
Schlüsselworte:*

innere Kraft

unabhängig

selbstsicher

*Problembereiche
Schlüsselworte:*

beeinflußbar

unter Druck

wird beherrscht

obligatorisch

Die Heiligkeit des Selbst

Die Essenz der inneren Kraft und Wahrhaftigkeit sich selbst gegenüber - die Kraft, entsprechend zu leben. Damit man die Schönheit des Gefühls erlebt, wie man unter Druck und bei entgegengesetzten Meinungen stark bleibt. Stärkt das Selbst, so daß man sich nicht gegen seinen Willen unter Druck setzen läßt, oder regelmäßig von den Wünschen anderer beeinflußt wird.

Mental - Anwendungen allgemein

Hilfreich bei Beziehungen, in denen Dominanz/Unterwerfung eine Rolle spielen.
Für Jugendliche, die dem Druck Gleichgesinnter erliegen.
Für Menschen, die sich dem widersetzen, was sie im Innersten für richtig oder fair halten.
Hilft Menschen, auf eigenen Füßen zu stehen und auch unter Druck keine Kompromisse einzugehen.
Befreit Menschen, die sich dem Willen anderer beugen.

Die Heilung fördert und bringt innere Kraft und Selbstbewußtsein zum Vorschein, und es stimmt zufrieden, man selbst zu sein.

Körper - Anwendungen allgemein

In Fällen, in denen das Immunsystem durch Krankheit oder Drogen geschwächt ist.

Mental - Blütenakupressur

Psychologisches Profil:
Paßt sich zu sehr an die Meinungen oder Ideen anderer an, oder hört zu sehr auf sie.
Innenohr-Akupunkt am Ohr. (siehe S. 255)
Psychologisches Profil:
Sich nutzlos, hilflos fühlen, unfähig etwas zu erreichen
Gehirnstamm-Akupunkt am Ohr. (siehe S. 250)

Körper - Blütenakupressur

Körperliche Symptome:
Tinnitus, Schwerhörigkeit. (siehe auch Yellow Leschenaultia)
Innenohr-Akupunkt am Ohr. (siehe S. 255)
Körperliche Symptome:
Kopfschmerz, Schwindelanfälle.
Gehirnstamm-Akupunkt am Ohr. (siehe S. 250)

Heilpfad der Seele

Wir lernen so viele Dinge im Leben. Oftmals lernen wir eine bestimmte Wahrheit und dann werden wir vielleicht geprüft, ob wir nun auch dieser Wahrheit gemäß leben können. Wenn es in unserem Leben Menschen gibt, die nicht möchten, daß wir diesen Weg einschlagen, dann werden sie verbal oder non-verbal durch Stimmungen oder Handlungen Druck auf uns ausüben. Mit genügend innerer Kraft zeitigt dies keine Wirkung, außer uns klar zu machen, wie unsere Reise weitergehen sollte und von woher sie agieren.

Meditatives Gedicht

Geraldton Wax

In mir spricht

die zutiefst rosige Glut meines Wesens

über meine unangreifbare Seele zu mir.

Ich gehe meinen Lebensweg

und erhelle ihn, wo ich gehe.

Erneuerung

Optimismus

Inspiration

freudig

Problembereiche
Schlüsselworte:

Traurigkeit

mißbraucht

Schwere

Hoffnungslosigkeit

Der Geist der Erneuerung

Hilft, die Kräfte der Regeneration und Metamorphose in sich zu finden. Die Essenz, um für sich selbst zu sorgen und sich zu heilen, so daß man sich nach einem persönlichen Trauma wieder aufrichten und das Gefühl der Schwere abladen kann. Hat man das erreicht, so tragen die neue Inspiration und der neue Lebensschwung weiter zu positiven Erfahrungen bei und man erhält Spielraum für große Erfüllung.

Mental - Anwendungen allgemein

Für Menschen, die sich von den dunklen Bereichen ihres Lebens belastet fühlen und die Fähigkeit verloren haben, sich gut zu fühlen. Solche Menschen hatten oft ein sehr freigebiges Wesen, wurden stark traumatisiert, verletzt und vom Leben gezeichnet, wurden für selbstverständlich gehalten und mißbraucht, was bei ihnen zu dem Wunsch führt, sich von Menschen zurückzuziehen. Das Leben wird ihnen zu schwer, so daß sie nichts mehr damit zu tun haben wollen. In Extremfällen ist oft ein unbewußtes Verlangen vorhanden, nicht länger auf dieser Erde zu weilen.

Die Heilung bringt diese Menschen wieder mit der Güte des Lebens und den positiven Aspekten in Berührung, die so freudig und erfüllend sein können, und Hoffnung und Idealismus erneuern sich.

Körper - Anwendungen allgemein

Lokal auf dem inneren Körperbereich, der an Degenerationserscheinungen leidet, z. B. Krebs.

Mental - Blütenakupressur

Psychologisches Profil:
Unterschiedsloses Geben, offen dafür, ausgenutzt zu werden.
Zungen-Akupunkt am Ohr. (siehe S. 269)

Heilpfad der Seele

Den Kontakt zur Quelle der Regeneration, des Lichts und der Liebe zu
wahren, heißt, andauernd erneuert zu werden. Konzentrieren wir uns
auf unsere Leiden, so wird uns eben diese Konzentration die Verbindung zu dem Instrument der Heilung rauben, das wir benötigen.
Was uns auch immer in der Vergangenheit geschehen sein mag, kann
geheilt werden, und wir brauchen diese Dunkelheit nicht auf dem Rest
unserer Reise mitzuschleppen. Nach einer dunklen Erfahrung müssen
wir für uns selbst sorgen, uns heilen, unsere Vitalität wiedergewinnen
und fortschreiten zum Sonnenaufgang unseres weiteren Lebens.

Meditatives Gedicht

Giving Hands

Mein sinkendes Herz

ist nun auferstanden.

Sonnt sich am Tage

und ruht in Frieden in der Nacht.

Ich fühle mich so jung

wie ein zarte, sich entfaltende Knospe.

Die Kraft der geduldigen Heldin

Die Reifung des weiblichen Prinzips oder der Frau in uns. Sowohl für Männer als auch für Frauen eine Metamorphose zu Kraft, zu unterstützender Sensibilität, zu Geduld und liebevoller Weisheit, die emotional nicht abhängig ist. Hilft, den weiblichen Aspekt in die Gesellschaft hineinzutragen.

Mental - Anwendungen allgemein

Für Menschen, die entweder nicht in der Lage sind, ihre nährende, förderliche, mitfühlende oder geduldige Seite zu zeigen (zu wenig aktiver, unausgewogener weiblicher Aspekt) oder die sich in Beziehungen lediglich auf ihre Gefühle verlassen (zu aktiver, unausgewogener weiblicher Aspekt).
Auch wenn man zu sehr bemuttert, wenn man beispielsweise Schuldgefühle nutzt, um zu herrschen, wenn man Menschen, für die man sorgt, keine Unabhängigkeit gewährt, oder für das andere Extrem: Wenn man es nicht leiden kann, für jemanden, der verletzlich ist und Hilfe braucht, zu sorgen und sich um ihn zu kümmern.
Frauen, die erstmals Mutter werden, können in solcherlei Dilemmas geraten und sich in der Schwangerschaft oder den ersten Tagen nach der Geburt völlig fremd in ihrer neuen Rolle fühlen.

Die Heilung führt bei Männern wie Frauen dazu, daß der weibliche Aspekt der Kraft reift, der für eine ausgeglichene Einstellung sich selbst, anderen und Beziehungen gegenüber notwendig ist. Daraus erwächst eine nährende und fürsorgliche Kraft, die dennoch hilft, Kraft im anderen zu wecken.

Körper - Anwendungen allgemein

Bei Menstruationsproblemen und bei einem gestörten Gleichgewicht der weiblichen Hormone.

Mental - Blütenakupressur

Psychologisches Profil:
Starkes Verlangen nach körperlichen, sexuellen Erlebnissen mit
anderen Körpern, zu selbstsicher, Mentalität eines „Hengstes" oder
„Machos": „Ich bin wirklich gut."
Hoden-/Eierstock-Akupunkt am Ohr. (siehe S. 268)
Die Heilung öffnet das Herz für die Gefühle, und Sex wird zur
gegenseitigen Erfahrung, die beide genießen können.

Körper - Blütenakupressur

Körperliche Symptome:
Nebenhodenentzündung, unregelmäßige Menstruation.
Hoden-/Eierstock-Akupunkt am Ohr. (siehe S. 268)

Heilpfad der Seele

Die unmittelbare Reaktion, das, was noch nicht stark ist, zu behüten
und zu schützen, bringt die Universelle Mutter in uns zum Vorschein.
Auf diese Weise spiegeln wir das sanfte Prinzip, das uns auf unserem
Weg behütet hat und das jener Lebenskraft Ehre erweist, die alles in
der Schöpfung nährt. So zeigen wir unsere Geduld und unser
Verständnis und sind ein Trost für andere, die den Weg gehen.

Meditatives Gedicht

Goddess Grasstree

Ich bin ein Fels in der Brandung,

die Wärme, die dem Leben

die führende Hand reicht,

die erlösenden Worte.

Ich habe die Kraft, weiterzugehen,

und dennoch die Sanftheit, unendlich zu lieben.

offen

gesellig

selbstbewußt

ausdrucksvoll

gelöst

**Problembereiche
Schlüsselworte:**

Rückzug

Aversion

verlegen

auf der Hut

abgeschnitten

Das Coming Out

Die Essenz, sich zu öffnen und zu erweitern. Das Gefühl der Würde, auf den Plan zu treten und seinen Platz im Leben einzunehmen, egal ob man dadurch auch verletzlich wird. Entspannt Selbst sein, wenn man mit anderen Menschen zusammen ist - furchtlos offen. Die Essenz bringt jenen Selbstvertrauen, denen es leichter fällt, sich vor Leuten zurückzuziehen, statt mit Problemen und Kritik umzugehen. Befähigt, sich aus verwirrenden Situationen und von den Vorurteilen anderer zu lösen, um sich statt dessen frei zu fühlen, auf soziale Situationen einzugehen.

Mental - Anwendungen allgemein

Für jene, die eine Bloßstellung befürchten und es deshalb scheuen, anderen gegenüber offen und verletzlich zu sein.

Für zögerliche Menschen, müde von den Turbulenzen der Interaktionen mit anderen und all den Schwierigkeiten, die daraus entstehen können. Oft ist ihnen nicht bewußt, daß sie aus diesem Grund immer im Hintergrund bleiben, aber sie spüren meist einen Mangel an Selbstvertrauen. Vielleicht waren sie zuvor offen und entspannt, aber genau diese Eigenschaft ist von anderen gegen sie verwendet worden. Jetzt haben sie das Gefühl, sie sollten andere am besten auf Abstand halten, so daß diese ihre Nase nicht in ihre Angelegenheiten stecken. Denn wenn sie nun verletzlich sind oder durcheinander, weiß davon niemand und kann sie daher auch nicht verletzen.

Für Kinder, die nicht viel oder gar nicht sprechen, die andere vielleicht für verlegen halten, die sich zurückziehen vor den beunruhigenden und verwirrenden Aspekten der Erwachsenen ihrer Umgebung.

Für jene, die verlegen erscheinen, die aber in Wirklichkeit vor Menschen auf der Hut sind und vor dem, was geschehen kann, wenn sie andere in ihre Welt hineinlassen.

Für Menschen, die sich als zu zurückhaltend empfinden, weil sie sich vor der Natürlichkeit ihres Körpers schämen.

Die Heilung führt dazu, daß man sich entspannt und offen fühlt, auch wenn man Anteil am Leben anderer hat, sowie eine gesunde Sicht auf eventuell auftauchende Schwierigkeiten hat und sich nicht darin verwickeln läßt. Damit einher geht das Vertrauen, daß man mit solchen Ereignissen umgehen kann, ohne eine persönliche Bloßstellung in der Situation zu befürchten.

Mental - Blütenakupressur

Psychologisches Profil:
Angeblich der Lage gewachsen, verbirgt jedoch die Unfähigkeit, mit dem Leben innen und/oder außen umzugehen.
Blasen-Akupunkt am Ohr. (siehe S. 269)

Körper - Blütenakupressur

Körperliche Symptome:
Bettnässen, Harnverhalten.
Blasen-Akupunkt am Ohr. (siehe S. 269) (siehe auch Hairy Yellow Pea)

Heilpfad der Seele

Das Leben in der Gesellschaft ist ein Picknick, zu dem jeder das seine mitbringen muß - seine besonderen und einzigartigen Beiträge zum gemeinsamen Fluß. Wenn jemand nichts zu diesem Fest beitragen kann, weil er früher unangenehm bloßgestellt wurde, dann muß die gesamte Gesellschaft diese Talente leider entbehren.

Meditatives Gedicht

Golden Glory Grevillea

Ein Schritt aus den Schatten hervor,

erhobenen Hauptes.

Ich kann die duftenden Lüfte atmen,

die Wärme des Lebens auf meinem nackten Wesen spüren

und weiß, daß alles gut ist.

Die Welt wartet darauf, daß ich anfange.

*Positive
Eigenschaften
Schlüsselworte:*

erweiternd

sorglos

expansiv

anpassungsfähig

*Problembereiche
Schlüsselworte:*

Perfektionismus

Sorgen

kleinlich

eschränkte Sicht

Horizonte werden weiter

Die Essenz trägt den Geist über Nebensächlichkeiten hinaus. Weckt erneut Gefühle der Sorglosigkeit und heilt alle Aspekte der Furchtsamkeit, die mit Perfektionismus zusammenhängen. Hilfreich für Menschen, die über Details besorgt sind. Befähigt den Geist, klar und neugierig zu sein, positive Ansichten zu hegen und sich den sich ändernden Umständen anzupassen.

Mental - Anwendungen allgemein

Für Menschen, die den kleinen Dingen und Details ständig zuviel Aufmerksamkeit widmen, auch wenn es um große Sachen geht. Diese Sichtweise fördert einen negativen und hoffnungslosen Zustand, in dem Probleme niemals gelöst werden können, weil immer noch ein weiteres Detail berücksichtigt werden muß.
Für jene, die in Details gefangen sind, die Vitalität rauben und zu depressiven, nervösen und völlig frustrierten mentalen Zuständen führen.
Für jene, die ihr Einschätzungsvermögen überschätzen, weil sie sich den Details widmen, die sich aber wegen ihrer Kurzsichtigkeit in Wirklichkeit im Nachteil befinden.

Die Heilung entläßt den Geist aus dem kleinen, beengten Rahmen. Wenn der Mensch von seiner engen Perspektive frei ist, lösen sich die Probleme oft von selbst, da sie überhaupt erst aus der unnötigen Konzentration auf Details entstanden sind.

Körper - Anwendungen allgemein

Für jene, die ihren gegenwärtigen, unvollkommenen Gesundheitszustand oder ihr Unwohlsein akzeptieren sollten. Bei der Rekonvaleszenz nach Krankheit oder Trauma kann man Golden Waitsia alle paar Stunden auf die Fußsohlen auftragen.
(Die Essenz ohne Druck einfach auf die gesamte Fußsohle auftragen.)

Heilpfad der Seele

Sich um die großen und kleinen Aspekte des Lebens zu kümmern, schafft ein Gleichgewicht. Räumt man jedoch den kleinen Aspekten Priorität ein, so führt das zu Stagnation und man hat das Gefühl, auf der Stelle zu treten. Die spirituelle Sicht kümmert sich um kleine Details, aber nur im größeren Rahmen. Man richtet sich auf den tieferen Fluß der Dinge darunter, nicht auf die sich ewig ändernden Wellen an der Oberfläche.

Meditatives Gedicht

Golden Waitsia

Die Größe des Universums,

die Fülle des Daseins

läßt sich nur ausloten,

wenn mein Geist

sich frei erweitert,

um von Frieden umfangen zu werden.

Fortschreiten

**Positive
Eigenschaften
Schlüsselworte:**

Durchbruch

Wandel

Fortschritt

Konzentration

Vitalität

**roblembereiche
Schlüsselworte:**

faul

Stagnation

Groll

Niederlage

Die Essenz des Fortschritts, des Blicks nach vorn und der Energie, einen Durchbruch zu erzielen. Fördert das Durchschreiten eines Problems, einer Phase der Stagnation, ohne plötzliche Rückschritte zum Ausgangspunkt. Befreit von Frustration, hilft, Teilnahmslosigkeit zu bekämpfen, und Fehler nicht zu wiederholen. Hilfreich, um Disziplin und gesunde Gewohnheiten des Körpers, Geistes und der Seele aufrechtzuerhalten.

Mental - Anwendungen allgemein

Für Menschen, denen es nicht gelingt, eine notwendige Veränderung zu vollbringen. Es scheint ihnen gut zu gelingen, aber sie können plötzliche Rückschritte machen und dann wieder ganz am Anfang stehen. Das liegt daran, daß es einem starken Element ihres Geistes zuviel Mühe macht, sich zu ändern, weil es sich dagegen wehrt und am liebsten so bleiben würde, wie es ist, wenn da nur nicht diese unangenehmen Konsequenzen wären. Die wesentlichsten Konsequenzen sind die natürlichen Reaktionen anderer, was dazu führt, daß die Betroffenen sich negativ und abwehrend ihnen gegenüber verhalten. Diese Projektion von Schuld auf andere kann dann zu selbstgerechten Einstellungen führen und solchen Menschen Grund geben, genauso halsstarrig zu bleiben, wie sie sind. Für träge Menschen.
Für jene, die gegen Süchte oder Suchtmuster kämpfen und davon frustriert sind, daß sie immer wieder auf den Ausgangspunkt zurückgeworfen werden.

Die Heilung hilft, den Geist zu stärken bei der Auseinandersetzung mit sich selbst und gegen jene Einstellungen, die immer wieder zu Niederlagen führen. Man richtet die Konzentration nun darauf, die inneren Widerstände gegen das eigene Glück zu meistern und hat auch Energie für dieses Unterfangen.

Wird ergänzend zur Blue China Orchid angewendet, um das Abschütteln alter Gewohnheiten zu unterstützen.

Mental - Blütenakupressur

Ergänzt die Arbeit der Blue China Orchid beim Durchbrechen von Süchten und ungesunden oder schädlichen Lebensmustern. *Shenmen-Akupunkt am Ohr. (siehe S. 263)*

Heilpfad der Seele

Die eigentliche Dynamik des Lebens besteht in der ewigen Transformation und im Wachstum der gesamten Schöpfung. Niemand kann es sich leisten, zurückzubleiben, und sich in der falschen Sicherheit der Vergangenheit zu wiegen. Innere Ruhe und Freude erreicht nur, wer sich auf höhere Bewußtseinsebenen erweitert und sein Selbst zu Fortschritten herauszufordert.

Meditatives Gedicht

Green Rose

In mir erwacht Sicherheit,

meine Überzeugung kommt von innen.

Ich werde meine alten Lumpen zur Seite werfen,

mich von den Ketten lösen

und mir die Zukunft aneignen.

Entscheidung

Geduld

Richtung

Weisheit

Ruhe

*Problembereiche
Schlüsselworte:*

nervös

zerstreut

überwältigt

unerfahren

Auf die Welle warten

Die Kunst des richtigen Zeitpunkts und des Entscheidens. Die Essenz der Geduld, die man dazu braucht, die Richtung im Leben zu finden, die zu Frieden im Geist führt. Diese Geduld schafft genügend Zeit, damit sich Erfahrungen festigen können, so daß man seine Entscheidungen mit größerer Weisheit und Engagement fällen kann und sich nicht mehr, getrieben von seinen Befürchtungen, zu sprunghaftem Handeln hinreißen läßt.

Mental - Anwendungen allgemein

Für Menschen, die furchtsam vor Entscheidungen stehen, die sie nicht treffen möchten.
Für jene, die viele verschiedene Aktivitäten ausüben, weil sie nicht sicher sind, auf welche sie sich konzemtrieren sollen.
Für Menschen, die Angst vor den anstehenden Entscheidungen haben. Es gibt Zeiten, in denen sie eine Entscheidung über ihr Leben oder eine Wahl treffen müssen, aber nicht in der Lage sind, dies weise zu tun. Das kann daran liegen, daß sie noch jung sind, sich inmitten anderer Krisen befinden oder den Wald vor lauter Bäumen nicht sehen können. Werden Geduld und ein ruhiger Geist gefördert, so kann dieser Mensch eine Zwischenentscheidung treffen und auf den richtigen Zeitpunkt warten, um im Fluß des Lebens zu lesen und dann zu handeln.
Hilfreich, um die Richtung des eigenen Lebens intuitiv zu verstehen.

Die Heilung läßt den Geist ruhig werden und schenkt Geduld, bis sich genügend Verständnis für weise Entscheidungen entwickelt hat.

Mental - Blütenakupressur

Psychologisches Profil:
Die Überzeugung, man könne nichts erreichen, das Gefühl, durcheinander oder zerstört worden zu sein. Kann nicht sehen, wie die Dinge klappen könnten.
Blasen-Akupunkt am Ohr. (siehe S. 269)

Körper - Blütenakupressur

Körperliche Symptome:
Bettnässen, Harnverhalten.
Blasen-Akupunkt am Ohr. (siehe S. 269)
(mit Golden Glory Grevillea) (siehe auch Golden Glory Grevillea)

Heilpfad der Seele

Wir können das ganze Leben damit verbringen, zu warten bis wir bereit sind. Es sind die kleinen Schritte, die wir machen, während wir das Leben aus der umfassendsten Perspektive einschätzen, die uns helfen, vollständig am Leben teilzuhaben und gleichzeitig zu lernen. Wenn sich dann wesentliche Chancen ergeben, können wir sie erkennen und das Beste daraus machen.

Meditatives Gedicht

Hairy Yellow Pea

Ruhe umfängt mich.

Ich empfinde die innere Sicherheit,

daß alles gut wird,

daß alles enthüllt wird

im Erblühen meiner Selbst.

selbstsicher

unabhängig

Entschlossenheit

fähig

*Problembereiche
Schlüsselworte:*

Angst

unsicher

Selbstzweifel

emotional abhängig

Die Freiheit der Unabhängigkeit

Der Geist der Selbstsicherheit, die Verwirklichung von Selbstvertrauen und Entschlossenheit. Inspiriert dazu, auf eigenen Füßen zu stehen, an die eigene Kraft zu glauben und damit Erfolg zu haben. Schenkt Glauben an die Fähigkeit, selbst das anzuziehen, was man braucht. Hilfreich bei der Angst, einen neuen Weg einzuschlagen, den wenige gehen, und dabei, das Bedürfnis nach einem „zweiten Mann" oder die Furcht, Dinge alleine zu tun, loszulassen.

Mental - Anwendungen allgemein

Für Menschen, die es als zu große Herausforderung empfinden, die Dinge selbst in die Hand zu nehmen. Sie fühlen sich wohler dabei, wenn ein anderer bei ihnen ist.

Für jene, die in einem gewissen Lebensbereich nicht genügend Vertrauen haben, einen neuen Weg einzuschlagen, den die meisten Menschen in ihrem Umkreis nicht gehen wollen.

Für Menschen, die nicht darauf vertrauen, einen Partner anziehen zu können und die sich selbst nicht so darstellen, daß man sie bemerken würde.

Auch für jene, die nicht darauf vertrauen, einen Partner dadurch anziehen zu können, daß sie einfach nur sie selbst sind, und die statt dessen angeberisch wirken, sich zu selbstbewußt geben oder eine dominante Haltung einnehmen.

Die Heilung ermöglicht es, das eigene Selbst zu schätzen und dessen Befähigung, den Dornen auf dem Weg zu widerstehen und die innere Schönheit der Individualität zu akzeptieren. Der Glaube an das Selbst und sein Potential schafft Gelegenheiten, größeres Glück zu erfahren.

Mental - Blütenakupressur

Psychologisches Profil:
Sucht die Unterstützung anderer; die eigenen Bemühungen schlagen fehl, weil man von anderen nicht unterstützt wird. Fühlt sich im Stich gelassen.
Dünndarm-Akupunkt am Ohr. (siehe S. 264)

Körper - Blütenakupressur

Körperliche Symptome:
Verdauungsstörungen, Herzklopfen.
Dünndarm-Akupunkt am Ohr. (siehe S. 264)
(siehe auch Yellow Flag Flower)

Heilpfad der Seele

Niemand im Universum ist jemals allein. Das Bewußtsein des Großen ist ewig mit uns und integraler Bestandteil unserer selbst. Obwohl wir als „kleines Ich" unbedeutend sind, wenn wir uns zu etwas Großem und Wichtigem machen wollen, so gibt es doch nichts, wovor wir uns fürchten müßten, wenn wir mit dem „universellen Ich" fließen. Die individuelle Seele zieht auf ihrer Reise andauernd Leben an. Die Schönheit ihrer Individualität als Teil der Universellen Seele führt sicher zum Erfolg.

Meditatives Gedicht

Happy Wanderer

Auf dem Weg

höre ich die Ermutigung

einer inneren Stimme, die sagt:

Meine Liebe für Dich,

Du Schönheit,

ist immer da.

**Positive
Eigenschaften
Schlüsselworte:**

Entspannung

Befreiung

Ruhe

Frieden

**Problembereiche
Schlüsselworte:**

frenetisch

hyperaktiv

zerstreute Energie

Streß

Geist in Ruhe

Die Essenz der Entspannung und Befreiung. Leitet ein Zuviel an zerstreuter Energie in die Erde ab und stellt den natürlichen und gesunden Fluß wieder her, der das Bedürfnis nach Aktivität nährt, ohne den Geist zu sehr zu stimulieren. Mit diesem mentalen und körperlichen Frieden hat man sein Leben wieder im Griff und empfindet sich sowohl bei Ruhe als auch bei Aktivitäten als ausgeglichen.

Mental - Anwendungen allgemein

Für frenetische, aktive Menschen. Das hyperaktive Kind.
Für Menschen, die sich lange Zeit in Furcht oder Zuständen Übererregung befunden haben und die sich körperlich oder mental nicht entspannen können, wenn sie das brauchen.
Wenn der ätherische Körper zu reizbar ist, ist man natürlich angespannt und wird schon von kleinen, unbedeutenden Ereignissen im Leben aus dem Lot geworfen. Dies stimuliert das Nervensystem zu stark und es ist schwer, sich zu entspannen. Oftmals sehen derart Betroffene den Grund nicht, weshalb sie nicht abschalten können.

Diese Essenz entspannt den ätherischen Körper und entspannt so unausgeglichene Nervenaktivität.

Körper - Anwendungen allgemein

Wenn man sich aufgrund unausgeglichener, frenetischer (roter) Energien nicht entspannen oder nicht schlafen kann. Sechs Tropfen Essenz in ein halbes Glas Wasser und einige Tropfen stündlich von 16 Uhr bis zur Schlafenszeit auf den Hinterkopf fördern den Schlaf.

Heilpfad der Seele

Manchmal vergessen wir die Realität, daß unser Geist direkt und indirekt Meister unseres Körpers und Gehirns ist. Wir vergessen bisweilen auch, daß die Seele Meister des Geistes ist. Verlaufen die Rhythmen des Körpers und die des Geistes nicht mehr parallel und synchron, verspüren wir Chaos auf allen Ebenen. In diesen Zeiten lernen wir das Bedürfnis zu schätzen, die Verbindung zum tiefsten Teil unseres Wesens enger zu knüpfen und so erneut Harmonie zwischen Körper, Geist und Seele herzustellen.

Meditatives Gedicht

Hops Bush

Ruhig ist mein Geist

im Schoß

meiner gelassenen Seele.

Die Wellen der Glückseligkeit

kühlen und erfrischen mich.

innere Kraft

unterscheiden

Widerstandskraft

Stabilität

Problembereiche
Schlüsselworte:

übersensibel

beeinflußbar

überreagierend

emotional

Das Licht im Innern

Die Essenz der Selbsterkenntnis, der Heiligkeit des inneren Wesens, der Kraft, den inneren Frieden zu wahren, egal wo wir sind, oder welche Umstände auch immer unser Urteil über uns selbst beeinflussen. Diese Essenz ist ein Filter und stärkt uns innerlich, so daß Lob und Tadel anderer uns weder positiv noch negativ mitreißen. Für jene, die die Gefühle anderer stark mitempfinden. Auch für psychisch sensible Menschen, da die Essenz die Bürde ihrer Sensibilität erleichtert, weil sie die Zufriedenheit aus der eigenen Mitte spürbar stärkt.

Mental - Anwendungen allgemein

Wird bei Streß angewendet, der aus den Interaktionen mit anderen herrührt.

Für jene, die sich wünschen, den inneren Frieden zu wahren und nicht vom Auf und Ab der Gefühle anderer beeinflußt zu werden. Oft kann der Dauerstreß der Gefühlsschaukel zu Wut, Tränen oder Frustration führen.

Für hypersensible Menschen, die auf die Worte und Taten anderer überreagieren.

Bei prämenstruellem Syndrom und bei übergroßer Intensität der Gefühle in der Schwangerschaft: erzeugt ein rosiges Leuchten innerer Ruhe.

Auch für jene, die ihre Nervosität überwinden wollen, wenn sie vor Publikum sprechen oder anderen ihre Sichtweise erläutern müssen.

Wird auch bei den Gefühlsschwankungen der Pubertät und Menopause zusammen mit der Macrozamia-Essenz angewendet.

Körper - Anwendungen allgemein

Bei Immunitätsdefiziten, starken Allergien, Hautproblemen und Überspanntheit. Eine allgemeine Streßessenz.

Mental - Blütenakupressur

Psychologisches Profil:
Wenn man meint auseinanderzufallen, unfähig ist, mit der Situation umzugehen.
Shenmen-Akupunkt am Ohr. (siehe S. 263)
Psychologisches Profil:
Wenn man allein gelassen werden will, andern gegenüber zu sensibel ist, überreagiert, keine Perspektive wahren kann.
Zwölffingerdarm-Akupunkt am Ohr. (siehe S. 252)

Körper - Blütenakupressur

Körperliche Symptome:
Schlaflosigkeit, durch Träume gestörter Schlaf, Entzündungen, Schmerz.
Shenmen-Akupunkt am Ohr. (siehe S. 263)
Eventuell anwenden mit Pink Fairy Orchid, Cowkicks, Pink Fountain Triggerplant, Reed Triggerplant, Violet Butterfly
(siehe auch Purple Flag Flower und Yellow Flag Flower)
Körperliche Symptome:
Zwölffingerdarmgeschwür, Krämpfe des Magenausgangs
,
Zwölffingerdarm-Akupunkt am Ohr. (siehe S. 252)
(siehe auch Red Leschenaultia)

Heilpfad der Seele

Der Unterschied zwischen Sensibilität, also Kontakt mit dem Leben, und einem Mangel an starker innerer Führung, die uns den Weg weist, ist minimal aber wesentlich. Wenn unsere Sensibilität bedeutet, nicht zu wissen, wer wir sind und mitzuschwingen mit den starken Gefühlen um uns herum, können wir unseren Weg verlieren. Wenn das Selbst aus der Mitte unseres Wesens strahlt, können wir sensibel bleiben für das ganze Leben um uns herum, für Menschen und ihre Gefühle und Bedürfnisse, und zugleich weise entscheiden, wie wir reagieren wollen.

Meditatives Gedicht

Hybrid Pink Fairy Orchid

Überall um uns herum wirbelt das Leben,

tausende Gesichter

und ausgestreckte, bittende Hände.

Doch die stille Mitte

bleibt ruhig,

schöpft Liebe aus ihrer Tiefe.

**Positive
Eigenschaften
Schlüsselworte:**

furchtlos

Freude

hell

überschwenglich

Spaß

Erkenntnis

**Problembereiche
Schlüsselworte:**

niedergeschlagen

verletzt

sich entziehen

Furcht

unterdrückte
Erinnerung

Furchtlose Innenschau

Die Essenz der Tapferkeit bei der Überwindung schmerzhafter Erinnerungen, die sich im Unterbewußten verbergen. Die Essenz der Freude und des Mutes, sich mit den Schatten und Schmerzen der Vergangenheit zu konfrontieren und auseinanderzusetzen. Inspiriert zu dem Wissen, daß es keinen verborgenen Schmerz gibt, mit dem man sich nicht auseinandersetzen könnte, da er nie so schlimm ist, wie man befürchtet, und man nicht überwältigt werden wird, denn man ist stärker als der Schmerz.

Mental - Anwendungen allgemein

Für Menschen, die ohne die Fähigkeit leben, Freude zu empfinden, weil ein verborgener Schmerz vorhanden ist, der wie eine Wolke einen Schatten auf sie wirft. Irgendeine vergangene Erfahrung, an die sie sich bewußt erinnern oder die in ihrem Unterbewußtsein liegt, ist nicht geheilt worden.
Hilft Menschen, die Heilung schmerzhafter Erinnerungen durchzustehen.
Bei unterdrückten Erinnerungen.
Für jene, die sich nicht mit gegenwärtigen Situationen auseinandersetzen, weil schmerzhafte Erinnerungen unterdrückt worden sind.
Auch bei Psychotherapie, Rebirthing und Reinkarnationstherapie hilfreich, um vergessene oder verborgene Erfahrungen, die den gegenwärtigen Zustand beeinflussen, aufzudecken.

Heilpfad der Seele

Der unbewußte Schmerz vergangener Erfahrungen kann unser Leben
überschatten. So wird Freude immer von einem Anflug von Trauer
begleitet, oder wir können sie überhaupt nicht empfinden. Dieser
Schmerz ist in Winkeln unseres Geistes verborgen, in denen Gedanken
und Atmosphären, Gefühle und Auslöser anderer vergangener Bilder
unserer Vergangenheit ruhen. Wir müssen die Aufgabe angehen, uns
zu heilen. Der Drache, dem wir gegenüberstehen, sind wir selbst, sind
unsere unbewußten Ängste. Wenn wir uns schließlich mit dem
Drachen konfrontieren, entdecken wir, daß er gar nicht so furchter-
regend war, und wenn wir uns heilen, können wir unser Leben genießen und schätzen.

Meditatives Gedicht

Illyarrie

Schmerz ist ein Dornenbusch,

der meinen Geist festhält.

Ich löse alle Dornen,

sie gehören nicht zu mir.

Ich gehe meinen Weg.

*Positive
Eigenschaften
Schlüsselworte:*

zentrieren

vitalisierend

Gleichgewicht

erhalten

Ganzheit

*Problembereiche
Schlüsselworte:*

leer

müde

abgenutzt

ausgelaugt

überwältigt

Kontrolle aus der Mitte

Die Essenz zentrierter Energie und Ausrichtung, die den Erhalt der Ganzheit gewährleistet. Stimuliert den inneren Wesenskern, die Kontrolle über die Lebensumstände zu übernehmen. Sie hilft, sich von oberflächlichen Fragen abzuwenden, und sich auf das zu konzentrieren, was wesentliche Bedeutung hat. Das bewirkt ein tieferes Verständnis dafür, was es wirklich bedeuten kann, für jemanden zu sorgen und ihm zu helfen, und man versteht auch, wann man sich selbst zugunsten des tieferen Wohlseins dieser Person zurücknehmen muß.

Auch hilfreich, wenn sich Menschen, deren Arbeit oder Leben im Dienste anderer steht, ausgelaugt fühlen.

Mental - Anwendungen allgemein

Für Menschen, die dazu neigen, „sich zu verschenken", und die entdecken, daß sie völlig ausgelaugt sind und daher auf Abstand zu Menschen gehen müßten, um sich zu erholen, bei denen das aber nicht immer möglich ist. Dies sind oft fürsorgliche Menschen in „sozialen Jobs", beispielsweise Therapeuten, Krankenschwestern, Lehrer, Eltern, Gruppenorganisatoren. Diese Unausgeglichenheit ist die Folge einer mangelnden angemessenen und wohlüberlegten Perspektive, auch wenn sie dem herzensguten Wunsch entstammt, anderen zu helfen.
Für wohlwollende Menschen, die an „Burn-out" leiden.
Für jene, die sich nicht mit den primären Ursachen ihrer Probleme auseinandersetzen.
Für Menschen (manchmal „naive Helfer" genannt), die anderen helfen, aber eher auf oberflächliche Weise und ohne größere Tiefe oder Sinn. Das bedeutet, daß sie auch weiterhin Zeit und Geld verschenken, das aus der Sicht des anderen sehr viel weiser hätte genutzt werden können.

Die Heilung bringt Menschen in ihre Mitte, von wo aus sie tiefgreifend ermitteln können, was andere Menschen wirklich brauchen und was in bestimmten Situationen wirklich nötig ist. Nun sind ihre Bemühungen keine Verschwendung mehr, und durch die richtige Einteilung bleibt ihre Energie auf einem gleichbleibenden Niveau.

Körper - Anwendungen allgemein

Für Menschen, die dazu neigen, ihre Energie mit oder für andere zu opfern und zwar weit über das gesunde Maß hinaus.
Für Menschen, die sich von einer Krankheit erholen und die sich durch Besuch ausgelaugt fühlen, weil sie versuchen, ihnen etwas zu geben, statt in einem ruhigen Zustand der Regeneration ihrer selbst zu verharren.

Mental - Blütenakupressur

Psychologisches Profil:
Menschen, die in jeder Situation alles geben, was sie können, ob das nun nötig ist oder nicht.
Baihui-Akupunkt auf dem Kopf. (siehe S. 272)
Psychologisches Profil:
Mangelnde verbale Kontrolle, spricht Dinge im falschen Moment aus, nervöse Eßgewohnheiten, stochert beispielsweise im Essen herum.
Mund-Akupunkt am Ohr. (siehe S. 262

Körper - Blütenakupressur

Körperliche Symptome:
Sich nach Interaktionen mit anderen ausgelaugt und müde fühlen.
Baihui-Akupunkt auf dem Kopf. (siehe S. 272)
Körperliche Symptome:
Gesichtslähmung, Geschwüre am Mund.
Mund-Akupunkt am Ohr. (siehe S. 262)
(siehe auch Pale Sundew)
Körperliche Symptome:
Schmerzvolle Muskeln im Bereich der Wirbelsäule, des Nackens und der Gelenke.
Wirbelsäulen-, Nacken- und Gelenk-Akupunkte am Ohr
(siehe S. 256-259, 265-266)
(siehe auch Dampiera, Purple Flag Flower, Menzies Banksia und Macrozamia, Ursinia.)

Heilpfad der Seele

Wir können uns selbst und anderen auf vielerlei Arten helfen. Was oberflächlich gesehen zunächst wie ein Bedürfnis aussieht, könnte in Wirklichkeit nur andere Probleme tarnen. Wir müssen den Überblick behalten, wenn unsere Hilfe wirklich produktiv sein soll. Nehmen wir eine höhere und umfassendere Perspektive ein und ruhen in unserer Mitte, so können wir einschätzen, was wirklich nötig ist und genau das geben, was diese wahre Not lindert.

Meditatives Gedicht

Leafless Orchid

Meine Bewußtheit ist immer da.

Bisweilen still,

zuweilen streckt sie sich Dir zart entgegen,

vielleicht siehst Du sie nicht,

aber Du spürst sie

so sicher wie eine Umarmung.

**Positive
Eigenschaften
Schlüsselworte:**

Balance

Gleichgewicht

Befreiung

ɛxuelle Ganzheit

Einheit in Liebe

**ɾoblembereiche
Schlüsselworte:**

blockiert

stereotyp

ɛxuelle Probleme

negative Bilder

Das Gleichgewicht von Yin und Yang

Die Essenz stellt das Gleichgewicht des Sex-/Wasser-Chakras wieder her. Es befreit den Geist von männlichen und weiblichen Stereotypen und Dogmen. Die Einheit der Liebe zwischen Mann und Frau. Heilt alle Aspekte von männlichen/weiblichen, Yin-/Yang-Energieflüssen und stellt das Gleichgewicht wieder her. Löst Blockierungen dieser primären und vitalen Flüsse auf. Hilft auch bei körperlichen Manifestationen dieser Blockierungen, wie beispielsweise bei einem Ungleichgewicht des körperlichen Wasserelements, da diese Essenz das Sex/ Wasser-Chakra und die entsprechenden Drüsen grundlegend harmonisiert.

Mental - Anwendungen allgemein

Ein negatives, sexuelles Ungleichgewicht kann durch die unterschiedlichsten Einflüsse entstehen: durch ungesunde Vorstellungen von der Sexualität als Kind, einen Mangel an gesunder, sexueller Aufklärung seitens der Eltern (die selbst nicht aufgeklärt wurden), ein sexuelles Trauma oder abstoßende Erfahrungen in der Kindheit, der Jugend, oder zu anderen Zeiten. Das kann zur Erstarrung, zu einer Art Wüste oder zu einer Flut der Sexualität führen.
Menschen können auf dieses innere Ungleichgewicht reagieren, indem sie sich über alle Maßen auf ihre Sexualität richten oder andauernd die falschen Leute anziehen, womit sie die negative mentale Ausrichtung aufrecht erhalten. In der Konsequenz leidet das Selbstwertgefühl und man ist nicht fähig, überhaupt noch jemand anderem zu vertrauen.
Diese unausgeglichene Ausrichtung und negative Entwicklung wird auch unterstützt, wenn die Abweisung starker, sexueller Annäherungsversuche zu grausamem und dominantem Verhalten führt.
Für jene, die sich wertlos fühlen, weil sie sich selbst für unvollständig halten.
Für Menschen mit sexuellen Problemen, wie Frigidität oder Impotenz.
Bei sexueller Gehemmtheit, oder wenn es schwer fällt emotional oder sexuell offen zu sein.

Die Heilung bringt die Urzustände von Yin und Yang wieder ins Gleichgewicht und manifestiert sie in der Ganzheit unseres Wesens. Dadurch werden alle Blockierungen aufgelöst, belebende Energien können wieder durch das Wesen kursieren und alle weiblichen und männlichen Polaritäten und Formen unseres Wesens wachsen und gedeihen.

Körper - Anwendungen allgemein

Bei allen Formen der Unausgeglichenheit, die mit den Sexualorganen und ihren Funktionen zusammenhängen.

Mental - Blütenakupressur

Psychologisches Profil:
Wunsch nach Isolation, Aversion gegen Menschen.
Gebärmutter- (Nebenhoden-)Akupunkt am Ohr. (siehe S. 270)
Psychologisches Profil:
Konfrontativ, reagiert schnell aggressiv auf alles, was bedrohlich scheint.
Adrenaler Akupunkt am Ohr. (siehe S. 250)

Körper - Blütenakupressur

Körperliche Symptome:
Unregelmäßige Menstruation, Dysmenorrhöe (schmerzhafte Regel-blutung), Weißfluß, Impotenz, nächtliche Ejakulation.
Gebärmutter-(Nebenhoden-)Akupunkt am Ohr. (siehe S. 270)
(siehe auch Cape Bluebell)
Körperliche Symptome:
Hypotonie, Pulslosigkeit, Schock, Asthma, Entzündung.
Adrenaler Akupunkt am Ohr. (siehe S. 250) (siehe auch Ribbon Pea)
Körperliche Symptome:
Impotenz, sexuelle Frigidität.
(äußere) Genitalien-Akupunkt am Ohr. (siehe S. 254)
(mit Macrozamia) (s. auch White Nymph und Purple Nymph Waterlily)
Körperliche Symptome:
Muskelschmerzen im Bereich der Wirbelsäule, des Nackens und der Gelenke.
Wirbelsäulen-, Nacken- und Gelenk-Akupunkte am Ohr.
(siehe S. 256-259 und 265-266) (siehe auch Dampiera, Purple Flag Flower, Leafless Orchid, Menzies Banksia, Ursinia.)

Lokal auf Körperbereiche, die durch Flüssigkeitsstaus anschwellen.
Nach Operationen lokal um (nicht auf) die Wunde herum auftragen.

Heilpfad der Seele

Die Kräfte der Männlichkeit und Weiblichkeit schlummern in allen Menschen. Jeder Mensch ist ein Symbol dieser beiden großen, sich anziehenden Gegenpole des Lebens. Zwei wesentliche Lektionen im Leben lauten: Erstens, daß wir Menschen diese Kräfte in uns harmonisieren müssen und zweitens, daß wir sie zwischen den beiden Geschlechtern, die diesen Planeten teilen, in Harmonie bringen müssen. Es ist eine große Herausforderung, diese Gegenpole zu vereinen, die komplementäre Natur zu sehen, die sie füreinander darstellen und uns daran zu erinnern, daß Glück nur möglich ist, wenn Harmonie und eine liebevolle Einheit da sind.

Die spirituelle Befreiung verlangt, daß wir die höhere Einheit der Liebe zwischen diesen beiden Aspekten in uns verwirklichen.

Meditatives Gedicht

Macrozamia

Mein Wesen ist eins.

Ich empfange den inneren Mann, die Frau in mir,

meinen Bruder, meine Schwester.

Sie umarmen sich, gemeinsam

ergründen sie

die Geheimnisse des Lebens.

Positive Eigenschaften Schlüsselworte:

sich widmen

Engagement

inspiriert

Erfüllung

gleichmäßig

Problembereiche Schlüsselworte:

unverantwortlich

weglaufen

überwältigt

ausgeflippt

Der verläßliche Freund

Die Essenz beruhigt, stärkt und inspiriert eine Person, sich so mit dem Leben und Beziehungen zu konfrontieren und auseinanderzusetzen, daß Stabilität und Erfüllung endlich zusammenfinden. Mit dem neu gefundenen Ebenmaß vertiefen sich und reifen alle Aspekte des Lebens.

Mental - Anwendungen allgemein

Für jene, die mit Panik reagieren und weglaufen wollen, wenn sie mit Verantwortung in Beziehungen, in der Arbeit oder anderen Lebensbereichen konfrontiert werden, wo verantwortliches Handeln gefordert ist.
Auch für Menschen, die irrational auf Engagement reagieren oder wenn konsequentes Handeln gefordert ist.

Die Heilung beruhigt den Geist, führt zu einem Empfinden der Freude und zu dem Interesse, langfristige Beziehungen und Ziele zu entwikkeln. Das neue Ebenmaß ermöglicht sowohl eine größere Erfüllung als auch ermutigende, positive Reaktionen von anderen.

Mental - Blütenakupressur

Psychologisches Profil:
Fühlt sich schwach, will sich abwenden, schafft es nicht, es ist alles zuviel.
Magen-Akupunkt am Ohr. (siehe S. 267)

Körper - Blütenakupressur

Körperliche Symptome:
Magenkrämpfe, Erbrechen, Verdauungsstörungen.
Magen-Akupunkt am Ohr. (siehe S. 267)
(siehe auch Blue Leschenaultia)

Heilpfad der Seele

Die wahre Freiheit der Seele ist Wirklichkeit, wenn wir in jeder Situation das Gleichgewicht wahren können und mit jedem Bedürfnis und jeder Schwierigkeit so umgehen können, wie wir dies mit angenehmen Überraschungen und Spaß tun. Der ruhige Geist, der es genießt ins Leben involviert zu sein, kann die tiefste Erfüllung erfahren.

Meditatives Gedicht

Many Headed Dryandra

Wenn ich still stehe,

kommt das Leben zu mir,

bringt Gaben der Liebe

und teilt manchmal eine Last mit mir.

Ich akzeptiere voll Freude

und nähre meine Seele.

**Positive
Eigenschaften
Schlüsselworte:**

Zufriedenheit

Idealismus

dauerhafte Liebe

**Problembereiche
Schlüsselworte:**

Schmerz

Wut

enttäuscht

bedürftig

frustriert

Die Quelle ewiger Liebe

Die Essenz der ewigen Quelle der Liebe. Inspiriert zur Einsicht, daß die Liebe wesentlich ist und in uns wohnt. Lehrt uns, daß die Liebe uns immer treu bleibt und wir sie bisweilen auch in der Außenwelt genießen können. Heilt Trauer und großen Schmerz und hilft, die höhere Liebe zu finden.

Mental - Anwendungen allgemein

Für alle, die Liebe gegeben und selbst keine empfangen haben. Das kann ein Kind sein, das keine Zärtlichkeit von den Eltern bekommt oder ein Elternteil, zu dem das eigene Kind nicht zärtlich ist, oder es kann sich um eine Beziehung handeln, in der ein Partner ohne die Zärtlichkeit des anderen auskommen muß. Vielleicht ist der Mensch, dem man seine Zuneigung schenkt, nicht fähig sie zu erwidern - ein schwer erträglicher Schmerz. Mauve Melaleuca ist für alle, die immer wieder versuchen, bei einem bestimmten Menschen oder Menschentypus die Erfüllung all ihrer Wünsche zu finden. Wenn dieser Mensch dem dann nicht gerecht wird, stimmt sie das traurig und sie werden wütend, frustriert und möglicherweise sogar gehässig. Die von ihnen ersehnte, tiefe Liebe finden sie jedoch im eigenen, innersten Wesen - wo sie uns ewig begleiten wird - oder bei einem Menschen, der ihre Gaben wirklich zu schätzen weiß.

Die Heilung bringt diese Menschen wieder in Kontakt mit ihrem tiefsten Wesenskern, dem die Liebe ewig innewohnt. Sie werden selbstbewußter und selbstständiger und der Schmerz kann abklingen und verschwinden.

Körper - Anwendungen allgemein

Bei sensibler Haut in Kombination mit der Hybrid Pink Fairy Orchid.

Heilpfad der Seele

Jeder, der all seine Hoffnung auf die Liebe anderer setzt, leidet unter
dem fortwährenden Wandel des Lebens und dem Auf und Ab
menschlicher Wünsche. Das seelische Wissen, daß sich die Liebe
fortwährend in alle Menschen ergießt - ein nie versiegender Strom der
Glückseligkeit für jedes Lebewesen - ist die Wirklichkeit, die es anzu-
zapfen gilt. Weltliche Liebe kann ein zusätzliches Geschenk sein.

Meditatives Gedicht

Mauve Melaleuca

Ich werde geliebt

in jedem Augenblick.

Ich bin ein liebenswertes Geschöpf

in einem liebevollen Universum.

Dies Fest erfüllt mich.

Vollkommene Zufriedenheit.

befreiend

freudig

heilen

Mut

Regeneration

Problembereiche
Schlüsselworte:

Furcht

Angst

zögerlich

Pessimismus

blockiert

Wieder leben

Die Essenz der Wiedergeburt, der freudigen Erwartung morgiger Erfahrungen. Öffnet für die Kraft der Freude, die kein Schmerz anrühren kann. Führt durch und über Schmerzen hinaus, ohne Wiederholungen erwarten oder befürchten zu müssen und ohne sich dem Leben zu verschließen. Insbesondere im Bereich menschlicher Beziehungen blockieren diese Befürchtungen und Zögerlichkeit einen freudigen neuen Anfang. Diese Essenz ermutigt Regeneration, Erneuerung und Mut, so daß schmerzliche Erfahrungen als Gelegenheit, zu größerer Tiefe zu gelangen, und als Quelle entschlossenen Fortschreitens genutzt werden können.

Mental - Anwendungen allgemein

Schmerzvolle Erfahrungen können ein Hindernis für zukünftige, gute Erfahrungen sein. Findet die schmerzliche Erfahrung keine Heilung, so hängt ein Teil dieser Person in einer Zeitschlaufe fest, in der der Schmerz immer zugegen ist. Dann wird jede Erfahrung nur durch die verformte Linse der Vergangenheit gesehen. Das bedeutet, daß eine schmerzvolle Beziehung mißtrauisch macht, daß nämlich alle anderen Beziehungen auch zu Schmerzen führen werden, und daß man nach einem Verrat anderen gegenüber Mißtrauen hegt. In solch einem Szenario gefangen zu sein, blockiert neue Chancen, glücklich zu werden. Für Menschen, die in ihrem Schmerz gefangen und nicht fähig sind, darüber hinaus zu blicken.
Für Menschen, die ihre Schmerzen transzendieren wollen.

Die Heilung bringt Regeneration und erneuert die Freude, die Weisheit und den Optimismus, daß die Zukunft mit dem, was wir gelernt haben und mit einem geheilten Herzen sicherlich glücklicher sein wird. Die neue Tiefe des Gefühls ermöglicht es, liebevoll und furchtlos durchs Leben zu gehen.

Körper - Anwendungen allgemein

Lokal um (nicht auf) Wunden herum aufgetragen und auf schmerzhafte Körperbereiche, in denen die Haut nicht rissig ist.

Körper - Blütenakupressur

Ausstrahlende Muskelschmerzen im Wirbelsäulen- und Nackenbereich. Muskelschmerzen im Bereich der Wirbelsäule, des Nackens und der Gelenke.
Wirbelsäulen-, Nacken- und Gelenk-Akupunkte am Ohr.
(siehe S. 256-259 und 265-266)
(siehe auch Dampiera, Purple Flag Flower, Leafless Orchid, Macro-zamia, Ursinia.)

Heilpfad der Seele

Man kann den Sinn des Schmerzes als Lektion begreifen, aber für manche ist sie eine Wand, die ihre Entwicklung als Mensch stoppt. Nutzt man die Katastrophe als Mittel zur Regeneration und Erneuerung, so überwindet man alle Negativität und eignet sich die Furchtlosigkeit und Freude an; das ist unser Geburtsrecht. Dann ist die Vergangenheit wahrhaft vergangen.

Meditatives Gedicht

Menzies Banksia

Das Feuer hat mich durchlodert

und in die Asche

werfe ich die Samen des neuen Tages.

Ich bin neu geboren,

und jeder Ast

läuft aus, und die Knospen

wachsen und gedeihen.

Die Bewußtheit der Gemeinschaft

Bewußtheit

in Berührung

Dankbarkeit

Perspektive

**Problembereiche
Schlüsselworte:**

klagen

belastet

isoliert

Die Essenz der Verbundenheit mit den Menschen in unserer Umgebung und der Fähigkeit, bewußt und ermutigend zu sein. Hilft jenen, die sich nicht unterstützt oder die sich überwältigt fühlen, sich wieder auf den Beitrag, den andere leisten, zu besinnen, wodurch sie erneut für deren Probleme und Lasten sensibilisiert werden. Diese Bewußtheit und Empathie dient dazu, die Situation aller zu verbessern.

Mental - Anwendungen allgemein

Für jene, die das Gefühl haben, sie trügen die Lasten aller auf ihren Schultern, wie beispielsweise Leute in leitenden Funktionen, Alleinerziehende oder Selbstständige. Sie fühlen sich von den Anforderungen ihres Lebens überlastet und verlieren aus dem Auge, wie das Leben für andere ist.

Für jene, die sich isoliert fühlen, weil sie meinen, ungenügend Unterstützung von anderen zu bekommen.

Die Heilung führt zurück zur Sensibiliät anderen gegenüber, unabhängig davon, welche Lasten man selbst trägt. Das führt unweigerlich zu einer ausgeglicheneren Sichtweise und es ergeben sich mehr Gelegenheiten, die Verantwortung zu teilen oder sich gegenseitig zu unterstützen und zu ermutigen.

Heilpfad der Seele

Wenn wir lediglich über einen persönlichen Blickwinkel verfügen, sehen wir das „große Ganze" des Lebens nicht. Alle Menschen befinden sich in einem Prozeß des Wachstums, der Herausforderungen und zunehmender Weisheit. Zu honorieren, was andere Menschen erfahren und ihre Schwierigkeiten anzuerkennen, heißt, daß wir besser einschätzen können, wer oder was uns gegenübersteht und welche Rolle wir in der Gemeinschaft spielen können.

Meditatives Gedicht

One-sided Bottlebrush

Wenn mein Tag Revue passiert,

sehe ich das Leben anderer.

Manche kämpfen, manche fliegen,

manche schauen zu, manche handeln.

Empathie öffnet mir die Augen

für den Lebensweg der anderen.

Sanft bleiben

**Positive
Eigenschaften
Schlüsselworte:**

Sanftheit

zärtlich

sensibel

Mitgefühl

**Problembereiche
Schlüsselworte:**

verhärtet

barsch

intolerant

selbstsüchtig

Die Essenz sanften Durchsetzungs-
vermögens und anhaltenden Wohl-
wollens. Sind wir wieder in Berührung mit der Sanftheit des Lebens,
so tritt auch unser Einfühlungsvermögen wieder zutage. Die harte
Schale wird wiederum durchlässig
und flexibel und kann Liebe geben
und empfangen. Für jene, die sich
aufgrund harter Realitäten im Leben
und in menschlichen Beziehungen
nach und nach verschlossen und
sich eine dicke Haut zugelegt haben.

Mental - Anwendungen allgemein

Für Menschen, die Schicksalsschläge erleiden mußten, und sich aufgrund dessen eine dicke Haut zugelegt haben. Auch wenn ihr Herz
weich ist, zeigen sie nichts davon. Die Leute sehen lediglich die harte
Schale und halten den Betreffenden also für hart. Aber in Wirklichkeit
sind sie verletzt worden, und haben sich deshalb eine harte Schale
zugelegt. Aber trotz der harten Schale sind sie auch weiterhin verletzlich, wobei andere davon jedoch nichts merken.
Für jene, die andere eine schwere Zeit durchmachen sehen und sagen:
„Da mußte ich auch durch und dir wird es nicht anders ergehen."
Solch eine Reaktion ist für manche ältere Menschen typisch.

Die Heilung öffnet erneut das Herz, und man spürt wieder Sanftheit
und Mitgefühl für andere, so daß man nun den Menschen, die dies
benötigen, neuerlich aufrichtige Fürsorge und Liebe geben kann.

Heilpfad der Seele

Wenn wir uns verhärten, damit wir die Schwierigkeiten auf unserem Weg durchstehen können, erfahren wir immer weniger Liebe. Die wirkliche Kunst besteht darin, einen gewissen Abstand zu wahren von dem endlosen Auf und Ab im Leben, und immer weiterzulernen, und uns niemals vor dem Leiden anderer zu verschließen, sondern ermutigend zu wirken, wo wir nur können. Dadurch entsteht eine Atmosphäre der Sanftheit und Liebe in unserem Leben.

Meditatives Gedicht

Orange Leschenaultia

Ich kann Regen und Sonne spüren,

kalten Wind und warme Erde.

Ich empfinde alle Schönheit

und jeden verletzlichen Aspekt.

Ich werde das zerbrechliche Herz schützen

und es wärmen.

**Positive
Eigenschaften
Schlüsselworte:**

expressiv

ausgesprochen

ruhig

kommunizieren

losgelöst

**Problembereiche
Schlüsselworte:**

verletzt

explosiv

unkontrolliert

provoziert

aufgestaut

Die Ausdruckskraft

Die Essenz der Losgelöstheit, der wohldurchdachten Worte und Handlungen. Fördert den deutlichen Ausdruck, eindeutige Reaktionen und die unmißverständliche Äußerung von Gefühlen, ohne daß man böse wird oder sich provoziert fühlt. Inspiriert dazu, immer guten Willens zu sein, und dazu, harte Worte durchgehen zu lassen, ohne dabei aus dem Gleichgewicht zu geraten. Man hält inne und denkt nach, versetzt sich in einen höheren Aspekt seiner selbst, anstatt auf eine Art zu reagieren, die Verletzungen zufügt.

Mental - Anwendungen allgemein

Für jene, die sich von Menschen bedroht fühlen, die geistig reger sind als sie. Oft sind diese Menschen unzufrieden mit sich und bedenken erst, was sie sagen wollen, wenn der, dem sie es mitteilen wollen, bereits verschwunden ist. Wenn andere die Schwierigkeiten, Gefühle zu äußern, unfair ausnutzen und gegen den Betroffenen verwenden, fängt dieser innerlich an zu kochen. Wenn sich dies anstaut, explodiert er womöglich, und wenn er sich verteidigen will und ihm die Worte fehlen, kann das sogar in Gewalt ausarten.

Menschen, die bei Spott leicht wütend werden, die auf kluges Geschwätz oder böse Worte körperlich überreagieren, haben oft ganz allgemein große Schwierigkeiten sich auszudrücken. Das kann ein Kind sein, das auf dem Schulhof zuschlägt, oder aber ein Mann oder eine Frau in einer unglücklichen Beziehung voll angestauter Gefühle. Für jene, die bei Gefühlsstaus, oder wenn sie sehr frustriert oder böse sind, zu Gewalttätigkeit neigen.

Für jene, die Konflikte durch den Einsatz von Körperkraft lösen wollen.

Die Heilung befähigt dazu, Gefühle positiv zu äußern und aus einem verbalen Streit auszusteigen, wenn man durch das Gegenüber nur abgewertet oder zu Schuldgefühlen veranlaßt werden soll. Dadurch lernt man, wie schön es ist, losgelöst und Meister über sich selbst zu sein.

142

Heilpfad der Seele

Gefühle können sehr mächtig sein, insbesondere wenn man sie in physische Handlungen umsetzt. Wenn ein Mensch seine Ausdruckskraft nicht voll entwickelt hat und von seinen Gefühlen beherrscht wird, geschieht so etwas sehr viel schneller. Unseren Gefühlen ausgeliefert zu sein, heißt, in der Vergangenheit gefangen zu sein, die unsere Persönlichkeit geformt hat. Man ist dann wie ein Computer, dessen Programme auf Knopfdruck zu den immer gleichen Reaktionen führen. Wenden wir uns hingegen der Seele zu, dem tiefsten Aspekt unseres Wesens, so fördern wir damit die Heilung unserer Vergangenheit, können uns von rückständigen Verhaltensmustern befreien und spontan auf das Leben reagieren, da jede Reaktion im Lichte ihrer eigenen Verdienste betrachtet wird.

Meditatives Gedicht

Orange Spiked Pea

Ich höre, was du sagst,

und suche nach dem Licht

seiner Bedeutung.

Hier bin ich im Frieden

und in der Wärme meines Wesens.

Positive Eigenschaften Schlüsselworte:

Freundlichkeit

Gewissen

Perspektive

Gerechtigkeit

Licht

Problembereiche Schlüsselworte:

manipulativ

arrogant

Falschheit

Täuschung

wie ein Raubtier

Das Licht des Gewissens

Die Essenz des Erwachens und der Läuterung des Herzens. Die Essens des Gewissens. Für Menschen, die in habgierigen, manipulativen Machtspielen zum eigenen Vorteil gefangen sind, und die das Gesetz des Karma aus dem Auge verlieren, demzufolge das Leben immer wieder Gerechtigkeit herstellt. Wer sein Bewußtsein erweitert hat, sieht die Sinnlosigkeit seines Handelns und die Folgen, die es für andere hat. Durchdringt jedoch das Licht des Gewissens diese Dunkelheit, so wird ein neuer Mensch geboren.

Mental - Anwendungen allgemein

Wer stolz ist auf seine Fähigkeiten, andere zu beherrschen und zu manipulieren, wird zweifelsfrei Beziehungsprobleme haben. Der Betroffene leidet an einem besonders starken Überlegenheitskomplex und will sich dabei gewiß nicht bremsen lassen. Entrinnt jemand ihrem Spiel, verfolgen sie ihn desto intensiver und zwar so lange, bis sie meinen, ihr Spiel gewonnen zu haben, aber in Wirklichkeit entblößen sie sich selbst dabei, ihre Falschheit und ihre selbstsüchtigen Ziele.

Die Heilung fördert das Gewissen wieder ans Licht, das lange unterdrückt wurde, damit der Betreffende seinen eigenen Weg gehen konnte. Ihm wird nun sehr schnell bewußt, wie abstoßend sein Tun ist und er schämt sich sehr. Es befällt ihn eine gewisse Übelkeit, wenn er bedenkt, wie aufregend er sein Treiben fand. Nun kann er auch verstehen, daß man mit dem Streben, andere auszubeuten, kostbare Zeit verschwendet - wo das Leben doch so voll Schönheit, Liebe und Freundschaft sein könnte.

Mental - Blütenakupressur

Psychologisches Profil:
Der Wunsch, Fallen zu stellen und zu überwältigen.
Mund-Akupunkt am Ohr. (siehe S. 262)
Psychologisches Profil:
Sadistische Gelüste, Haß.
Milz-Akupunkt am Ohr. (siehe S. 264)

Körper - Blütenakupressur

Körperliche Symptome:
Gesichtslähmung, Geschwüre im Mund.
Mund-Akupunkt am Ohr. (siehe S. 262)
(siehe auch Leafless Orchid)
Körperliche Symptome:
Blähungen.
Milz-Akupunkt am Ohr. (siehe S. 264)
(angewendet mit Cape Bluebell) (siehe auch Swan River Myrtle)

Heilpfad der Seele

Jede Tat zieht eine ihr gleichwertige Reaktion nach sich, so lautet das karmische Gesetz. Dieser natürliche Ablauf sorgt für Gleichgewicht und Transformation in der Schöpfung. Alles im Kosmos ist mit allem anderen verbunden. Handlungen schlagen Wellen, die auf andere Formen stoßen und von diesen zurückgeworfen werden, was in Ereignisse mündet. Wer meint, er könne sich über diesen natürlichen Fluß des Universums erheben, wird schon bald herausfinden, wie real dies alles ist, wenn die natürlichen Folgen seiner Handlungen auf ihn zurückfallen.

Meditatives Gedicht

Pale Sundew

Das Licht ist so intensiv,

daß jeder Aspekt meines Wesens

betont und hervorgehoben wird.

Ich werde ganz gesehen, nichts ist verborgen.

Ich bin frei und nackt angesichts der Wahrheit.

Positive Eigenschaften Schlüsselworte:

Selbstwert

selbstbewußt

Würde

innere Kraft

Problembereiche Schlüsselworte:

zurückziehen

nicht geschätzt

Arbeitspferd

cht Kompromisse

Fairneß durchsetzen

Die Essenz des Selbstrespekts und Selbstbewußtseins. Für hart arbeitende Menschen, die sich zunehmend einsam fühlen und traurig sind, weil sie nicht geschätzt, sondern wie ein verläßliches Arbeitstier behandelt werden. Diese Essenz stellt die eigene Würde und innere Kraft wieder her, damit man sich nicht zurückzieht, sondern aktiv am gesellschaftlichen Leben teilnimmt und fähig ist, seine Rechte als Individuum wieder wahrzunehmen.

Mental - Anwendungen allgemein

Verläßliche Menschen werden leicht für etwas Selbstverständliches gehalten, insbesondere wenn sie passiv sind. Ohne die Anerkennung anderer und ohne deren Mitarbeit werden sie traurig und möchten nur noch allein gelassen werden, um ihr undankbares Leben weiterzuleben. Da sie ihre Rechte nicht wahrnehmen, erhalten sie auch nicht das positive Feedback, das sie zur Ermutigung bräuchten. Sie gehen mit leeren Händen und desillusioniert davon.

Die Heilung inspiriert dazu, Nein zu sagen, wenn man ausgenutzt wird, und keine Kompromisse zu schließen, wenn es um das Selbstwertgefühl geht. Obwohl das zu Konflikten führen kann, bringt man seine Energie wieder in ein gesundes Gleichgewicht, was die ungesunde Situation ins Positive kehren kann, so daß man wieder voller Begeisterung am Leben teilnimmt.

Heilpfad der Seele

Oft äußert Demut sich in Schwäche und verneigt sich vor dem Stärkeren, statt sich als wohlwollende Kraft zu zeigen, die keine Kompromisse kennt. Dem Leben in Demut und Liebe zu dienen, fördert alle Aspekte unseres Wesens. Es gilt, diese Einstellung sorgfältig von einer Haltung zu unterscheiden, durch die man sich wie ein Fußabtreter verhält, der den Weg des geringsten Widerstands nimmt. Erlauben wir anderen, uns zu beherrschen, so schaden wir uns selbst, da wir einen ungesunden Zustand hegen und pflegen. Wir sind dafür verantwortlich, eine gesunde Wechselbeziehungen mit uns selbst und mit anderen aufrecht zu erhalten, eine, in der sich die Freude potenziert.

Meditatives Gedicht

Parakeelya

Unzählige Dankesstimmen

stimmen den Chor an:

Schön, daß es Dich gibt!

Tanze mit uns

Arm in Arm.

Wir halten einander hoch,

so wird keiner fallen.

offen

forschend

akzeptieren

unterscheiden

neugierig

beschränkt

dogmatisch

verschlossen

defensiv

Der freie und offene Geist

Die Essenz der Offenheit für neue Konzepte und Ideen. Nimmt die Angst vor dem Unbekannten und dem, was man noch nicht ausprobiert hat. Führt dazu, daß man versteht, wie wertvoll die unterschiedlichen Schattierungen sind, statt alles nur schwarzweiß zu sehen. Man spürt nun freudige Erregung, wenn man andere Denkbereiche erforscht. Inspiriert dazu, die Überzeugungen anderer voll und ganz zu akzeptieren, und zwar aus freien Stücken und nicht wider besseres Wissen.

Mental - Anwendungen allgemein

Für jene, die in einer beschränkten Sichtweise gefangen sind und sich weigern, darüber hinaus zu schauen, weil ihr Handeln auf Furcht beruht, der Furcht vor dem Unbekannten, dem noch nicht Ausprobierten.
Für jene, die nicht nur meinen, sie wüßten, was richtig ist, sondern auch, daß jeder, der dem widerspricht, Unrecht hat.
Für jene, die sich von den Ansichten anderer einschüchtern lassen und bemerken, daß sie automatisch in die Defensive gehen oder dogmatisch werden.
Für Menschen, die sich an religiöse, politische, wissenschaftliche oder esoterische Dogmen gebunden haben, die das Voranschreiten unmöglich machen.
Für jene, die die Richtung ihres Lebens ändern möchten, aber selbst ihr ärgster Feind sind, die zögern und sich dauernd fürchten, neue Wege zu gehen.
Für Menschen, die die Jugend nicht verstehen. Für Eltern, die ihre Kinder nach demselben Drehbuch erziehen, nach dem auch sie erzogen wurden, und die merken, daß das nicht funktioniert.
Für Menschen, die Angst davor haben, daß ihr Partner andere Lebensweisen erforscht.

Die Heilung führt zu dem mentalen Schwung, mit dem man sich neuen Ideen öffnen und diese eingehend auf ihren Wert prüfen kann, und wenn das Ergebnis positiv ist, macht sie Mut, diese im eigenen Leben anzuwenden.

Heilpfad der Seele

Das Leben kann so stürmisch sein, daß wir ganz schnell einen siche-
ren Hafen anlaufen und uns fürchten, wieder auszulaufen. Wir finden
dann ein wenig Sinn im Leben und halten eisern an gefundenen Konzepte fest, weil andere Ideen die Wirklichkeit und Sicherheit des Gefundenen untergraben könnten. Dieser vermeintlich sichere Hafen
kann sich plötzlich in ein unsicheres Gewässer verwandeln, wenn wir
nämlich bemerken, daß unsere Konzepte irreal sind und wir uns überwältigt fühlen. Gehen wir jedoch den Mittelweg, so bleiben wir offen
für neue Entwicklungen und Bewußtseinserweiterungen, und wählen
das aus, was positiv und lebenspendend ist, egal ob es sich dabei um
eine alte oder um eine neue Erkenntnis handelt.

Meditatives Gedicht

Pin Cushion Hakea

Geborgen auf den Schwingen des Vogels der Wahrheit

steig ich den Sternen entgegen

und sehe alles, was es zu sehen gibt.

Eine farbenprächtige Karawane

erfüllt meinen Geist

fröhlich und frei.

Positive Eigenschaften Schlüsselworte:

unterstützen

mitgehend

ergänzen

Problembereiche Schlüsselworte:

leer

trocken

unerfüllt

ausgebrannt

Die Quelle ewiger Unterstützung

Die Essenz der erneuerten Kraft, der andauernden Fürsorge, die das Herz mit Inspiration erfüllt. Führt jene, deren Fürsorge versiegt ist, weil sie auf Gefühlsreaktionen beruhte, wieder an den Born menschlicher Güte. Diese Essenz zapft die höhere und ergiebigere, innere Quelle jenseits der persönlichen Kapazitätsgrenzen an. Wenn wir aus dem grenzenlosen inneren Wesen schöpfen und geben, machen wir uns selbst und andere reicher.

Mental - Anwendungen allgemein

Für jene, die sich durch den Umgang mit den Problemen anderer ausgebrannt fühlen, die auf Abstand gehen und Nähe vermeiden.
Für Menschen, die sich ausgetrocknet und innen leer fühlen und die unfähig sind, etwas zu geben.
Für jene, die mit dem Verstand die Probleme anderer nachvollziehen können, ohne daß dabei Mitgefühl aufkeimt.
Für jene, die ihre Beziehungen lediglich auf der Basis eigener Bedürfnisse aufbauen. Sie befassen sich nicht mit den Bedürfnissen des anderen sondern konzentrieren sich darauf, wie gut die Beziehung für sie selbst ist. Wenn ihre Bedürfnisse nicht mehr erfüllt werden, fühlen sie sich ausgetrocknet und leer, denn sie haben nicht aus der tiefen Quelle ihres liebevollen Wesens geschöpft. Nur das befriedigt auch die tiefen Bedürfnisse des Partners und fördert und erhält die Beziehung, wenn beide es tun.

Die Heilung führt zu einer neuen Tiefe im Austausch mit anderen: Der eigene Wesenskern hat Kontakt zum Wesenskern des anderen. Anders gesagt: Man ist sensibel, ohne sich emotional zu verausgaben. Dadurch erreicht die Qualität des Gebens eine Ebene, die sich dauerhaft durchhalten läßt, da man aus der tiefen Quelle seines liebevollen Wesens schöpft.

Heilpfad der Seele

Wenn wir uns um jemanden kümmern und etwas geben, sollen wir uns immer fragen: „Inwieweit werde ich durch das gute Gefühl, das ich dabei empfinde, motiviert, es zu tun?" Wenn unsere Genugtuung beim Geben darin besteht, ein Resultat zu erzielen, oder die Anerkennung, das Lob oder eine emotionale Reaktion von anderen zu bekommen, dann ist unser Geben an Bedingungen geknüpft und daher begrenzt. Eines Tages werden uns die Sorgen und Schwierigkeiten unseres Nächsten weniger beeinflussen, und vielleicht lassen sie uns irgendwann völlig kalt. Für wohlwollende Menschen wäre das eine grauenhafte Entwicklung, denn sie wissen, das sie nicht richtig ist. Aus dem inneren Selbst zu schöpfen und zu geben, ohne dabei an Lohn zu denken, ist die einzige Art zu geben, ohne dabei auszubrennen.

Meditatives Gedicht

Pink Everlasting

Die innere Quelle fließt über,

viele kommen und trinken.

Das Wasser erfrischt,

und die Reisenden ziehen weiter.

Die Quelle meiner Seele

erneuert sich ewig

und ergießt ihr Glück immerfort.

**Positive
Eigenschaften
Schlüsselworte:**

Gelassenheit

Ausgeglichenheit

innerer Friede

Spannkraft

Besonnenheit

**Problembereiche
Schlüsselworte:**

reagieren

verwirrt

gestreßt

überwältigt

nervös

Träger inneren Friedens

Die Essenz innerer Gelassenheit, der Ausgeglichenheit und der Kraft, die man unter allen Umständen aufrecht erhalten kann. Besänftigt den Wesenskern und befähigt uns, den inneren Frieden überallhin zu tragen. Man kann unterscheiden, auf welche Elemente der Außenwelt man seine Aufmerksamkeit richten möchte.

Mental - Anwendungen allgemein

Für jene, die vom Druck oder Chaos in ihrer Umgebung gestreßt sind. Hilfreich für Menschen, die leicht durch Geräusche, lautstarke oder emotional geladene Umstände beeinflußt werden.
Für jene, die sich leicht anstecken lassen von Panik oder Hysterie.
Für jene, die es frustriert, daß sie sich selbst keinen Raum nehmen, weil sie äußeren Umständen zuviel Einfluß einräumen.
Für Menschen mit schwachen Nerven, die ihr Leben für streßreich halten.

Die Heilung stärkt das Empfinden für unser Selbst und für inneren Frieden, und man kann nun die unterschiedlichsten Umstände durchleben und dabei die Außenreize, auf die man eingehen will, selbst wählen und ist daher gegebenenfalls dagegen gefeit.

Körper - Anwendungen allgemein

Bei Streß infolge einer unharmonischen Umgebung.

Mental - Florale Akupressur

Psychologisches Profil:
Überreaktionen auf Hektik, Lärm, Unordnung, die Gefühlszustände anderer; hat das Gefühl auseinander zu fallen, der Lage nicht gewachsen zu sein.
Shenmen-Akupunkt am Ohr. (siehe S. 263)

Körper - Florale Akupressur

Körperliche Symptome:
Stress, Schlaflosigkeit, durch Träume gestörter Schlaf, Entzündungen, Schmerz.
Shenmen-Akupunkt am Ohr. (siehe S. 263)
(siehe auch Hybrid Pink Fairy Orchid, Yellow Flag Flower, Purple Flag Flower, Cowkicks, Pink Fountain Triggerplant, Reed Triggerplant und Violet Butterfly)

Heilpfad der Seele

Wenn wir die Heiligkeit des inneren Selbst inmitten der vielen Ablenkungen in unserem Leben aufrecht erhalten, ist das eine sehr nützliche Entwicklung. Sind wir nicht in der Obhut unseres inneren Wesens und können wir unser Unterscheidungsvermögen nicht aufrecht erhalten, so kreischt alles um uns herum geradezu nach Aufmerksamkeit. Wir müssen die Kunst beherrschen, unseren inneren Frieden überallhin mitzunehmen, wenn wir unsere eigenen Kraft wirklich kennen und aufrecht erhalten wollen.

Meditatives Gedicht

Pink Fairy Orchid

Der Weise sitzt im Wald,

die Tiere kommen neugierig herbei,

ein Schmetterlings landet auf der entspannten Hand,

Blätter rascheln,

doch nichts stört den inneren Frieden.

Positive
Eigenschaften
Schlüsselworte:

wiederherstellen

Vitalität

neu verbunden

Schwung

Problembereiche
Schlüsselworte:

ausgelaugt

nicht gewachsen
sein

erschöpft

leblos

Die Rückkehr der Vitalkraft

Die Essenz der erneuerten Vitalkraft, des Feuer-Qi, das uns erhält und Vitalität und körperliche Stabilität gibt. Entzündet die vitale Flamme erneut und bringt die Dynamik zurück bis zu dem Punkt, an dem man diese essentiellste aller Verantwortungen wieder selbst übernehmen kann. Für den Menschen, der die innere Vitalität verliert, die uns am Leben erhält, entweder weil er auf körperlicher Ebene immer mehr überlastet wird oder weil im Bereich der feinstofflichen Körper Abschottungen vorhanden sind.

Mental - Anwendungen allgemein

Bei mangelnder Vitalkraft, dem Gefühl, daß man Energie verliert und diese nicht erneuert wird. Bei Menschen, die die Bedürfnisse des Körpers verleugnen oder sich in einer Situation befinden, in der die Brücken zwischen der geistigen Kraft und der körperlichen Ebene wichtig sind, aber von dem Betreffenden nicht geschlagen werden können.

Körper - Anwendungen allgemein

Bei extremer Müdigkeit oder Lethargie infolge von Gesundheitsschwierigkeiten oder körperlichem Schock, z. B. nach Operationen, Virusinfektionen und bei allgemeiner Rekonvaleszenz. Die Essenz erneuert die körperliche Vitalkraft.

Mental - Florale Akupressur

Psychologisches Profil:
Vernachlässigung der Vitalkraft, Unterschätzung körperlicher
Bedürfnisse.
Herz-Akupunkt am Ohr. (siehe S. 255)
(siehe auch Cowkicks, Purple Enamel Orchid, Reed Triggerplant)
Psychologisches Profil:
Das Gefühl, auseinanderzufallen, der Lage nicht gewachsen zu sein.
Shenmen-Akupunkt am Ohr. (siehe S. 263)

Körper - Florale Akupressur

Körperliche Symptome:
Kann keine Kraft schöpfen, von Müdigkeit überwältigt.
Herz-Akupunkt am Ohr. (siehe S. 255)
(siehe auch Cowkicks, Purple Enamel Orchid, Reed Triggerplant)
Körperliche Symptome:
Schlaflosigkeit, durch Träume gestörter Schlaf, Entzündungen,
Schmerz.
Shenmen-Akupunkt am Ohr. (siehe S. 263)
(siehe auch Hybrid Pink Fairy Orchid, Yellow Flag Flower, Purple Flag
Flower, Cowkicks, Reed Triggerplant, Violet Butterfly.
Schau, welche Einzelessenz oder Kombination zur Situation paßt).

Heilpfad der Seele

Das yogische Konzept des Prana beruht auf dem Gleichgewicht der körperlichen, geistigen und seelischen Ebenen, das essentiell für das menschliche Dasein ist. Diese drei Seinszustände sind, wenn sie sich harmonisch entwickeln, die beste Grundlage für die Bewußtseinsentwicklung und die Erfahrung von Erfüllung im Leben. Mensch zu sein, ist ein kostbares Geschenk, denn ein Mensch lebt auf allen Ebenen des Seins und kann eine bewußte Harmonie zwischen diesen herstellen. Es ist daher wichtig, den Körper gesund und vital zu halten, so daß er die geistigen und spirituellen Seiten unseres Wesens nicht im Stich läßt und alle Ebenen gemeinsam weiterentwickelt werden.

Meditatives Gedicht

Pink Fountain Triggerplant

Ich ziehe das innere Feuer

in meinen Wesenskern.

Der kostbare Lebenshauch

gibt den Kohlen

Energie.

Ich steige mit Kraft empor.

Positive
Eigenschaften
Schlüsselworte:

Mut

durchsetzen

innere Kraft

Entschlossenheit

Problembereiche
Schlüsselworte:

kompromißlerisch

überwältigt

Opposition

Kampf

Der Mut des einsam Reisenden

Die Essenz des Mutes zu den Über-zeugungen des Herzens zu stehen. Befähigt, den Weg zu gehen, den man als den richtigen erkannt hat, egal, wie andere die eigenen Ent-scheidungen betrachten: Man kann auch für die eigene Moral kämpfen, wenn man auf die Gegenwehr anderer stößt. Man hat die innere Kraft, sich kompromißlos durchzusetzen, selbst wenn der Kampf langwierig aussieht und eventuell überwäl-tigend werden könnte.

Mental - Anwendungen allgemein

Für Idealisten, die ihre früheren Ideale oder Prinzipien nicht mehr hochhalten, weil sie keine Unterstützung finden.

Für jene, die leiden, weil sie versucht haben, den Überzeugungen ihres Herzens gemäß zu leben. Wegen ihrer persönlichen Prinzipien müssen diese Menschen schwerere Lasten tragen und sind mit grös-seren Kämpfen konfrontiert. Wenn das Opfer scheinbar zu groß wird, beginnen sie Kompromisse zu schließen und verlieren ihre Entschie-denheit.

Für jene, die sich trotz Gegenwehr nicht unterkriegen lassen wollen, auch wenn sie sich wie das „fünfte Rad am Wagen" fühlen.

Die Heilung schenkt die Kraft, die Kreativität, den Mut, dieses nega-tive Programm zu überwinden, und den Wunsch, wirksame Ideale und Prinzipien aufrechtzuerhalten, ganz egal welche Hindernisse auftauchen.

Heilpfad der Seele

Wenn wir unsere inneren Erkenntnisse in der Welt anwenden, bleibt eine Prüfung unserer Kompromißbereitschaft nicht aus. Es ist eine sehr bewußte Entscheidung, weder rigide noch unnachgiebig zu sein und dennoch an der inneren Wahrheit festzuhalten. Wenn wir das Gefühl haben, unsere inneren Werte würden nicht unterstützt, kann eine langsame Erosion dieser inneren Moral und Weisheit eintreten. Dauert dies lange genug, so verlieren wir möglicherweise den Blick dafür, was das Leben schön macht. Die inneren Juwelen unserer höchsten Ideale zu hegen und zu pflegen, gibt uns die Kraft, unseren Weg so nötig allein zu gehen - vollkommen zufrieden mit seiner Schönheit.

Meditatives Gedicht

Pink Impatiens

Die Wahrheiten, die ich so gut kenne,

sind mit meinem Wesen verwoben.

Sie sind ein Teil meiner selbst.

Sie sind mein Herz, meine Stimme,

und während ich mir den Weg ebne

mit anderen oder allein,

ertönt mein Lied.

Energie und Konzentration

Die Essenz kraftvoller Konzentration. Macht die innere Kraft der Sinngebung nutzbar und richtet sie auf wichtige Ziele. Ermutigt Leistung durch eine neue mentale Unmittelbarkeit. Hilft jenen, denen es schwerfällt, zielbewußt zu bleiben, oder denen, die das Gefühl haben, in einem Denkprozeß oder bei einer Aktivität auf halbem Wege steckenzubleiben. Eignet sich ausgezeichnet dafür, Heilungsziele zu erreichen.

Positive Eigenschaften Schlüsselworte:

konzentriert

zielbewußt

Leistung

Geisteskraft

Problembereiche Schlüsselworte:

unklar

umherschweifen

nicht verbunden

unkonzentriert

Mental - Anwendungen allgemein

Für Menschen, die Gedanken nicht zu Ende denken können, die Energie und Konzentration verlieren, manchmal ohne zu bemerken, daß sie von ihrem ursprünglichen Ziel abgedriftet sind und es vergessen haben.
Für jene, die davon frustriert sind, daß sie nicht „am Ball bleiben".
Für jene, die ein schlechtes Gewissen haben, weil sie meinen, sie hätten mental nicht genügend Kraft, sich richtig zu konzentrieren und zu leisten, was andere leisten.

Die Heilung zentriert und konsolidiert den Geist an einem inneren Punkt. Von dort aus kann der Geist sich dauerhaft und kraftvoll auf die vorliegende Aufgabe oder Situation richten, bis man sie bewältigt hat.

Mental - Florale Akupressur

Direkt auf den Punkt vier Finger oberhalb des Nabels: überträgt bei einer Geburt Energie, wenn es der Mutter schwer fällt, sich zu konzentrieren und dem Geburtsvorgang weiter zu folgen.

Körper - Florale Akupressur

Wenn man Gedanken/Studien/Ziele aus den Augen verliert.
Baihui-Akupunkt auf dem Kopf. (siehe S. 272)

Heilpfad der Seele

Wenn wir uns mit den unterschiedlichen Aspekten unseres Lebens auseinandersetzen, haben wir es auch öfters mit Ablenkungen zu tun. Mit wenig innerer Kraft ist es weit schwieriger, in Schwung zu bleiben, denn unser Geist tendiert hin zu den äußeren Objekten, die uns vor den Augen herumtanzen und unsere Aufmerksamkeit fordern. Es ist leicht, sich ablenken zu lassen. Es kostet Mühe, auf der Spur zu bleiben, es kostet Kraft, konzentriert zu bleiben und die innere Kraft zu nähren.

Meditatives Gedicht

Pink Trumpet Flower

Im Zentrum des Kreises

sitze ich und sinne nach.

Ich bestimme mein Ziel

und schreite voran

kraftvoll und geradeaus,

geborgen in der Glut meines inneren Wesens.

*Positive
Eigenschaften
Schlüsselworte:*

rücksichtsvoll

Mitgefühl

*Problembereiche
Schlüsselworte:*

aufgebracht

reaktionär

verletzt

hart

Über sich selbst hinaus

Die Essenz hilft, in völliger Eigen-
verantwortung sein Herz zu befrei-
en und zu kräftigen. Man ist nicht
mehr abhängig von Menschen und
reagiert nicht mehr auf jene, die
einen enttäuscht haben. So wird
man zum wahrhaft hilfreichen und
verständnisvollen Menschen, und
das ist es, was die Welt und man
selbst Tag für Tag braucht.

Mental - Anwendungen allgemein

Bei Zyklen der Abhängigkeit/des Grolls, in denen man hart wird,
nachdem man von anderen enttäuscht oder unfair behandelt worden
ist.
Für jene, die bemerken, daß sie genau so werden, wie die Leute, von
denen sie rücksichtslos behandelt oder verletzt wurden.
Für Menschen, die ihre Sensibilität und ihr Mitgefühl verlieren, nachdem sie schlechte Erfahrungen mit Leuten gemacht haben, auf die sie
sich verlassen hatten.

Die Heilung führt zu der inneren Kraft, Menschen gegenüber richtig zu
handeln, auch wenn diese selbst sich nicht so verhalten können. Mit
dieser Bewußtheit und positiven Haltung wird man nicht in die Lage
kommen, genau so zu werden wie die Menschen, an denen man sich
stört.

Heilpfad der Seele

Es kann zur Falle werden, sich auf sich selbst und seine Pflichten zu konzentrieren. Das kann uns innerlich schwächen. Selbstmitleid ist nicht positiv und kann dazu führen, daß man sich auf die negativen Charakterzüge anderer konzentriert. Das verzerrt nicht nur generell die eigene Perspektive, sondern wenn wir uns auf negative Charakterzüge konzentrieren, beginnt auch unser Geist die Form dieser Negativität anzunehmen: Wir absorbieren sie und werden ihr nach und nach gleich. Unseren Geist über solche Dinge zu erheben, heißt nicht, etwas zu leugnen oder zu ignorieren, sondern sich bewußt zu bemühen, weiter im Licht des eigenen Spirituellen Selbst voranzuschreiten, also in Bewußtheit und Liebe. Aus dieser inneren Kraft können wir jenen einen großen Dienst erweisen, die unser Verständnis und Mitgefühl brauchen.

Meditatives Gedicht

Pixie Mops

Die endlose Welle der Freude,

die meinem inneren Ozean entstammt,

zieht ihre Kreise

und steigt wieder empor,

friedfertig tief.

Offenheit

Sensibilität

Verständnis

Verletzlichkeit

**Problembereiche
Schlüsselworte:**

Schuld zuweisen

negativ

streitlustig

kritisierend

reagieren

An den Händen der Liebe

Die Essenz inspiriert zu einer neuen, verständnisvollen Perspektive in Beziehungen und sensibilisiert, so daß man Probleme positiv und ohne Schuldzuweisungen angeht. Sie führt zu Lösungen im gegenseitigen Einvernehmen, die Vertrauen und neue Aspekte der Liebe wecken.

Mental - Anwendungen allgemein

Bei Beziehungsproblemen, wenn man nicht über seine eingefahrenen Reaktionsmuster der anderen Person gegenüber hinauskommt.
Für jene, bei denen jede Diskussion zu Zank und Kritik am anderen führt.
Für Partner, die mit den ewigen Schuldzuweisungen aufhören und dem andern gegenüber wieder sensibel sein wollen und damit wieder jenes konstruktive Vertrauen aufbauen möchten, das andere Lösungen ermöglicht. Hilfreich bei der objektiven Selbstanalyse und beim Ausgleich in Partnerschaften, die im Teufelskreis der Schuldzuweisungen gefangen sind.
Für Partner und Eltern, die auf die eigenen Wünsche und Ideale konzentriert sind. Dadurch verschlimmern sie ihren Unmut, denn je weniger Verständnis sie für ihren Partner oder ihre Kinder haben, desto weniger positive Reaktionen erhalten sie, wodurch sie sich wiederum zu egoistischem Handeln berechtigt fühlen.

Die Heilung gewährleistet, daß wieder das Problem im Zentrum der Aufmerksamkeit steht und nicht der oder die andere. Wenn man in Kontakt mit seinem Gegenüber bleibt und sich nicht darauf richtet, den Streit zu gewinnen oder selbst recht zu behalten, ergeben sich viele Möglichkeiten, die Beziehung zu erneuern. Oft sollten beide Partner die Essenz nehmen.

Wird in Bädern angewendet (mit Red Leschenaultia).

Heilpfad der Seele

Man sollte an alle zwischenmenschliche Problemen sensibel herangehen; das bedeutet, daß man offen ist für das, was die andere Person empfindet und was sie auf ihrer Reise braucht. Es ist leicht, im Hin und Her der Reaktionen gefangen zu werden. Das Ego möchte nicht nachgeben, es möchte gewinnen und die Befriedigung spüren, dem anderen zu beweisen, daß er unrecht hat. Das sollte an sich bereits eine Alarmglocke läuten lassen, wenn man spirituell orientiert ist. Das kleine Ich, die Persönlichkeit des Selbst, das lärmend Aufmerksamkeit fordert, bekommt immer nur auf Kosten der Seele, was es will. Die Seele dagegen tritt in selbstlosen und weisen Handlungen zutage. Wenn wir uns nicht auf das kleine Ich einlassen, sondern es unserer Seele gestatten, sich zu äußern, entdecken wir, daß Probleme das Sprungbrett zu einem tieferen, menschlichen Verständnis werden können.

Meditatives Gedicht

Purple and Red Kangaroo Paw

Laß uns zusammen sein,

unsere Herzen voll und ruhig.

Laß uns einander schätzen

und die Schatztruhe

unseres Gegenübers öffnen

und staunen.

Das Qi meistern

Die Essenz bringt Beständigkeit bei Leistungen und allem, was Energie kostet. Sie schafft ein Gleichgewicht zwischen Arbeits- und Ruhezeiten. Hilft Menschen, die erst zuwenig tun und dann zuviel - und zusammenzubrechen. Wenn man Energie praktisch nutzt, ermutigt das zu einem stärkeren Selbstwertgefühl und zu Vertrauen. Sich selbst zu beweisen, ist kein Thema mehr.

Positive Eigenschaften Schlüsselworte:

konsequent

Vertrauen

regulierend

Ausdauer

Leistung

Problembereiche Schlüsselworte:

auf und ab

kollabierend

unberechenbar

schwach

Mental - Anwendungen allgemein

Für jene, die sich unterlegen und nutzlos fühlen, unfähig, anderen zu beweisen, daß sie ein Ziel erreichen können.
Für jene, die das Gefühl haben, nicht genug zu leisten und die sich dann selbst mit Arbeit überhäufen und strafen. Oft fühlen sie sich anschließend überladen und brechen zusammen.
Für jene, die öfter in einem Zyklus gefangen sind, in dem sie erst viel Energie haben und dann zusammenbrechen.

Die Heilung ermöglicht es, das Qi zu beherrschen und richtig zu nutzen, d.h. man gibt sich entsprechend Mühe, läßt regelmäßig Druck ab und findet Ruhe. Dadurch hält man die Richtung der Aktivität und Leistung bei, ohne unter negativen Nebenwirkungen zu leiden und ohne körperlich oder mental abzubauen.

Mental - Florale Akupressur

Psychologisches Profil:
Verausgabt seine Energie auf unrealistische und unbeständige Art und Weise.
Herz-Akupunkt am Ohr. (siehe S. 255)

Körper - Florale Akupressur

Körperliche Symptome:
Große Höhen und Tiefen im Energiehaushalt, unfähig, seine Vitalität auf einem beständigen Niveau zu halten.
Herz-Akupunkt am Ohr. (siehe S. 255)
(siehe auch Cowkicks, Reed Triggerplant, Pink Fountain Triggerplant)

Heilpfad der Seele

Das Leben ist lang - so lang wie nötig. Damit wir dorthin kommen, wohin wir wollen, muß die entsprechende Energie mit uns gemeinsam wachsen. Die Energie muß stabil bleiben. Man sollte maßvoll Ruhephasen einlegen, gleich einem tiefen Atemzug. Plötzliche Sprünge vorwärts wirken belebend, wenn sie von Dauer sind, aber enttäuschend und desillusionierend, wenn sie wieder im Nichts verschwinden. Da unser Geist der Projektor unseres Qi, unserer Vitalkraft, ist, braucht er Beständigkeit, damit uns die Energie für unsere Reise und für wirklichen Fortschritt erhalten bleibt.

Meditatives Gedicht

Purple Enamel Orchid

Der ruhende Samen wird zum Leben erweckt,

entfaltet sich mit Blatt und Zweig

gen Himmel, zur Sonne erstreckt er sich.

Ich atme die Luft.

Ich nehme das Licht in mich auf.

Ich ruhe auf der Erde.

*Positive
Eigenschaften
Schlüsselworte:*

ruhig

diplomatisch

ausgeglichen

besonnen

*Problembereiche
Schlüsselworte:*

verwirrte Gefühle

Durcheinander

hoffnungslos

Gelassenheit

Die Essenz hilft, inmitten sehr persönlicher Herzensangelegenheiten, die unsere Ausgeglichenheit bedrohen, gelassene Objektivität zu finden und wahren. Tauchen Probleme auf, so empfindet man innere Ruhe und ist anderen gegenüber offen. Diese Essenz ermutigt zu Objektivität, ohne daß man geliebten Mitmenschen gegenüber Kompromisse bezüglich der eigenen, reichen Gefühlswelt und Sensibilität macht, und sie ist hilfreich in Zeiten, in denen die Beziehung unter Druck steht.

Mental - Anwendungen allgemein

Für jene, die meinen, menschliche Beziehungen seien ein Urwald voll unbekannter Gefahren und Verwicklungen.
Für Menschen, in deren Beziehungen Gefühlsstürme toben, und die nicht erkennen können, was wirklich los ist.
Für jene, die sich treiben lassen und geflissentlich die Komplexität des Lebens ignorieren. Diese Haltung macht empfänglich dafür, Dinge im falschen Licht zu sehen.
Für jene, die gerne mehr Weisheit in ihrer verknoteten Gefühlsproblematik walten lassen wollen.

Die Heilung besänftigt brenzlige Gefühlszustände. Mit einem ruhigen Geist, der die unterschiedlichen Gefühlszustände und deren Ursprung sieht, ist es leichter, weise mit den Dingen umzugehen. Diese Essenz hilft, die Tragweite von Handlungen und Reaktionen sowie das Hin und Her in Beziehungen zu erkennen, ohne die Einzelheiten, die zu einer Situation führen, außer acht zu lassen.

Mental - Florale Akupressur

Psychologisches Profil:
Wunsch nach Unterstützung; wenn man aus mangelnder Unterstützung in seinen Bemühungen versagt. Enttäuscht.
Dünndarm-Akupunkt am Ohr. (siehe S. 264)

Körper - Florale Akupressur

Körperliche Symptome:
Kopfschmerzen, Schwindelgefühle.
Gehirnstamm-Akupunkt am Ohr. (siehe S. 250)

Heilpfad der Seele

Es ist eine Leistung, sowohl mit seinen Gefühlen in Berührung zu sein als auch über genügend geistige Klarheit zu verfügen, um die Komplexität menschlicher Beziehungen wahrzunehmen. Unser Gefühlszustand kann alles einfärben, was wir sehen, und die Wahrheit vor uns verbergen. Ein Nebel von Gefühlen setzt ein und verwirrt uns. Es fällt uns dann schwer, herauszufinden, ob unsere Reaktionen von uns selbst stammen oder durch die Gefühle anderer ausgelöst werden. Sich einzuigeln und die Gefühle anderer nicht reinzulassen, löst das Problem ebensowenig, wie im Meer der Gefühle unterzutauchen. Mit Gelassenheit jedoch, mit Bewußtheit und Offenheit für das, was andere durchmachen, findet man einen Weg. Wenn ein Mensch den Nebel durchschaut und darüber hinaus sieht, erkennt, was versteckt oder nicht offensichtlich ist, und ruhig und objektiv reagiert, schafft er für alle Menschen einen Ausweg.

Meditatives Gedicht

Purple Eremophila

Überall weht der Wind,

alles ist in Bewegung.

Ich bin der süße Duft

für alle,

erfrischend und gelassen

bringe ich Lösungen und Frieden.

Positive Eigenschaften Schlüsselworte:

Befreiung

Erleichterung

Entspannung

Gelößtheit

Problembereiche Schlüsselworte:

verspannt

Druck

Streß

ängstlich

Die Befreiung

Die Essenz der Erleichterung und Befreiung. Löst aufgebaute Spannungen und Druck und heilt und entspannt somit Körper und Geist. Unterstützt den Entspannungsprozeß und befreit davon, auf bestimmte Situationen automatisch verkrampft zu reagieren.

Mental - Anwendungen allgemein

Für jene, deren Streß zunimmt und die sich am Rande des Zusammenbruchs befinden.
Für jene, die sich nicht mehr entspannen können oder bei denen die gewohnten Entspannungstechniken nicht mehr funktionieren.

Die Heilung befreit, so als hätte man nun ein Überdruckventil, das reguliert, wieviel Druck gesund ist, und das jeden Überdruck abläßt. Der Betreffende reagiert dann auf bestimmte Ereignisse in seinem Leben nicht mehr automatisch verspannt.

Mental - Florale Akupressur

Psychologisches Profil:
Das Gefühl, verrückt zu werden, den Verstand zu verlieren.
Shenmen-Akupunkt am Ohr. (siehe S. 263)

Körper - Florale Akupressur

Körperliche Symptome:
Streß, Schlaflosigkeit, durch Träume gestörter Schlaf, Entzündungen, Schmerzen.
Shenmen-Akupunkt am Ohr. (siehe S. 263)
(anwenden mit Yellow Flag Flower) (siehe auch Hybrid Pink Fairy Orchid, Pink Fairy Orchid, Yellow Flag Flower, Cowkicks, Pink Fountain Triggerplant, Reed Triggerplant und Violet Butterfly)
Körperliche Symptome:
Schmerzhafte Muskeln im Bereich der Wirbelsäule, des Nackens und der Gelenke.
Wirbelsäulen- und Gelenk-Akupunkte am Ohr.
(siehe S. 256-259 und 265-266)
(siehe auch Dampiera, Menzies Banksia und Macrozamia)

Heilpfad der Seele

Egal wieviel Druck wir aufbauen, um damit unser Leben zu steuern, wir sind womöglich nicht einmal fähig, ein Staubkorn zu bewegen. Nicht unsere Hektik läßt die Dinge geschehen oder richtig verlaufen, sondern unser Zielbewußtsein und unsere innere Orientierung. Manch einer versucht, auf der Reise dadurch voranzukommen, daß er gespannt und auf alles vorbereitet ist, aber es ist gut möglich, daß er sich dabei auslaugt. Eine Situation zu akzeptieren und sich auf offene Weise darauf einzulassen und mitzuarbeiten, führt rundherum zu besseren Resultaten.

Meditatives Gedicht

Purple Flag Flower

Mein Wesen ist offen.

Alles, was einst angespannt war,

ist jetzt ganz locker.

Die Brise

wiegt mich in den Schlaf,

ich seufze tief.

**Positive
Eigenschaften
Schlüsselworte:**

Selbstlose Liebe

Herz

Tiefe

objektiv

befreiend

**Problembereiche
Schlüsselworte:**

emotional

Frustration

Schmerz

unerfüllt

Selbstlose Liebe

Die Essenz befreit den Geist mit bedingungsloser Liebe. Die Essenz selbstlosen Dienens. Wir trinken aus der tieferen Quelle unseres liebevollen Wesens. Hilft, nicht in emotionale Fallen zu gehen: im Umgang mit anderen oder auf dem eigenen Lebensweg. Sensibilisiert für die überpersönliche Ebene und befreit das Herz durch Dienen. Hilft bei dem Bestreben, mit dem universellen Sinn auf allen praktischen und innerlichen Ebenen zu verschmelzen und den eigenen Schatz mit anderen zu teilen.

Mental - Anwendungen allgemein

Für Menschen, die nicht zwischen persönlichem und objektivem Geben unterscheiden können.
Für jene, die sich verletzt fühlen, wenn sie nicht anerkannt werden, und die mit anderen auf einer tieferen Ebene umgehen möchten.
Wenn das Verlangen nach Erfüllung in persönlichen Beziehungen durchkreuzt wird und Frustration, Traurigkeit und Irritation die Folge sind. Oft versucht der Betreffende, den Menschen zu ändern, den er liebt, so daß dieser Rücksicht nimmt auf seine Wünsche und Bestrebungen, aber so etwas kann eine Ewigkeit dauern und funktioniert meist einfach nicht.
Für jene, die sich in ihrer Arbeit oder anderweitig mit Menschen befassen müssen, beispielsweise Lehrer, Krankenschwestern, Therapeuten, Eltern. Die Essenz inspiriert sie zu bedingungsloser Liebe, die nichts fordert, sondern sowohl für den Empfangenden als auch für den Gebenden das Beste bewirkt.
Für den um Spiritualität Bemühten.

Die Heilung führt zu Sensibilität, die über das Persönliche hinausgeht, und befreit so das Herz durch Dienen und echte Liebe. Nun fühlt man sich frei zu lieben, ohne sich Sorgen darüber zu machen, wie andere darauf reagieren. Also wächst die freudige Atmosphäre in der nächsten Umgebung.

Mental - Florale Akupressur

Psychologisches Profil:
Hyperaktive Sexualität, starkes Verlangen nach Aufregung und Spaß.
Genitalien-Akupunkt am Ohr. (siehe S. 254)

Körper - Florale Akupressur

Körperliche Symptome:
Impotenz, sexuelle Frigidität.
Genitalien-Akupunkt am Ohr. (siehe S. 254)
(anwenden mit White Nymph Waterlily)
(siehe auch Macrozamia und Balga)

Heilpfad der Seele

Die Persönlichkeit ist gierig auf persönliche Erfüllung. Das ist ganz natürlich. Unsere Reise durch die persönlichen Bestrebungen hin zur
weisen Suche nach seelischem Frieden lehrt uns, wo wahre Erfüllung
gefunden wird. Wir entdecken, daß persönliche Begierden ihren Preis
haben und uns an das dauernde Auf und Ab von Vergnügen und
Schmerz ketten. Wenn wir von der seelischen Warte ausgehend agieren, sind wir völlig frei, da wir nun ohne Fesseln und Bedingungen
geben und handeln können. Unser Handeln ist nicht mehr abhängig
davon, daß wir etwas dafür zurückbekommen. Erfüllung liegt darin,
Liebe auf vielfältigste Art und Weise geben zu können, und zwar genauso wie es nötig ist - selbstlos.

Meditatives Gedicht

Purple Nymph Waterlily

Getrost im Schoß der Liebe,

wissend, daß alles

in Lieblichkeit eingebettet ist,

daß der Nektar durch mich strömt

und in alle Winkel des Universums.

Der gesellige Geist

Wohlgefühl

sozial

Interaktion

ausgeglichen

Genießt die Gemeinschaft mit Freunden. Die Essenz verwandelt unsere Bedenken bezüglich der Anforderungen sozialen Verhaltens in ein befreites, geselliges Handeln. Ändert die generelle, innere Orientierung so, daß unsere Energie auf gesunde Art und Weise fließen kann, und befähigt uns, ohne Zögern mit anderen Menschen umzugehen und das Beisammensein zu genießen.

**Problembereiche
Schlüsselworte:**

Unwohlsein

ausgelaugt

Einsiedler

unruhig

vermeiden

Mental - Anwendungen allgemein

Für jene, die Freundschaften immer darauf abklopfen, was sie selbst davon haben. Das bedeutet, daß sie dauernd Vor- und Nachteile abwägen, anstatt mit anderen frei umzugehen. Wenn sie das Gefühl haben, die Freundschaft verschaffe ihnen Nachteile, fühlen sie sich unwohl und wollen sich zurückziehen.

Für Menschen, die sich nach Gesellschaft sehnen, die sich aber, wenn sie in Gesellschaft sind, wünschten, daß sie nicht gekommen wären. Sie haben das Gefühl, daß es sie körperlich, emotional oder mental zuviel kostet.

Für jene, die nicht allein leben möchten, die aber ein Leben mit anderen als zu anstrengend empfinden.

Für jene, die in einfachen, gesellschaftlichen Situationen von anderen mißbraucht wurden und daher in Gesellschaft unruhig sind.

Bei Empfindungen von Ruhelosigkeit, Unwohlsein und Müdigkeit, die in Gesellschaft zunehmen.

Die Heilung führt zu innerer Konzentration, in der man eine aufrichtige persönliche Erscheinung aufrecht erhalten kann und selbstbewußt genug ist, sich anderen gegenüber ausgeglichen zu verhalten.

Die Energie ist ausgeglichen, und man fühlt sich nicht ausgelaugt.

Heilpfad der Seele

Menschen sind sozial äußerst engagierte Wesen, ja, das Beisammensein mit anderen bringt das Beste - und manchmal auch das Schlechteste - in uns zum Vorschein. Es scheint Teil der menschlichen Reise zu sein, etwas über andere zu lernen und mit ihnen zusammenzusein, fähig zu geben und zu empfangen, ohne dabei Buch zu führen. Wir können uns nicht aus dem Staub machen. Wir sind ein Teil der Menschheit. In den Zusammenhängen mit anderen lernen wir, auf unserem Weg weiterzugehen und bisweilen die Freuden der Gemeinschaft auszukosten.

Meditatives Gedicht

Queensland Bottlebrush

Hinter jedem Gesicht wartet eine Geschichte,

eine Person, die etwas zu erzählen hat.

Laß mich die Geschichten hören, wie es ist, zu leben,

sowohl Blumen als auch Dornen zu kennen.

Ich werde die eigene erzählen,

und wir werden gemeinsam Mensch sein.

*Positive
Eigenschaften
Schlüsselworte:*

wahr

Selbstenthüllung

offen

Tiefe

ehrlich

*Problembereiche
Schlüsselworte:*

verhüllend

verpflichtend

*oberflächliches
Image*

unsicher

Die Demaskierung der Seele

Die Essenz hilft, das wahre, tiefe Selbst zu finden. Sie enthüllt und befreit uns, so daß wir im Innern wachsen können. Sie nimmt uns das Bedürfnis, uns anders darzustellen, als wir wirklich sind. Man vertraut nun nicht mehr auf Äußerlichkeiten und Masken, sondern wünscht sich, ehrlich und sinnvoll mit den Menschen verbunden zu sein. Man wird nicht mehr länger von oberflächlichen, substanzlosen und pflichtmäßigen Beziehungen frustriert, weil man nach größerer Tiefe in sich selbst und anderen sucht.

Mental - Anwendungen allgemein

Für jene, die sich falsch oder idealisiert darstellen und sich darauf verlassen, daß andere dieses Selbstbild mögen und akzeptieren (Unsicherheit).
Für jene, die sich so geben, wie andere sie sehen wollen, damit sie persönlich vorwärts kommen.
Für Prominente, die nur oberflächliche Beziehungen haben.
Hilft bei allen Formen der Psychotherapie und Beratung über schützende Fassaden hinweg und zum inneren Reichtum durchzudringen.
Für Menschen, die ihre Seele demaskieren und sich selbst gegenüber wahrhaftig sein wollen.

Die Heilung nimmt die Furcht vor den Konsequenzen, die vielleicht folgen, wenn man einfach nur man selbst ist. Durch sie erheben wir uns auf eine geistige Ebene, wo das Verlangen erblüht, eins zu sein mit uns selbst und die Befriedigung von Beziehungen zu erfahren, in denen man um seiner selbst willen geliebt wird.

Mental - Florale Akupressur

Psychologisches Profil:
Locker, nur auf Spaß aus sein, mangelnde Verantwortung.
Gallenblasen-/Pankreas-Akupunkt am Ohr. (siehe S. 254)

Körper - Florale Akupressur

Körperliche Symptome:
Bauchspeicheldrüsenentzündung, Verdauungsstörungen,
Krankheiten der Harnröhre
Gallenblasen-/Pankreas-Akupunkt am Ohr. (siehe S. 254)
(siehe auch Reed Triggerplant)

Heilpfad der Seele

Von frühester Kindheit an lernen wir, daß Menschen gern lächelnde
Gesichter sehen. Später erkennen wir, wie Menschen auf Schmeiche-
leien reagieren und wie sehr es ihnen gefällt, sie über sich selbst erzählen zu lassen. Schon in sehr zartem Alter beginnen wir, eine Maske
zu formen, hinter der wir unsere wahre Natur verbergen - sogar vor
uns selbst. Vielleicht zweifeln wir auch, was denn nun Maske und was
wirklich in uns ist. Läßt man all seine Masken los, so offenbart man
das eigene Selbst und läßt es jene Konsequenzen erfahren, die für das
Lernen und Wachstum im Leben nötig sind. Masken engen die Erfahrungen und Wechselwirkungen mit dem Leben ein, die uns größere
Weisheit schenken würden. Wirklich eins mit dem Selbst zu sein, sich
selbst zu akzeptieren, heißt, inneren Frieden zu haben.

Meditatives Gedicht

Rabbit Orchid

Ich bin, der ich bin,

ein Reisender auf dem Weg durchs Leben.

Den ganzen Reichtum meines Wesens

dürfen alle sehen.

**Positive
Eigenschaften
Schlüsselworte:**

in Berührung

geduldig

sensibel

Nähe

achtsam

**Problembereiche
Schlüsselworte:**

abwesend

abgelenkt

auf Abstand

ruhelos

Die Schönheit der Nähe

Die Essenz bringt wieder verstärkt in Berührung mit den Menschen, die man liebt, und fördert Sensibilität. Bringt in das Hier und Jetzt und schenkt Geduld - man schafft wieder Zeit und Raum für Nähe und die kleinen Freuden gemeinsamen Lebens. Hilft, sich in Momenten großer Nähe hinzugeben, sehr achtsam und mit großem Feingefühl.

Mental - Anwendungen allgemein

Für Vielbeschäftigte, die abdriften, wenn sie mit Menschen, die sie lieben, intensiv zusammen sein wollen. Unbewußt haben sie das Gefühl, solch ein Zusammensein sei reine Zeitverschwendung, da es ihre Ziele, Bestrebungen und Ambitionen nicht unmittelbar fördert.
Für jene, denen gar nicht auffällt, wie sehr sie den Kontakt zu nahestehenden Menschen bereits verloren haben.
Für arbeitende Eltern, die bemerken, wie der Abstand zwischen ihnen und den Kindern und/oder dem Partner wächst. Vielleicht verbringen sie Zeit mit der Familie oder den Kindern, aber weil sie geistig abwesend sind, sind sie eigentlich nur körperlich zugegen. Im Laufe der Zeit wird der Abstand immer größer. Man hört auf, in der Beziehung nach Erfüllung zu suchen. Schließlich leben alle wie Fremde im gleichen Haus.

Die Heilung hilft, uns vom täglichen Auf und Ab abzukehren und uns dem Augenblick zuzuwenden, in dem sich Nähe und Beziehung ereignet, so daß man sich gemeinsam mit denen, die man liebt, "gehen lassen" kann. Mit der Heilung entwickelt sich auch die Fähigkeit, ganz und gar mit jemandem zusammen zu sein und den ganzen Reichtum der Nähe mit ihm zu teilen.

Mental - Florale Akupressur

Psychologisches Profil:
Unerfüllte Wünsche, neigt zu Frustration und Wut.
Verstopfungs-Akupunkt am Ohr. (siehe S. 251)

Körper - Florale Akupressur

Körperliche Symptome:
Verstopfung und/oder Durchfall.
Verstopfungs-Akupunkt am Ohr. (siehe S. 251)
(zusammen mit Red Beak Orchid) (siehe auch Start's Spider Orchid)

Heilpfad der Seele

Unser Geist eilt auf persönliche Ziele und Wünsche zu und erwartet
Unterstützung; wer sie nicht unmittelbar gibt, sinkt für uns im Wert.
Aber solch eine scheinbar wertlose Person möchte vielleicht nur Liebe
mit uns teilen. Einfach nur zu SEIN ist eine Lebenskunst, bei der unser
Geist lernt, seine endlosen Pläne und seine nach außen gerichtete
Neugier zu sublimieren und sich auf die wahren Erfahrungen der in-
neren Welt zu richten. Zu diesen Kostbarkeiten in uns, die uns leicht
entgehen könnten, gehört die zeitlose Gemeinschaft mit einer anderen
Seele und die ganze Lieblichkeit zweier Herzen, die sich verbinden.

Meditatives Gedicht

Red and Green Kangaroo Paw

Für das stille Herz

verknüpft mit einem anderen

existiert keine Zeit.

Momente werden geehrt und wieder entdeckt

in der endlosen Wärme des Gefühls.

Begeisterung

Entschlossenheit

Verantwortung

Verlangen

ganzheitlich

**Problembereiche
Schlüsselworte:**

uninspiriert

lethargisch

frustriert

rebellisch

uneins

Die Ganzheit umarmen

Die Essenz erneuerter Energie und Inspiration, sich allen Facetten des Lebens kreativ und gleichbleibend begeistert zu widmen. Gibt Dynamik. Löst den innerlichen Konflikt zwischen Wunsch und Pflicht, zwischen persönlicher Entfaltung und Verantwortung.

Hilft, sich mit dem Leben als Ganzem zu befassen, statt es in widersprüchliche Teile auseinanderzudividieren.

Mental - Anwendungen allgemein

Bei Lethargie und Teilnahmslosigkeit, wenn man sich nicht für sein Leben begeistern kann.

Wenn frühes Aufstehen ein Problem ist, oder wenn man tagsüber zu oft einschläft.

Bei Dilemmas in der Pubertät oder in mittleren Jahren, wenn man rebelliert oder frustriert ist über seine Pflichten und Familienbande. Für jene, die nicht erkennen können, wie sie sowohl ihr Leben wirklich genießen als auch ihre Arbeit behalten sowie ihre Familie und andere Grundlagen ihres Lebens aufrechterhalten können. Möglicherweise resignieren sie oder sie verwandeln sich in Hedonisten, weil sie nicht verstehen, wie man in beide Richtungen zugleich wirken kann. Für jene, die hin und her pendeln zwischen verantwortungsvollem Handeln und der Vernachlässigung ihrer Verantwortung.

Wenn man sich ausgebrannt fühlt.

Die Heilung löst den geistigen Konflikt, daß unsere kreativen Sehnsüchte und Wünsche nach Erfüllung im Widerspruch stehen zu unseren Beziehungen und anderen Verpflichtungen. Es führt zu der Erkenntnis, daß man die ganze Bandbreite seiner Visionen, Kreativität und guten Energien nutzen muß, damit alle Aspekte des Lebens sich gleichmäßig entwickeln. Löst sich diese Spaltung, so entsteht neuer Lebensschwung und man ist begeistert, Dinge ganzheitlich anzugehen.

Mental - Florale Akupressur

Psychologisches Profil:
Unerfüllte Wünsche, neigt zu Frustration und Wut.
Verstopfung-Akupunkt am Ohr. (siehe S. 251)
Psychologisches Profil:
Unmotiviert, faul.
Dickdarm-Akupunkt am Ohr. (siehe S. 260)
Psychologisches Profil:
Kann sich nicht um Dinge kümmern, läßt sich treiben.
Augen-Akupunkt am Ohr. (siehe S. 253)

Körper - Florale Akupressur

Körperliche Symptome:
Verstopfung und/oder Durchfall.
Verstopfung-Akupunkt am Ohr. (siehe S. 251)
(zusammen mit Red und Green Kangaroo Paw und
Start's Spider Orchid)
Körperliche Symptome:
Verstopfung und/oder Durchfall.
(siehe auch Start's Spider Orchid, Red und Green Kangaroo Paw)
Dickdarm-Akupunkt am Ohr. (siehe S. 260)
Körperliche Symptome:
Augenkrankheiten, ermüdete Augen, Probleme beim Fokussieren.
Augen-Akupunkt am Ohr. (siehe S. 253)

Heilpfad der Seele

Jeder Weg ist schwer, wenn man in sich gespalten ist und nicht weiß, wohin man will. Unser Wesen hat viele Aspekte und deren Wünsche lassen sich auf die unterschiedlichste Art und Weise erfüllen. Finden wir Integration als ein Ganzes, so können all unsere Wünsche in eine Richtung kanalisiert werden. Wenn diese Richtung spirituell ist, verursachen wir weder für uns noch für andere Schaden, denn Spiritualität bedeutet, daß sich alle Aspekte in Harmonie entwickeln. Dieser Prozeß segnet uns außerdem mit immerwährender Freude auf die nächsten Lebenserfahrungen, mit großem Optimismus und geistiger Vitalität.

Meditatives Gedicht

Red Beak Orchid

Ich bin der Gärtner meines Lebens

und hege und pflege alles.

Alle Aspekte meines Lebens begieße ich

mit den Wassern meiner Seele.

RED FEATHER FLOWER *(Verticordia mitcheliana)*

Der Geist der Hilfe

**Positive
Eigenschaften
Schlüsselworte:**

hilfreich

teilen

unterstützen

Begeisterung

Energie

**Problembereiche
Schlüsselworte:**

faul

belastend

isoliert

rebellisch

Groll

Die Freude, an einer gemeinsamen Anstrengung vollwertig teilzunehmen. Kennt die Freude gemeinsamer Leistung. Hilft, sich auf die eigene Energie zu verlassen und sich der Bürden bewußt zu sein, die man mit der Familie und Gemeinschaft teilt. Mit der Rückkehr dieses Energieflusses bekommen die Leistungsfähigkeit generell und die Kreativität in allen Bereichen persönlicher Bestrebungen Auftrieb.

Mental - Anwendungen allgemein

Für jene, die das Gefühl haben, Außenstehender bei Gruppenaktivitäten zu sein. Das liegt daran, daß andere der Meinung sind, sie seien "reiner Ballast".

Für jene, denen die Tatsache noch nicht bewußt ist, daß Menschen, die gemeinsam ihr Bestes tun, das Leben für alle verbessern.

Für Jugendliche, die glauben, man müsse für sie sorgen, egal ob sie selbst einen Beitrag leisten oder nicht.

Für jene, die ihren Teil der Aufgaben nicht übernehmen wollen, und die es nicht ertragen können, wenn man sie darauf aufmerksam macht.

Für jene, die sich lediglich auf ihr eigenes Empfinden richten und kein Auge für die Bürde haben, die ihre mangelnde Leistung für andere ist.

Bei Problemen mit Faulheit, Untätigkeit

Die Heilung führt zu der Erkenntnis, daß andere Menschen viel Blut, Schweiß und Tränen vergossen haben, damit sie das erreichen, was sie im Leben realisiert haben. Nun betrachtet man seinen eigenen Anteil an der Arbeit anders, nämlich fair. Anstatt es anderen Menschen übelzunehmen, daß sie frustriert auf die eigene Person reagieren, betrachtet man ihre Reaktion nun als ganz logisch und fair. Von diesem Punkt aus kann man nun lernen, wieviel Freude gemeinsame Arbeit macht, die man gleichwertig und in Harmonie mit der Gesellschaft verrichtet.

183

Heilpfad der Seele

Jedes Wesen verteidigt seine Nische im Universum. Wenn ein anderer auf unfaire Art Energie entzieht, wird das Ganze davon beeinflußt, und das Universum wird reagieren, um das Problem zu korrigieren. Das ist eine unangenehme Erfahrung. Weit besser ist es, sich vollständig und von ganzem Herzen auf das Leben einzulassen und dabei zu entdek- ken, daß es einen endlosen Energiefluß gibt, den wir anzapfen können, wenn wir als Teil des Ganzen agieren.

Meditatives Gedicht

Red Feather Flower

Strecke die Hand hoch

und finde eine, die sich Dir hilfreich entgegenstreckt.

Schau hinab und hebe einen Menschen hoch.

Gemeinsam sind wir stark,

jeder mit der Energie,

für den anderen da zu sein.

**Positive
Eigenschaften
Schlüsselworte:**

sensibilisieren

schmelzen

glückselig

Liebe

Nähe

Sanftheit

**roblembereiche
Schlüsselworte:**

kalt

hart

vernachlässigen

verschlossen

*Schwäche
verachten*

Die Verschmelzung der Seelen

Die Essenz der Sanftheit und Sensibilität, der Glückseligkeit in Beziehungen. Öffnet das Herz erneut, so daß man sich wieder einfühlen kann in das Ringen anderer und die Möglichkeit dafür entsteht, daß sich Seelen öffnen und verschmelzen. Hilft, wieder Süße in Beziehungen zu wecken, wenn Rauheit und harte Einstellungen die Liebe, Freude und Nähe eines gemeinsamen Lebens behindern.

Mental - Anwendungen allgemein

Für jene, die hart geworden sind, weil sie in ferner Vergangenheit zu dem Schluß gelangt sind, daß dies die einzige Art zu überleben ist. Sie unterbinden und verleugnen jegliche Sensibilität anderen gegenüber.
Für jene, die wahre Intimität mit anderen erleben wollen, denen es aber schwerfällt, sich für Zuneigung zu öffnen.
Für jene, die entdecken, daß die Härte der Arbeitswelt Teil ihrer selbst geworden ist und daß diese Tatsache verhindert, daß sie zauberhafte Zeiten mit Menschen, die sie lieben, verbringen.
Für arbeitende Partner, die die Welt nicht an der Türschwelle zurücklassen können, wenn sie nach Hause kommen und deshalb einfach nur in Ruhe gelassen werden wollen.
Für jene, die hart geworden sind und andere vernachlässigen, ja sogar anfangen, die Schwächen anderer zu verachten.
Für jene, die ihr Einfühlungsvermögen verloren haben, die sich nur noch um sich selbst kümmern und die Schwächen anderer verachten.

Diese Essenz ist ausgezeichnet für die Badetherapie bei Paaren.

Die Heilung aktiviert die Sehnsucht nach Liebe und danach, zärtlich zu sein. Man sehnt sich nach der wundervollen Anmut intimer Beziehungen.
Die Heilung löst die Härte auf und sie befähigt uns zu tiefem Vertrauen und zu äußerst sensibler Nähe.

Mental - Florale Akupressur

Psychologisches Profil:
Ist sich selbst genug, braucht niemanden, will nicht mit anderen teilen.
Zwölffingerdarm-Akupunkt am Ohr. (siehe S. 252)

Körper - Florale Akupressur

Körperliche Symptome:
Zwölffingerdarmgeschwür, Krampf des Magenausgangs
Zwölffingerdarm-Akupunkt am Ohr. (siehe S. 252)
(siehe auch Hybrid Pink Fairy Orchid).

Heilpfad der Seele

Man ist reich, wenn man eine tiefe und zärtliche Beziehung zu einem anderen Menschen hat, völlig offen sein kann, Liebe zu geben und zu empfangen und heiliges Vertrauen zu erfahren. Das ist eine spirituelle Erfahrung, eine Spiegelung der Großen Einheit, die das wahre Wesen des Lebens ist. Wenn zwei Menschen wirklich offen füreinander sein können, inspiriert das alle Menschen, denn es zeigt, wie sich die gesamte Menschheit eines Tages solch einer liebevolle Einheit erfreuen wird.

Meditatives Gedicht

Red Leschenaultia

Mein Panzer schmilzt

und läßt mich warm und offen sein.

Nur Liebe kann mich nun umfangen.

Meine weiche Haut spürt

jede freudevolle Berührung des Lebens.

Die Verjüngung

verjüngen

erneuern

widerstehen

revitalisieren

genesen

kämpfen

ausgelaugt

abgenutzt

leer

kommt nicht
zurecht

Die Essenz lädt nach einem langen Kampf wieder auf. Man empfindet die Ganzheit seines Wesens, in der die Integrität des Selbst wiederhergestellt ist. Durch die Heilung können sich nun jene Aspekte unseres kör-perlichen und geistigen Seins integrieren und revitalisieren, die sich abgekämpft haben. Die innere Kraft ist wiederhergestellt, wir werden geistig wieder eins mit uns und sind fähig, uns den Herausforderungen des Lebens zu stellen.

Mental - Anwendungen allgemein

Für Menschen, die nach vielen Schwierigkeiten ihre Kraft nicht regenerieren können.

Bei Nervosität, Gedächtnisverlust, instabiler Gefühlslage. Wenn man dem Leben generell nicht gewachsen ist.

In Situationen, in denen ein Mensch sich instabil und der Lage nicht gewachsen fühlt, weil er in seinem Leben so viele verletzende, schmerzhafte oder traumatische Erfahrungen gemacht hat. Er oder sie wird immer verletzlicher und die Nervosität hinsichtlich seiner/ihrer Lebenslage wächst.

Ein Mensch, der durch einen Schmerz oder ein Trauma die Verbindung zu vielen Aspekten seiner selbst verloren hat, bekommt im Laufe der Zeit immer größere Schwierigkeiten, richtig zu funktionieren. Unmit-telbar nach einem Trauma haben sie das Gefühl, auseinanderzufallen und fast den Kontakt zur Wirklichkeit zu verlieren. Vielleicht ist dieser Person nicht bewußt, daß es die angesammelte Erfahrung ist, die sie zu Boden wirft.

Die Heilung führt dazu, daß man sich wieder als eine Ganzheit empfindet, in der das integrale Selbst wiederhergestellt ist. Nun werden jene geistigen Aspekte integriert und revitalisiert, die vom Trauma erfüllt sind und die daher isoliert wurden, um weitere Traumen zu verhindern. Empfindet man die erneuerten, inneren Kräfte, so wird man auch geistig wieder mit sich eins und verfügt über die Fähigkeit, den Schlägen und Stößen des Lebens zu widerstehen und voranzuschreiten.

Mental - Florale Akupressur

Psychologisches Profil:
Schlaflosigkeit, durch Träume gestörter Schlaf, das Gefühl auseinanderzufallen, der Lage nicht gewachsen sein.
Shenmen-Akupunkt am Ohr. (siehe S. 263)
Psychologisches Profil:
Hypersensibel, kann sich nicht für sich selbst einsetzen, Schwäche.
Gallenblasen-/Pankreas-Akupunkt am Ohr. (siehe S. 254)

Körper - Florale Akupressur

Körperliche Symptome:
Energiemangel nach mehreren Traumen, eventuell über lange Zeiträume hinweg.
Herz-Akupunkt am Ohr. (siehe S. 255)
(siehe auch Cowkicks, Pink Fountain Triggerplant, Purple Enamel Orchid)
Körperliche Symptome:
Schlaflosigkeit, durch Träume gestörter Schlaf, Entzündungen, Schmerz.
Shenmen-Akupunkt am Ohr. (siehe S. 263)
(eventuell zusammen mit Pink Fairy Orchid, Hybrid Pink Fairy
Orchid, Cowkicks, Pink Fountain Triggerplant, Violet Butterfly)
(siehe auch Purple Flag Flower und Yellow Flag Flower)
Körperliche Symptome:
Pankreatitis, Verdauungsstörungen, Krankheiten der Harnröhre
Gallenblasen-/Pankreas-Akupunkt am Ohr. (siehe S. 254)
(siehe auch Rabbit Orchid)

Heilpfad der Seele

Alle Menschen verfügen über Widerstandskraft. Es ist immer wieder erstaunlich, wie sehr Menschen am Leben festhalten, trotz der vielen unglücklichen Umstände, die sie zu Boden werfen können. Ein lang anhaltender Kampf dieser Art läßt sich nur überleben, wenn das innere Selbst und seine Vitalität kontinuierlich Heilung finden. Wir müssen uns auch den Gründen stellen, aus denen sich diese Ereignisse immer wiederholen und müssen sehen, welche Lektion wir nicht lernen wollen und wie wir dadurch unser Elend verlängern.

Meditatives Gedicht

Reed Triggerplant

Ich stehe unter dem Springbrunnen

strahlend im Sonnenlicht,

badend bis ich ganz neu bin,

erfrischt und frei.

Alles in mir lebendig.

furchtlos

ruhig

akzeptieren

positiv

**Problembereiche
Schlüsselworte:**

böse Vorahnungen

vor Angst zitternd

Nervosität

Furcht

Im Universum geborgen

Die Essenz der Furchtlosigkeit.
Man fühlt sich im Dasein geborgen. Die Essenz erhebt uns über
Furcht und böse Vorahnungen, die
jene positiven Einstellungen und
Wege behindern, die man sich für
ein erfülltes Leben wünscht.
Gefühle namenloser Furcht, Panik
oder Todesfurcht lösen sich auf.

Mental - Anwendungen allgemein

Für jene, die sich von einer Situation überwältigt fühlen und flüchten
möchten.
Für Menschen, die auf eine scheinbare oder wirkliche Bedrohung
ängstlich reagieren.
Vor einem traumatischen Eingriff.
Für den Flüchtling, der viel Tod und Zerstörung gesehen hat.
Für Menschen, die mit Gedanken über ein Leben nach dem Tod zu tun
haben, nachdem sie erlebt haben, wie jemand gestorben ist.
Bei starken Ängsten und Nervosität.
Diese Essenz wirkt bei Furcht vor dem Unbekannten, bei Furcht vor
der Vernichtung und dem, was dabei geschehen könnte.

Die Heilung nimmt die Furcht und führt zu der Erkenntnis, wie de-
struktiv und unnötig Befürchtungen sind. Man kann der Situation nun
furchtlos entgegentreten. Egal wie irrational oder logisch die Furcht
auch immer aussehen mag, man muß mit den Realitäten des Lebens in
Kontakt bleiben, denn sie formen die wahren Herausforderungen. Indem man die furchtsame Reaktion stoppt, wird man wieder gelassen
und kann voranschreiten.

Mental - Florale Akupressur

Psychologisches Profil:
Impulsiv, panisch.
Adrenaler-Akupunkt am Ohr. (siehe S. 250)

Körper - Florale Akupressur

Körperliche Symptome:
Niedriger Blutdruck, kein Puls, Schock, Asthma, Entzündungen.
Adrenaler-Akupunkt am Ohr. (siehe S. 250)
(siehe auch Macrozamia).

Heilpfad der Seele

Im Universum gibt es lediglich die Transformation. Es gibt kein Ende.
Jeder Weg führt an einen nächsten Ort der Erneuerung. Als wir jung
waren, verloren wir unseren Babykörper und bekamen einen jugend-
lichen, den wir auch wieder verloren, um den eines Erwachsenen zu
bekommen. Wir können in diesem einen Leben bereits so viele Formen und geistige Zustände hinter uns lassen und in höhere aufsteigen,
ganz zu schweigen von mehreren Leben. Furcht führt zu nichts, sondern lenkt uns lediglich von den Herausforderungen in diesem Leben
ab und trägt uns weit fort von der lieblichen Erfahrung unserer ewigen
Seele.

Meditatives Gedicht

Ribbon Pea

Mein spiritueller Geist ist unzerstörbar und zeitlos

und reiste durch Zeit und Raum.

Ich werde geprüft, auf daß ich stark werde.

Ich genieße die Unsicherheit,

und heiße das Unbekannte willkommen,

unbesiegbar bleibe ich.

**Positive
Eigenschaften
Schlüsselworte:**

Frieden

friedselig

innere Ruhe

entspannt

**Problembereiche
Schlüsselworte:**

angespannt

gestreßt

leicht gereizt

beunruhigt

Ärger haben

Die innere Stille

Die Essenz befähigt uns, einen Ort innerer Stille, Ruhe und inneren Friedens zu hegen und zu pflegen. Sie befähigt uns, zu jeder Zeit und an jedem Ort unseren Geist zu beruhigen. Sie hilft, innere Lieblichkeit und Gelassenheit zu bewahren und nicht auf die vollkommene Umgebung zu warten, damit wir uns wohl fühlen können.

Mental - Anwendungen allgemein

Für jene, die ihre Ausgeglichenheit wahren möchten, wenn sie mit anderen Menschen zusammenleben.
Für Eltern, die sich angespannt fühlen, wenn ihre Kinder um sie sind.
Für jene, die sich dauernd in ihren eigenen „Raum" flüchten müssen, um ihre Anspannung loszuwerden. (Das ist auf Dauer keine Lösung.)
Für jene, die leicht gereizt oder angespannt sind und sich leicht gestört fühlen.
Für Menschen, die mit Menschen arbeiten.

Die Heilung stellt den Kontakt zu einem „Raum" in uns her, in dem Frieden herrscht, egal was um uns herum geschieht. Dies hilft, im eigenen Umfeld eine ruhige Atmosphäre herzustellen, auf die andere Menschen sicherlich auch positiv reagieren werden.

Körper - Florale Akupressur

Körperliche Symptome:
Morgendliche Übelkeit (Anfangsphase der Schwangerschaft), Übelkeit.
Einige Tropfen der Essenz alle paar Stunden auf den Nabel auftragen
(auch mit Black Kangaroo Paw auf den gleichen Punkt).

Heilpfad der Seele

Der Frieden ist immer in uns und kann hinaus in die Welt geschickt
werden, wo er kraftspendend und heilend wirkt. Wenn wir uns darauf
verlassen, daß die Welt uns eine friedliche Umgebung schenkt, wird
uns das frustrieren. Uns jedoch darauf zu verlassen, selbst einen inneren Ruheort zu entwickeln, führt zu bleibenden, lebenslang positiven
Erfahrungen.

Meditatives Gedicht

Rosecone Flower

Friedlich inmitten der Geschäftigkeit,

langsam inmitten der Hetzerei,

Gedanken tauchen auf und ab

in meinem inneren See.

In mir immer: Schweigen.

Durchbrechen

**Positive
Eigenschaften
Schlüsselworte:**

Durchbruch

Dynamik

inspiriert

freier Ausdruck

**Problembereiche
Schlüsselworte:**

unterdrückt

machtlos

unentschlossen

blockiert

Frei zu werden, um voranzuschreiten. Der Fokus spiritueller Energien, der fortgesetzt negative, unterdrükkende Kräfte in der Umgebung durchbricht. Die Essenz verschafft uns Schutz und Dynamik, wo zuvor Machtlosigkeit herrschte. Eine zutiefst inspirierende und äußerst subtile Blütenessenz mit großem Nutzen für Menschen, die sich dem Weg des Lichtes widmen.

Mental - Anwendungen allgemein

Für jene, die versuchen, neue Ideen zu etablieren.

Für jene, die sich machtlos fühlen, eine Situation zu ändern.

Für jene, die das Gefühl haben, sie könnten sich in ihrem Leben nicht frei ausdrücken, weil eine scheinbar unsichtbare Macht sie davon abhält.

Bei Situationen, in denen dringend Probleme gelöst werden müssen, für die es keine klaren Lösungen gibt. Wir haben die Neigung, unsere Probleme in den Hintergrund zu drängen. Daraus ergeben sich zwei Konsequenzen: Erstens wird uns das verdrängte Problem immer noch unbewußt beeinflussen, und wir können uns nur schwer wirklich entspannen. Zweitens sind wir uns des Problems weniger bewußt, wodurch auch eventuelle Lösungen im Nebel verschwinden.

Die Heilung legt sich wie ein schützender Kokon um uns, wie eine Gebärmutter, in der wir uns erholen können und Kraft und Frieden finden. Sie stimuliert uns, das Problem getrost zu akzeptieren. Wir können unser Leben weiterleben, ohne von der Sache beeinflußt zu werden und wenn uns das Leben dann eine (Teil-) Lösung des Problems bietet, sind wir voll konzentriert, können ihren Wert sehen und die Lösung anwenden. Nun liegt der Durchbruch nicht mehr fern.

Körper - Anwendungen allgemein

Als Spray in Bereichen, in denen wahrscheinlich ein Virus (beispielsweise Grippe) ausbrechen wird.

Heilpfad der Seele

In Zeiten, in denen wir Fortschritte machen und positiv arbeiten, scheint uns ein Gegenwind zu stoppen. Alte Strukturen zu durchbrechen und neue aufzubauen, ist eine große Aufgabe, für die wir ein hohes Maß an Konsequenz, Konzentration und Vitalität brauchen. Dabei hat auch die Geduld einen großen Stellenwert und das Bewußtsein, daß uns wohlwollende Kräfte zu Hilfe kommen, wenn die Zeit reif dafür ist: Wenn all diese Aspekte Hand in Hand gehen, können wir sicher sein, zu einem neuen Morgen durchzubrechen.

Meditatives Gedicht

Shy Blue Orchid

Der Weg ist klar,

die Straße gerade,

mein Geist eins

mit wohlwollenden Kräften.

Der Morgen ist nahe,

ich höre ihn schon singen.

Herausforderung

überwinden

meistern

Ausdauer

aufgeben

Stagnation

rebellisch

frustriert

Der Geist der Ausdauer

Die Inspiration, Schwierigkeiten anzugehen, indem man innere Kraft entwickelt. Die andauernde Herausforderung, innere und äußere Hindernisse zu überwinden, damit man weiterkommt. Damit man niemals aufgibt und sagt, es wäre zuviel. Hilft, zu lernen, wie man sich so lange mit etwas auseinandersetzt, bis man es gemeistert hat.

Mental - Anwendungen allgemein

Hilft, ein Handwerk oder einen Lernaspekt zu meistern.
Hilft, mit einer gesunden Disziplin anzufangen und ungesunde Süchte zu beenden.
Für jene, die leicht aufgeben, wenn Probleme auftauchen.
Für jene, die ihre Ziele nicht erreichen, weil sie es kleinen Dingen erlauben, ihnen im Weg zu stehen.
Bei Mangel an Ausdauer.
Für jene, die hart an sich arbeiten, sie sich aber von äußeren Hindernissen überwältigt fühlen und dann rebellieren.
Für jene, die von der eigenen Stagnation frustriert sind.
Für Studenten, die beim Lernen in eine Sackgasse geraten sind.
Für Jugendliche, die versuchen, das Richtige zu tun, und dann aufgeben, selbstzerstörerisch werden und rebellieren, wenn jemand versucht, ihnen über die Hindernisse hinwegzuhelfen, die sie am Glück oder Erfolg hindern.

Die Heilung bringt neue Entschlossenheit, Schwierigkeiten auch anzugehen. Mit der Ausdauer kommt auch der Lohn, und dadurch lernt man, daß die Kraft des Wunsches zu dessen Erfolg führt.

Heilpfad der Seele

Jede innere Herausforderung, die wir nutzen, um uns weiterzuentwickeln, öffnet uns die Augen dafür, wieviel Kraft in uns liegt. Wenn man eine Niederlage hinnimmt, egal wann, bleibt man stehen und erfährt Frustration und Stagnation. Es gibt viele Arten, eine Mauer zu überwinden, und nicht alle führen zum Erfolg, aber mit genügend Ausdauer findet man ohne Zweifel einen Weg über sie hinaus - unser Schicksal liegt auf der anderen Seite.

Meditatives Gedicht

Silver Princess

Berg und Tal

sind gleich,

wenn ich auf den Flügeln meines Verlangens

und mit der Kraft meines Herzens

über die Fesseln der Schwerkraft

hinaus fliege.

Die Einfachheit der Liebe

erfüllt

*innere
Zufriedenheit*

unabhängig

*Liebe für sich
selbst*

Die Essenz hilft zu geben:
einfache, tiefe und erfüllende
Liebe. Sie ermutigt zu Selbstachtung und zu einer Haltung,
anderen so zu geben, daß sie sich
dabei emotional unabhängig und
zufrieden fühlen. Gefühle der
Bedürftigkeit verschwinden und
verwandeln sich in Fürsorglichkeit, die einer selbstbewußten
Mitte entstammt.

bedürftig

verletzt

Bitterkeit

unterwürfig

fordernd

Mental - Anwendungen allgemein

Für jene, die der Mangel an Anerkennung derer, die sie geliebt haben,
desillusioniert hat.

Für jene, die andere deshalb lieben, weil sie selbst geliebt werden
möchten und nicht, weil sie die Besonderheit der Person lieben, an
der sie hängen.

Für jene, die auch denen weiterhin geben, von denen sie nicht
geschätzt werden.

Wenn man aufgrund einer bedürftigen, emotionalen Unausgeglichenheit an Menschen hängt.

Bei Gefühlen der Bitterkeit, weil man nicht versteht, was in Beziehungen schiefläuft.

Für jene, die in einer Beziehung dazu neigen, unterwürfig aber fordernd zu sein.

Die Heilung führt zu innerer Zufriedenheit und Selbstachtung, was zu
einer positiven, emotionalen Unabhängigkeit inspiriert. Nun gibt man
dort, wo das geschätzt wird, was man zu geben hat.

Heilpfad der Seele

Wenn man Liebe schenkt, wo das nicht geachtet oder gefördert wird, wirft man die Schätze seines Herzens einfach weg. Das hilft niemandem, im Gegenteil, es kann dafür sorgen, daß eine Beziehung weiterhin ungesund bleibt. Läßt man Weisheit walten, wenn man Liebe gibt, so kreiert man mehr Liebe und eine bessere Welt.

Meditatives Gedicht

Snakebush

Ein Herz voller Freude

zu geben und zu sehen

erleuchtet uns alle

und macht ein Geschenk

von bleibender Schönheit.

**Positive
Eigenschaften
Schlüsselworte:**

Optimismus

Vertrauen

Positivität

Ermutigung

**Problembereiche
Schlüsselworte:**

unterminiert

angegriffen

traurig

angespannt

kämpfen

Die Essenz des Glaubens an und des Optimismus über uns selbst und unsere Ausrichtung. Bringt uns wieder Vertrauen und Achtung für unsere Leistungen, sogar wenn überall um uns Böswilligkeit und Zweifel herrschen. Uns steht erneut Vitalität für unsere Ziele zur Verfügung, so daß wir uns aus dem Dunstkreis negativer Projektionen heraus und in den freien Raum der Positivität und des Erfolgs hineinbegeben können.

Mental - Anwendungen allgemein

Zur Wiedergewinnung des Selbstwertgefühls und Vertrauens, wenn ein anderer Negatives auf uns projiziert, egal ob das psychische Projektionen sind, oder ob er Gerüchte verbreitet oder sich heimtückisch verhält.

Damit man wieder Kraft gewinnt, voranzuschreiten, wenn andere Selbstzweifel gesät haben.

Für Menschen, die zur Zielscheibe von Negativität geworden sind und nun ihre Vitalität verlieren.

Für Menschen die - oftmals hinter ihrem Rücken - unterminiert werden und Vertrauen verlieren.

Wenn man unangenehme Gefühle im Umgang mit anderen hat, weil man ihre Motive nicht kennt.

Für jene, die Menschen vertrauen, aber bemerken müssen, daß sie mißbraucht werden und ihre Aussagen gegen sie verwendet werden.

Die Heilung bringt Selbstvertrauen und den Glauben an die eigene Ausrichtung. Man kann nun positiv am eigenen Fortschritt arbeiten und fällt nicht dem Zweifel zum Opfer.

Heilpfad der Seele

Optimismus und Vertrauen geben uns Energie und einen wachen Geist. Diese auf uns selbst bezogenen positiven Gefühle haben aber lediglich dann Bestand und halten der Prüfung durch die Negativität anderer stand, wenn sie auf den tiefen Überzeugungen unseres inneren Selbst beruhen. Alles, was den oberflächlicheren Aspekten von uns selbst entstammt, läßt sich leicht angreifen und fällt unter Druck auseinander. Unüberwindlicher Optimismus und Vertrauen entspringen tiefer Selbsterkenntnis und beruhen darauf, daß unsere Aktivitäten der edelsten Werte, derer wir fähig sind, entstammen, die wir von ganzem Herzen umarmen können.

Meditatives Gedicht

Snake Vine

Ich spüre das Lächeln im Geiste,

es sagt mir, mitzutanzen,

den Weg zu genießen,

meine Augen auf die Sonne zu richten

und keinen Gedanken an Schatten zu verschwenden.

verständnisvoll

bewußt

akzeptieren

einfühlsam

Weisheit

richten

unerfahren

verurteilend

kurzsichtig

Die Weisheit des Einfühlungsvermögens

Die Essenz des Verständnisses für andere. Stärkt das Einfühlungsvermögen und hilft zu erkennen, wie andere das Leben erfahren, und diese Einsicht in das eigene Verständnis des Lebens zu integrieren. Man sieht das Leben von einer Warte, die alle menschlichen Möglichkeiten mit einschließt und man richtet deshalb nichts und niemanden mehr. Inspiriert zur Erkenntnis, daß „mir dies eines Tages selbst passieren könnte" und hilft so, bereit zu sein für die vielen Drehungen und Wendungen, mit denen man im Leben möglicherweise konfrontiert werden kann.

Mental - Anwendungen allgemein

Für jene, die das Leben naiv angehen, weil sie zuwenig Erfahrung haben, oder weil sie zuwenig von den Erfahrungen anderer wissen. Für jene, die keine tieferen Beziehungen entwickeln können, weil sie oft oberflächlich und verallgemeinernd über andere Menschen und ihre Lage urteilen.
Für jene, die sich nicht in andere einfühlen können und die daher im Abseits bleiben.
Für jene, die traumatische Erfahrungen machen und nicht mit der Situation umgehen können, weil sie wenig Erfahrung mit solchen Situationen haben. Oftmals haben sie nicht daran gedacht, daß etwas schiefgehen könnte, oder sie haben sich nie in Menschen mit Problemen hineinversetzt. Meistens haben sie Menschen verurteilt, nach dem Motto, sie seien selbst schuld an ihren Schwierigkeiten. Wenn sie dann selbst auf Probleme stoßen, kommen sie sich völlig verloren vor, da ihnen keinerlei Weisheit zur Verfügung steht, die ihnen in ihrer Notlage helfen könnte.

Die Heilung bringt sie wieder mit anderen in Kontakt, wobei sie eine weit umfangreichere und weisere Sicht haben und gewillt und offen dafür sind, sich in die Lage anderer zu versetzen. So lernen wir etwas über die vielen Drehungen und Wendungen in unserem Leben und bereiten uns auf sie vor. Dabei erfahren wir noch den zusätzlichen Vorteil, unsere Freuden und Leiden mit unseren Nächsten zu teilen und Zusammengehörigkeit zu erleben.

Heilpfad der Seele

Die Illusion, es gäbe feste Rezepte, mit denen man die Probleme des Lebens lösen könnte, trennt die Menschen und ist ungesund für die Gesellschaft. Es ist ungesund, weil alle Menschen die gleichen Wünsche haben, nämlich Freude zu empfinden, und den gleichen Prozeß durchmachen, nämlich ihre Lektionen im Leben zu lernen, wiewohl auf eine jeweils einzigartige und individuelle Weise. Die kollektive Weisheit der Menschheit, wie man am besten schnell durch Schwierigkeiten geht und zu Freude gelangt, entwickelt sich in jeder Ära weiter. Wenn wir uns gegen die Erfahrungen anderer abschotten, wenn wir nicht fähig sind, gemeinsam zu weinen und zu lachen, wenn wir uns also von den kollektiven Lernerfahrungen abnabeln, dann bremsen wir das Wachsen sozialer Weisheit.

Meditatives Gedicht

Southern Cross

Wenn Dein Herz weint,

spüre ich das.

Wenn Du lachst,

lächele ich.

Danke mein Freund,

daß Du das Leben mit mir teilst.

Der weite Horizont

Die Essenz der selbstlosen Per-
pektive, die auch ein wahres Verständnis für den Stellenwert des
Einzelnen im großen Ganzen des
Lebens beinhaltet. Inspiriert zur
Einsicht, daß die persönlichen
Angelegenheiten nicht so wichtig
sind und alle anderen Fragen
überragen. Wenn man seine Sicht
weitet, kommt man wieder in
Berührung mit der Schönheit und
Freude, die alles Leben umgibt,
und lernt sie erneut zu schätzen.

Mental - Anwendungen allgemein

Für jene, die einen spirituelleren und selbstlosen Zustand anstreben.
Für Menschen, die in einer Familie, Gruppe oder Organisation eine
zentrale Position bekleiden und das Gefühl haben, sie seien unersetz-
lich. Oft sind sie in ihrer Gemeinschaft der Dreh- und Angelpunkt und
entwickeln daraus eine falsche Vorstellung vom Gewicht ihrer persönlichen Bedürfnisse.
Bei der Frustration, daß die Situation sich nicht so entwickelt hat, wie
man das wollte. Redet dauernd über die eigenen Probleme.
Für Menschen, die sich zu sehr auf die eigenen Gefühle und Bedürfnisse richten. Solch eine Ausrichtung ist unstillbar; diese Menschen
sind der Meinung, daß bestimmte Bedürfnisse erfüllt sein müssen,
bevor sie zufrieden sein können. Das ist aber eine Illusion, von der sie
immer weiter getrieben werden, und es gibt niemals genug, um ihren
Durst zu stillen. Dabei verhindert diese egozentrische Haltung das
Empfinden von Frieden und innerer Ruhe. Außerdem geht die Fähigkeit, sich 'selbst zu verlieren' und eins mit dem Leben zu sein, verloren.

Die Heilung weitet die Sicht, wodurch man wieder in Berührung
kommt mit der Schönheit und Freude, die alles Leben umgibt. Man
lernt diese wieder zu schätzen - das ist wahre Erfüllung.

Heilpfad der Seele

Wenn der Persönlichkeit Aufmerksamkeit gewidmet wird, bläst sie sich leicht auf und läßt sich von der eigenen Größe blenden. Die Perspektive der Seele geht verloren, was meist dazu führt, daß man Lektionen im Leben erteilt bekommt, die einem die wirkliche Bedeutung, die man hat, und die wahre Größe des kleinen Ichs im umfassenden, kosmischen Spiel vor Augen führen. Ja, dies kann sogar dann der Fall sein, wenn der Betreffende anderen dient und wesentliche, spirituelle Ziele verfolgt. Die Art und Weise, wie man die Aufmerksamkeit anderer und ihren Respekt auf sich persönlich bezieht, kann eine subtile Prüfung sein, die einem die wahre Tiefe seines spirituellen Wesens zeigt.

Meditatives Gedicht

Spirit Faces

Jenseits meiner selbst sehe ich das Licht,

tausende Lampen

zerreißen die Nacht.

Jede Lampe erleuchtet ein Gesicht,

ein kostbares Glied der goldenen Kette.

Entschlossenheit

Kreativität

offener Geist

Hoffnung

Chancen

**Problembereiche
Schlüsselworte:**

blockiert

hoffnungslos

leer

keine Optionen

Scheuklappen

Kreative Lösungen

Die Essenz öffnet uns geistig für kreative Lösungen und für den Durchbruch neuer Denkweisen. Bringt die Erkenntnis und gibt uns die mentale Kraft, in die Bereiche unendlicher Möglichkeiten und Chancen durchzudringen, die immer schon vorhanden waren. Durch die neue Kreativität und Hoffnung, wandelt sich die Lebenslage völlig.

Mental - Anwendungen allgemein

Für Menschen, die einen Ausweg aus einer anscheinend hoffnungslosen Situation suchen.

Für jene, die meinen, es gäbe keinen Ausweg aus ihrem Dilemma und sie würden überall auf verschlossene Türen stoßen. Sie haben die Hoffnung verloren.

Für jene, die meinen, sie hätten nur die Wahl aus unerfreulichen Möglichkeiten.

Für Künstler und Schriftsteller, die sich kreativ blockiert fühlen.

Für jene, denen die Entschlußkraft fehlt, um ihre Situation zu ändern.

Die Heilung öffnet unseren Geist für die zahllosen, zur Verfügung stehenden Handlungs- und Entscheidungsmöglichkeiten, die man in jeder Situation hat. Hilft dabei, die rechte Gehirnhälfte zur Entscheidungsfindung zu nutzen.

Heilpfad der Seele

Das Universum ist voller Chancen, Optionen und Möglichkeiten, was wir tun und wie wir handeln können. Unsere Denkgewohnheiten und das Festhalten an gebahnten Pfaden verschließen uns für die mannigfaltigen Gelegenheiten, die meist direkt vor unserer Nase liegen. Mit einem Dilemma konfrontiert neigen wir womöglich dazu, die Situation in einem engen Rahmen zu überdenken. Das bremst und blockiert den kreativen Fluß und es geht scheinbar nichts mehr. Wenn wir uns jedoch mit dem Universellen Geist verbinden, so ist nichts unmöglich.

Meditatives Gedicht

Star of Bethlehem

Resigniert, frustriert: das ist mein Lebenslos.

Als Du mich sahst, sangst Du

und enthülltest mir

den Wert kreativer Lösungen.

Jetzt gehe ich weiter.

Ich danke Dir.

Direktes Herangehen

Die Essenz der Direktheit und Aufrichtigkeit. Man lernt, mit schwierigen Menschen und Situationen auf wohlwollende aber effektive Art umzugehen. Unser Geist wird stimuliert, sich auf das, was wirklich und wichtig ist zu richten, und wir bringen den Mut auf, in der Kommunikation mit anderen emotionale Nebelschwaden zu durchdringen.

Mental - Anwendungen allgemein

Beim Umgang mit Menschen, die meinen, über die Macht zu verfügen, uns auszunutzen. Wenn man mit wirren Situationen umgehen muß. Für jene, die zu sensibel sind für die Folgen einer Konfrontation mit jemandem, der sie unehrlich behandelt oder sie ausnutzt, und die, was ihre Wahrheit betrifft, Zugeständnisse machen, weil jemand Macht über sie hat.
Für jene, die belastenden emotionalen Bindungen Raum geben, die nirgendwo hinführen.
Für jene, die ihren Frieden wahren wollen und mit schwierigen Fragen deshalb nicht aufrichtig umgehen.

Die Heilung befähigt, im Umgang mit schwierigen Menschen und Situationen direkt und aufrichtig zu sein. Da man sich nicht mehr vor Konsequenzen fürchtet, weigert man sich, unfairem Verhalten oder irgendwelchen Spielchen Raum zu geben. Frei vom Sumpf der Unentschlossenheit und von ungesunden, sentimentalen Bindungen führt dies meist zu Klarheit zwischen den Menschen und zu einem Lernprozeß bei jenen, die nicht klar und objektiv waren.

Mental - Florale Akupressur

Psychologisches Profil:
Abhängigkeit.
Mageneingangs-Akupunkt am Ohr. (siehe S. 251)

Psychologisches Profil:
Energie und Antrieb, die eigenen Wünsche zu erfüllen, aber keine
Energie, um der eigenen Verantwortung gerecht zu werden.
Verstopfung-Akupunkt am Ohr (siehe S. 251)

Psychologisches Profil:
Der Wunsch, in Ruhe gelassen zu werden, lethargisch.
Dickdarm-Akupunkt am Ohr (siehe S. 260)

Körper - Florale Akupressur

Körperliche Symptome:
Übelkeit, Erbrechen
Mageneingangs-Akupunkt am Ohr. (siehe S. 251)
(siehe auch Balga)

Körperliche Symptome:
Verstopfung und/oder Durchfall.
Verstopfung-Akupunkt am Ohr (siehe S. 251)
(anwenden mit Red Beak Orchid)
(siehe auch Red und Green Kangaroo Paw)

Körperliche Symptome:
Verstopfung und/oder Durchfall.
Dickdarm-Akupunkt am Ohr (siehe S. 260)
(siehe auch Red und Green Kangaroo Paw, Red Beak Orchid)

Heilpfad der Seele

Wohlwollend zu sein, kann vieles bedeuten. Wohlwollendes Verhalten ist nicht immer eine zarte und sanfte Handlungsweise. Sie kann auch sehr stürmisch sein. Dabei sind unsere Absichten im Umgang mit anderen Menschen der Schlüssel. Handeln wir aus einer ernsten und selbstlosen Gesinnung, ohne versteckte Pläne oder Vorurteile, werden wir in einer gegebenen Situation das Bestmögliche tun. Man braucht dazu eine flexible und furchtlose Einstellung, insbesondere, wenn man es mit unfairen oder unehrlichen Menschen zu tun hat, die eventuell sogar Spielchen mit einem treiben. Man sollte bedenken, daß, läßt man sich darauf ein, weil man nett sein möchte, man solche Menschen ermächtigt, immer weiter so zu verfahren, so daß sich ihr Problem nur weiter fortsetzt und sie ihr Karma beibehalten.

Meditatives Gedicht

Start's Spider Orchid

Ein freigebiges Herz,

zu Liebe bereit.

Mutig und weise,

bereit, zu lauschen.

Direkt und klar

mit Schwierigkeiten umgehen.

SWAN RIVER MYRTLE   *(Hypocalymma robustum)*

*Positive
Eigenschaften
Schlüsselworte:*

Fairneß

innere Kraft

Positivität

Einsicht

*Problembereiche
Schlüsselworte:*

*Opfer von
Unfairneß oder
unfairer Person*

*Selbstmitleid oder
Selbstrechtfertigung*

*erleidet Unrecht
oder
fügt Unrecht zu*

Der Geist der Fairneß

Die Essenz verhilft zu einer kompromißlosen Einstellung: Wir sind selbst fair und verlangen Fairneß auch von anderen. Wenn man unfair behandelt wird, regt die Essenz die innere Kraft an, sich nicht in seinen Gefühlen zu verfangen. Man gibt der Unfairneß keine Chance und verhindert so, daß man von solchen Menschen ignoriert wird. Damit tragen sie wieder selbst die Verantwortung dafür, ihr Verhalten zu überprüfen.

Mental - Anwendungen allgemein

Für Menschen, die schuldlos mit harten Realitäten konfrontiert werden; die Ungerechtigkeit erleiden und zu unklar oder nicht in der Lage sind, mit der Situation umzugehen.
Bei starken Frustrationen und dem Gefühl, ausgetrickst worden zu sein; oder
für Menschen, denen es egal ist, ob sie anderen gegenüber fair sind oder nicht.
Für unfaire Menschen, die ihr Verhalten rechtfertigen, vielleicht mit der ungerechten Behandlung, die sie selbst erfahren mußten.

Die Heilung führt zu einem gesunden Gefühl für Fairneß bei beiden Seiten einer unfairen Situation. Wer Ungerechtigkeit erleiden mußte und emotional traumatisiert ist, kann nun einen Abstand herstellen zu den Leuten, die in die Situation involviert sind. Diese klare Sicht gestattet, auf positive Weise weiter zu leben; man fühlt sich geheilt und gestärkt. Wem es andererseits egal war, ob er fair ist oder nicht, der verfügt mit der Heilung wieder über diesen wichtigen Charakterzug und kümmert sich nun darum, an welcher Stelle alle Beteiligten in einer Situation stehen.

Mental - Florale Akupressur

Psychologisches Profil:
Mißbraucht, verletzt, Opfer von Ungerechtigkeit oder Sadismus.
Milz-Akupunkt am Ohr. (siehe S. 264)
(siehe auch Cape Bluebell und Pale Sundew)

Körper - Florale Akupressur

Körperliche Symptome:
Blähungen des Unterbauchs.
Milz-Akupunkt am Ohr. (siehe S. 264)
(siehe auch Cape Bluebell und Pale Sundew)

Heilpfad der Seele

Wenn Ungerechtigkeit zu herrschen scheint, kann dies leicht rebellische Gefühle hervorrufen: „Warum sollte ich noch fair sein?" Wenn wir in einer scheinbar unfairen Lage sind, dann sind wir gefordert zu entdecken, was wir an uns und unserer Position ändern können, so daß sich die Lage verbessert. Manchmal kann das bedeuten, daß wir die innere Entschlossenheit aufbringen müssen, aus der Situation auszusteigen und uns unseren größeren Zielen zu widmen, statt diese in einer ungesunden Situation ständig Kompromissen zu unterwerfen.

Meditatives Gedicht

Swan River Myrtle

Egal, wo die guten Dinge wachsen und gedeihen,

sei bereit, dorthin zu gehen.

Eine innere Stimme zeigt den Weg dorthin,

wo Objektivität und Anstand

die Oberhand haben.

glücklich

Selbstachtung

Selbstwertgefühl

**Problembereiche
Schlüsselworte:**

Minderwertigkeit

Opfer

traurig

niedergeschlagen

Die Freude der Selbstachtung

Die Essenz positiver Anerkennung unserer inneren Gaben und Potentiale, Glück zu schaffen. Stärkt das Selbstwertgefühl und hilft, in Beziehungen die Rolle des Opfers zu überwinden. Fördert das Schaffen gleichwertiger Beziehungen und durchbricht Minderwertigkeitskomplexe.

Mental - Anwendungen allgemein

Für jene, die sich minderwertig fühlen, weil sie von geliebten Menschen unfreundlich behandelt worden sind.
Für Menschen, die sich „niedergeschlagen" fühlen, nachdem eine Beziehung in die Brüche gegangen ist.
Für den „Underdog" in einer gegenwärtigen Beziehung.
Bei Traurigkeit und verletzten Gefühlen; wenn man von Menschen, die man liebt, nicht unterstützt wird.

Durch die Heilung richten wir unseren Blick wieder auf unsere innere Schönheit und Einzigartigkeit. Der Geist leuchtet wieder auf mit positiven Gefühlen der Selbstachtung und blickt auf die zukünftigen Liebesideale.

Heilpfad der Seele

Es ist die reinste Freude, das innere Licht zu schauen. Der einzigartige Glanz jedes Wesens kann andere glücklich machen. Auch wenn einige es nicht zu schätzen wissen, so ändert das doch nichts an der Tatsache unserer Ausstrahlung - lediglich ihre Ausrichtung ändert sich.

Meditatives Gedicht

Urchin Dryandra

Alle meine Talente und Gaben

sind für alle da.

Laßt uns die Schönheit teilen

unserer strahlenden Seelen,

laßt uns dieses Fest feiern.

Weisheit

Koordination

integriert

nimmt

Verantwortung

desillusioniert

enttäuscht

kritisch

unrealistisch

Gemeinsame Ideale verwirklichen

Die Essenz der Verantwortung, ein gemeinsames Ideal zu verwirklichen. Dazu gehört auch, die Schwierigkeiten in der persönlichen Interaktion zwischen den Gruppenmitgliedern auf sich zu nehmen, sie weise zu integrieren und zu koordinieren. Man sieht nun klar, wie man zwischenmenschliche Probleme angehen kann, akzeptiert die Realität der Gruppendynamik und kann seinen Idealismus beibehalten. Man wirkt mit, fördert das Positive und geht effektiv mit Negativität um.

Mental - Anwendungen allgemein

Für jene, die es aufgegeben haben, in Gruppen arbeiten zu können; die kritisieren, was schiefgeht, aber selbst keine Verantwortung übernehmen; die nicht bereit sind, zu tun, was nötig ist, damit die Gruppe positiv funktioniert.
Für jene, die ihren Idealismus, daß man die Probleme der Welt lösen könne, wegen der offensichtlichen Schwierigkeiten menschlicher Zusammenarbeit verloren haben.
Für Menschen, die sich im Gruppenleben auf Probleme statt auf Lösungen konzentrieren.
Für Menschen, die alle Hoffnung auf ein harmonisches Familienleben verloren haben.
Für Paare, die keinen Weg finden, ihre unterschiedlichen Bedürfnisse und Wünsche miteinander zu vereinbaren.

Die Heilung verschafft eine umfassende Sicht auf die Probleme, die in der Zusammenarbeit zwischen Menschen entstehen können. Sowohl die individuellen als auch die gemeinsamen Lösungen werden wieder etwas, woran man arbeiten kann, und man nutzt Koordination, Weisheit und Geduld im Umgang mit jedem Problem. So findet man aus der Sackgasse, empfindet wieder Optimismus und kommt erneut voran. Inspiriert zu konstruktiver Arbeit mit der Gruppe und lenkt den Fluß und das Wachstum in gesunde Bahnen, trotz der vorhandenen Ego-Problematik, unehrlicher Kommunikation und weiterer, häufig vorkommender, destruktiver Elemente.

Körper - Anwendungen allgemein

Lokal bei Körperarbeit, fördert die Koordination und Verbindung zwischen Körperbereichen, die isoliert voneinander funktionieren. Verbessert die Koordination von Nervenimpulsen.
Beispiele: Eine verhärtete Schulter, in welcher der Blutkreislauf nicht ausreichend funktioniert und Ablagerungen, wie etwa Harnsäure, nicht wegschwemmt. Fehlerhafte Botschaften des Gehirns, die sporadisch vom Körper aufgenommen werden, wie in Fällen von Gehirnlähmung, Muskeldystrophie, Zittern oder Spasmen, Attacken.
(anwenden mit Leafless Orchid)

Mental - Florale Akupressur

Psychologisches Profil:
Schlechte Meinung von sich haben, sich als nutzlos und dumm empfinden.
Herz-Akupunkt am Ohr. (siehe S. 255) (siehe auch Cowslip Orchid)

Körper - Florale Akupressur

Körperliche Symptome:
Hysterie, Herzklopfen, Arrhythmie.
Herz-Akupunkt am Ohr. (siehe S. 255)
(siehe auch Cowslip Orchid)
Körperliche Symptome:
Bei Schmerz und Unwohlsein.
Wirbelsäulen-, Nacken- und Gelenk-Akupunkte am Ohr.
(siehe S. 256-259 und 265-260)
(evtl. anwenden mit Leafless Orchid)
(siehe auch Dampiera, Macrozamia, Menzies Banksia, Purple Flag Flower)

216

Heilpfad der Seele

Jeder Mensch hat seine Talente und Probleme. Es ist eine enorme Herausforderung, die unterschiedlichsten Charaktere an einem gemeinsamen Ziel arbeiten zu lassen. Aber es ist möglich: Man muß lediglich das Ziel vor Augen haben und dabei niemals die individuellen Bedürfnisse der Beteiligten aus dem Auge verlieren. Wenn die ganze Gruppe sich dafür engagiert, allen Mitgliedern durch ihre individuellen Blockierungen und Schwierigkeiten zu helfen, profitieren alle und man empfindet sich als eine echte Einheit. Dies befähigt die Gruppe, sowohl das gemeinsame Ziel zu erreichen als auch den Alltag als Gemeinschaft zu genießen.

Meditatives Gedicht

Ursinia

Jeder Mensch

ist eine unvollkommene Knospe

in einem vollkommenen Blütenkranz,

an der sich die Welt ergötzt

als ein Geschenk der Schönheit.

Brücken schlagen

Die Essenz der Selbstentfaltung und Selbstenthüllung. Man begegnet den Herzen der anderen. Man richtet seine Sensibilität wieder darauf, andere zu erreichen, und bemüht sich um gegenseitiges Verständnis. Inspiriert zu Kommunikation und zum Austausch, durchbricht Isolation und Einsamkeit.

Mental - Anwendungen allgemein

Für jene, die traurig sind und sich einsam und allein fühlen; die meinen, niemand kenne sie wirklich.

Für jene, die sich mißverstanden fühlen und sich aus Angst vor Ablehnung von anderen fernhalten.

Bei Entfremdung von einer Familie oder Gruppe.

Für jene, die den Verlust eines geliebten Menschen betrauern und nun glauben, sie wären für immer allein.

Die Heilung bewirkt eine Umkehr, so daß man sieht, wie man zu anderen Kontakt aufnehmen und sich selbst frei äußern kann, ohne sich darum zu kümmern, wie man aufgenommen wird. Öffnet man sich für Menschen und heißt sie in Freundschaften und Beziehungen willkommen, so gibt man dem Glück eine neue Chance.

Heilpfad der Seele

Wenn alle einsamen Menschen alle Hilfsbedürftigen aufsuchen würden, blieben weder einsame noch hilfsbedürftige Menschen übrig. Vor unserer Tür wartet die ganze Welt atemlos darauf, daß wir einen Schritt tun. Sollen wir darauf warten, bis es klopft, oder gehen wir einfach hinaus?

Meditatives Gedicht

Veronica

An jedem Ort der Erde

wartet ein Freund darauf,

entdeckt zu werden.

Ich singe ein Willkommenslied

auf meinem Weg.

Positive
Eigenschaften
Schlüsselworte:

Erneuerte
Kapazität

wieder lieben

Gesundung

ganz

Problembereiche
Schlüsselworte:

emotional am
Boden

Trauma

überwältigt

Wieder lieben

Die Essenz läßt uns wieder gesunden, so daß wir offen für die Erfahrung der Liebe sind. Heilt verletzte Sensibilitäten und emotionale Schmerzen; lindert Streß. Richtet bei Niedergeschlagenheit wieder auf und führt zu einer schnellen Erholung der verstörten Gefühle, so daß man sich schon bald wieder dem übrigen Leben zuwenden kann.

Mental - Anwendungen allgemein

Für Menschen, die unter dem Schock einer Trennung leiden.
Zur Erholung von einem emotionalen Trauma.
Wenn man sich niedergeschlagen fühlt und sich nicht mehr vorstellen kann, sich ganz und gut zu fühlen. Es ist unter solchen Umständen gewiß nicht leicht, Kraft zu sammeln, um das emotionale Gleichgewicht wiederzuerlangen und sein Leben weiterzuleben.

Mit der Heilung verschwinden solche Traumen relativ schnell. Sie besänftigt und heilt die Gefühle und durchdringt uns mit Vitalität und Kraft. Nun sind wir wieder in der Lage, uns für das zu öffnen, was die Liebe vermag.

Körper - Florale Akupressur

Körperliche Symptome:
Schlaflosigkeit, durch Träume gestörter Schlaf, Entzündungen, Schmerz.
Shenmen-Akupunkt am Ohr. (siehe S. 263)
(siehe auch Hybrid Pink Fairy Orchid, Yellow Flag Flower, Purple Flag
Flower, Cowkicks, Reed Triggerplant, Pink Fountain Triggerplant.
Schau, welche Essenz im einzelnen oder als Kombination zur
Situation paßt).

Heilpfad der Seele

Man sollte nie die Macht emotioneller Erfahrungen unterschätzen,
insbesondere in Herzensangelegenheiten. Unsere Verbundenheit mit
anderen Menschen kann uns auch für Traumen öffnen und uns wie
betäubt zurücklassen. Die Heilung verbindet uns mit unserem Wesenskern, und unser Glaube an die Liebe und die Menschen wird wiederhergestellt. Dank der neu erworbenen Weisheit können wir die Liebe
wieder wertschätzen.

Meditatives Gedicht

Violet Butterfly

Mein liebevolles Wesen war verwundet und traurig.

Das Violett der Morgendämmerung

erneuerte meine Hoffnung,

und badend in diesem Licht

liebe ich wieder.

Weltklug

*Positive
Eigenschaften
Schlüsselworte:*

wachsam

weise

reif

bewußt

verantwortungsvoll

Die Essenz stabilisiert die mentale Ausrichtung und inspiriert dazu, den Realitäten und Konsequenzen unserer Entscheidungen ins Auge zu blicken. Man achtet wachsam auf alle Aspekte einer Situation und ist bereit, sie alle zu berücksichtigen. Man hat eine weise und reife Sicht auf das Leben. Hilft unnötige Gefahren zu vermeiden.

*Problembereiche
Schlüsselworte:*

naiv

zerstreut

verletzlich

*meidet
Konfrontation mit
Realität*

Mental - Anwendungen allgemein

Für oberflächliche, naive Menschen.

Für Teenager, denen nicht klar ist, wie sehr sie sich Gefahren aussetzen.

Für Menschen, die nicht an die Konsequenzen ihres Handelns denken möchten und sich daher unverantwortlich verhalten.

Für jene, die sich über Vorsicht lustig machen; bei Rebellion gegen Vorsicht.

Für Menschen, die sich wirr verhalten und die Neigung haben, wichtige Themen zu übergehen.

Für jene, die sich mir nichts, dir nichts, in Situationen begeben, für die sie noch nicht reif sind.

Ein stabiler, wachsamer und bewußter Geist hilft uns, Gefahren aus dem Weg zu gehen. Wenn gewisse Elemente unseres Wesens eine Abneigung haben gegen bestimmte Realitäten des Lebens, so geht man möglicherweise wirr und gedankenlos an wichtige Themen heran, denn man will der Wahrheit nicht ins Auge sehen. Dann kann uns lediglich noch ein Glücksfall vor den Konsequenzen unserer Entscheidungen und (unterlassenen) Handlungen bewahren. Naivität in Verbindung mit einem Mangel an Bewußtheit oder Verantwortungslosigkeit kann solch einen Menschen und seine Nächsten in ein unnötiges Trauma stürzen.

Die Heilung stabilisiert die mentale Ausrichtung, so daß man den Realitäten des Lebens ins Auge blickt. Die Weisheit guter Entscheidungen und die Konsequenzen schlechter Entscheidungen sind nun klar. Hat man das erst einmal erreicht, so sind Spaß und Abenteuer angenehm und bergen keine heimlichen Gefahren.

Heilpfad der Seele

Es liegt mehr Glück auf dem Weg, nach Weisheit Ausschau zu halten, als Gefahren zu ignorieren. Suchen wir nach Weisheit, und wollen wir das Leben verstehen, so gibt uns das viel mehr Freiheit und hat positive Konsequenzen. Gefahren tollkühn zu ignorieren, in der Hoffnung, daß uns schon nichts Schlimmes passieren wird, beläßt uns in einem Zustand, in dem wir aus Schaden klug werden müssen. Naivität schützt nicht vor den Konsequenzen unserer Entscheidungen. Weisheit jedoch läßt uns die Wahl: Wir können entscheiden, welche Schwierigkeiten wir bewältigen können, und welche wir meiden sollten.

Meditatives Gedicht

Wattle

Heute weiß ich wenig.

Morgen werde ich mehr wissen.

Jeder Schritt bringt mich

dem Verständnis näher,

was hinter vielen Schleiern und Schichten verborgen ist,

und welcher Schlüssel in welche Tür paßt.

**Positive
Eigenschaften
Schlüsselworte:**

verbunden

ganz

wieder integriert

klarer Kopf

**Problembereiche
Schlüsselworte:**

nebulös

nicht verbunden

orientierungslos

ohnmächtig

Streß

Angst

Die Einheit des Wesens

Die Essenz verschafft uns wieder Kontrolle über alle Aspekte unseres Wesens. Sie integriert die fein-stofflichen und grobstofflichen Körperebenen zu einem funktio-nierenden Ganzen. Man ist bei allem, was man tut, mit ganzem Herzen dabei, weil Wünsche und Handlungen eins sind. Das Konzen-trationsvermögen wird gestärkt und die Nebel in uns lichten sich. Die Verbindung zwischen Körper und Geist wird, nach Streß oder Trauma, wieder stärker.

Mental - Anwendungen allgemein

Für jene, die sich nur halbherzig auf ihre Aktivitäten einlassen.
Für jene, die ihr Leben nicht ganz akzeptieren können und sich praktisch richtungslos treiben lassen.
Für jene, die wie eine Maschine durch den Tag gehen, weil sie nicht bei der Sache sind.
Für Menschen, die einen Schock oder ein Trauma mit starken Angst-zuständen erleiden mußten.
Für jene, die sich vom Leben entfremdet haben, die nicht geerdet sind und sich leicht von starken Ereignissen mitreißen lassen.
Wenn die Verbindung zwischen Körper und Geist schwach ist und der Betreffende dazu neigt, nebulös und schwammig zu sein.
Für jene, die befürchten, daß sie unter Streß den Verstand verlieren.
Bei Ängsten, deren Ursprung unbekannt ist.

Die Heilung integriert Geist und Körper zu einem Ganzen, das Widerstandskraft und Dynamik hat.

Körper - Anwendungen allgemein

Bei Schläfrigkeit und Desorientierung auf die Stirn.
(anwenden mit Cowkicks)

Körper - Florale Akupressur

Körperliche Symptome:
Ohnmacht, Delirium, Nachwirkungen von Anästhesie.
Extra Sechs-Akupunkt am Kopf. (siehe S. 272)
Die Essenz alle zehn Minuten direkt auf den Punkt auftragen.

Heilpfad der Seele

Damit die Seele Erfolg in ihrer physischen Inkarnation hat, müssen
Körper und Geist eine harmonische und passende Beziehung eingehen. Die Harmonisierung und Integration von Körper und Geist fördert
die Fähigkeiten der Seele, ihre Ziele zu erreichen. Aus diesem Grund
praktizieren die Yogis Hatha Yoga. Wir müssen ganz werden, damit
wir vital genug sind, unser Leben richtig zu leben und auf allen Ebenen zugleich Fortschritte zu machen. Man muß alle Elemente von
Körper, Geist und Seele hegen und pflegen, denn dann wirken sie
gemeinsam zu unserem Wohlsein.

Meditatives Gedicht

West Australian Smokebush

Ich bin eins mit mir.

Mein Geist umfängt meinen Körper

in liebevoller Umarmung,

und um meine Seele schmiegt sich das Licht.

Vital und vollkommen

erstrahlt mein Wesen.

*Positive
Eigenschaften
Schlüsselworte:*

Klarheit

Perspektive

beobachten

Objektivität

**Problembereiche
Schlüsselworte:**

verstrickt

vorgefaßte Meinung

reaktiv

unklar

Den Nebel durchschauen

Die Essenz klärt komplexe Zusammenhänge, indem sie uns das Leben ruhig beobachten läßt und wir es so sehen, wie es ist. Sie fördert die Entschlußkraft und hilft uns, innere Ausgeglichenheit, Ausdauer und Ausrichtung im Leben zu wahren. Es entwickelt sich eine weite und frische Sicht, die sogar in chaotischen Situationen die unterschiedlichen Entwicklungen von Ort, Zeit und Person berücksichtigt. Man durchschaut den wirren Ereignisknäuel und sieht, was in Wirklichkeit geschieht.

Mental - Anwendungen allgemein

Für jene, die die Fähigkeit missen, komplexe Zusammenhänge differenziert zu sehen, weil sie keine klaren Entscheidungen treffen können oder zu sehr an ihrer vorgefaßten Meinung festhalten.
Bei komplizierten Problemen, die Verwirrung und Streß verursachen.
Für jene, die auf vereinzelte Ereignisse reagieren und die Lage, aus der sie hervorgehen, nicht überschauen können.

Die Heilung stimuliert uns, die Situation als Ganzes zu betrachten und dementsprechend zu handeln, statt auf die vielen einzelnen Ereignisse zu reagieren, die der Gesamtlage der Dinge entspringen. Diese Klarheit hilft uns zu entscheiden, wie wir am besten damit umgehen können.

Mental - Florale Akupressur

Psychologisches Profil:
Zu viele neue Ideen, zuviel Input, Chaos, unfähig, die Dinge zu Ende zu bringen oder etwas zu schaffen.
Lungen-Akupunkt am Ohr. (siehe S. 261)

Psychologisches Profil:
Die Überzeugung, man sei ungeschickt oder dumm.
Stirn-Akupunkt am Ohr. (siehe S. 253)
(siehe auch Brachycome)

Psychologisches Profil:
Wenn man zu stark und ungeachtet eventueller Konsequenzen vorwärts drängt und dabei beispielsweise seine Gesundheit ruiniert und/oder außer seinem Ziel alles vernachlässigt.
Schilddrüsen-Akupunkt am Ohr (siehe S. 268)

Psychologisches Profil:
Selbstgerecht, urteilt gerne, intolerant bei Fehlern anderer. Die Neigung eine Position der Stärke auch zu nutzen: „Was gut ist, steht mir verdientermaßen zu; ich verdiene es, gut behandelt zu werden."
Leber-Akupunkt am Ohr (siehe S. 261)

Körper - Florale Akupressur

Körperliche Symptome:
Husten, Asthma.
Lungen-Akupunkt am Ohr. (siehe S. 261)
(siehe auch Brachycome, Yellow Leschenaultia)

Körperliche Symptome:
Kopfschmerz, Benommenheit, Schlaflosigkeit.
Stirn-Akupunkt am Ohr. (siehe S. 253)
(siehe auch Brachycome)

Körperliche Symptome:
Hepatitis, Hypochonderschmerzen, Augenkrankheiten.
Leber-Akupunkt am Ohr (siehe S. 261)
(siehe auch Blue Leschenaultia)

Heilpfad der Seele

Wenn man nicht klar sieht, was geschieht, reagiert man schnell auf Impulse oder versinkt so tief in Problemen, daß man keinen Anteil mehr an der Lösung hat. Mit einem klaren Geist, der das große Ganze sehen kann, können wir daran arbeiten, die besten Resultate zu erzielen.

Meditatives Gedicht

White Eremophila

Wie ein Adler schau ich hinab

auf die Landschaft, sehe

jeden Menschen, jedes Gefühl

wie Bäche in Flüsse münden

und Flüsse ins Meer.

Seelensucher

Die Essenz deckt den tiefen, spirituellen Kern auf. Die Essenz innerer Stille, die uns ermutigt, die Schleier zu lüften, um die Ebene der Seele zu erreichen. Inspiriert uns, das höhere Selbst unser Leben integrieren zu lassen und von einer universellen Warte aus zu agieren statt persönlichen Ansichten nachzugehen, das heißt, die bei unserem gegenwärtigen Entwicklungs-stand höchstmögliche Warte zu nutzen.
Hilfreich bei der spirituellen Praxis, beispielsweise bei der Meditation.

Mental - Anwendungen allgemein

Für spirituelle Aspiranten, Meditierende.
Für Menschen, die plötzlich vor einer schwierigen Herausforderung stehen.
Wenn man keine innere Ruhe finden kann.
Für jene, die in schweren Zeiten eine neue und klügere Perspektive suchen.
Für jene, die emotional frustriert und irritiert sind, weil ihre Bestrebungen oder Wünsche nicht erfüllt wurden. Wenn das eine Weile andauert, bekommt der Betroffene möglicherweise das Gefühl, daß das Leben unfair ist, und dieses Denken verstärkt das Problem nur.

Die Heilung besänftigt den Gefühlsaufruhr. Man kann die Schönheit und Liebe eines Lebens jenseits der Grenzen persönlicher Wünsche und Zu- und Abneigungen sehen. Anstatt frustriert zu werden, folgt man dem Fluß und kann einen ganz neuen Horizont der Schönheit erfahren und genießen. Die Essenz stimuliert zu Wunschlosigkeit und fördert dabei die Fähigkeit, zu genießen, was das Leben hier und jetzt zu bieten hat. Auf der spirituellen Seite stimuliert es zu innerer Zufriedenheit und einem wunschlosen Dasein.

Mental - Florale Akupressur

Psychologisches Profil:
Hyperaktive Sexualität, starkes Verlangen nach Aufregung und Spaß.
Genitalien-Akupunkt am Ohr. (siehe S. 254)
(anwenden mit Purple Nymph Waterlily)

Körper - Florale Akupressur

Körperliche Symptome:
Impotenz, sexuelle Frigidität.
Genitalien-Akupunkt am Ohr. (siehe S. 254)
(evtl. anwenden mit Purple Nymph Waterlily)
(siehe auch Macrozamia und Balga (Impotenz))

Heilpfad der Seele

Die Seele wartet geduldig darauf, daß der ruhelose Geist still wird,
jener Geist, der uns auf seiner Suche nach Erfüllung mal hierhin, mal
dorthin zerrt. Wenn sie nicht auf das universelle Ziel ausgerichtet
sind, führen uns unsere mentalen Wünsche auf manch frustrierende
Pilgerfahrt. Dennoch bleibt der klare Spiegel unseres Bewußtseins
unberührt - damit wir den Kern erreichen, muß sich unser Geist der
Seele hingeben.

Meditatives Gedicht

White Nymph Waterlily

Ich steige empor aus dem Sumpf der Wünsche,

hinauf ins Wasser, die Luft und die Sonne.

Ich steige auf,

rein und weiß,

und schaue das Licht,

ruhend in der Stille.

Positive Eigenschaften Schlüsselworte:

bewahren

erhält Liebe aufrecht

darüber hinausgehen

Sinn

Problembereiche Schlüsselworte:

überwältigt

Traurigkeit

Qual

introvertiert

Abneigung

Die Essenz hilft, auch die dunkelsten Ecken des Universums mit Liebe und Fürsorge zu erfüllen, ohne sich vom intensiven und bisweilen überwältigenden Leiden um uns herum zerstören zu lassen. Für alle, die aus diesem Planeten eine bessere Welt für alle machen wollen. Inspiriert Menschen in fürsorglichen Berufen und Freiwillige, weil man eine umfassende Sicht auf den Sinn des Schmerzes auf der Reise der Seelen vermittelt bekommt.

Mental - Anwendungen allgemein

Für jene, die humanitäre Ziele verfolgen, aber den Qualen nicht gewachsen sind. Das kann zu Traurigkeit und Introvertiertheit führen. Für Menschen, die den Schmerz anderer mitempfinden und zu sehr gelähmt sind, als daß sie die Situation ändern könnten.
Für den fürsorglichen Menschen, der nicht weiter weiß.
Für Idealisten, die mißbraucht wurden und das Leben nun als unerträglich hart empfinden.

Die Heilung befähigt uns, das Leid anderer mitzufühlen, ohne vom Kurs abzuweichen oder uns zu sehr von unsensiblen Handlungen stören zu lassen. Dadurch sind wir nun besser in der Lage, Leiden zu lindern, ohne uns nach einer Weile ausgebrannt zu fühlen. Denn schließlich ist Heilungsarbeit von wesentlicher Bedeutung für eine bessere Welt.

Heilpfad der Seele

Leiden scheint so sinnlos zu sein, daß wir schwer etwas Gutes darin entdecken können. Es gibt uns das Gefühl, die Welt sei unfreundlich und verteile den Schmerz nach dem Zufallsprinzip. An diesem Punkt hilft uns die spirituelle Perspektive weiter, nicht indem sie uns vor schmerzlichen Wirklichkeiten abschirmt, sondern indem sie uns die segensreichen Lebensprozesse erkennen läßt, die uns zu Phasen der Regeneration und Erneuerung tragen. Wenn wir das verstehen, sind wir eine bessere Hilfe bei diesen Prozessen und können sie beschleunigen, wobei wir fast nebenbei unseren Glauben an das Gute im Leben wiedergewinnen.

Meditatives Gedicht

White Spider Orchid

Ich gebe Dir eine Welt der Liebe,

voll lieblicher Umarmungen.

Menschen: Teil einer Bruderschaft

gegenseitiger Unterstützung.

Alle gebrochenen Herzen heilen,

badend in Licht.

232

**Positive
Eigenschaften
Schlüsselworte:**

erforschen

offen

Mut

glücklich

**Problembereiche
Schlüsselworte:**

übervorsichtig

pessimistisch

ängstlich

Sorgen

Der Geist des Optimismus

Die Essenz des Optimismus und der Erforschung neuer Möglichkeiten. Führt zu einem Gleichgewicht zwischen Vorsicht und mutigen Entscheidungen. Man ist nun fähig, sich trotz unbekannter Folgen vertrauensvoll auf neue Chancen einzulassen, damit man sich nicht selbst um die Erfahrungen des Lebens bringt.

Mental - Anwendungen allgemein

Für jene, die sich der positiven Seite des Lebens mehr öffnen und wieder Freude fühlen möchten.

Für Menschen, die zu Fatalismus neigen und dem Leben gegenüber generell negativ eingestellt sind. Deshalb können sie wesentliche Chancen, glücklich zu werden, nicht wahrnehmen (manchmal nennt man sie auch „Spielverderber").

Bei einer Neigung zu Sorgen und Pessimismus.

Wenn man an niemanden ein gutes Haar lassen kann.

Für Menschen, die sich andauernd beschweren.

Für jene, die ständig besorgt sind, wie die Dinge laufen, oder ob auch alles klappen wird, und somit depressiv werden oder der Melancholie verfallen.

Für ältere Menschen, die dem Leben nichts Positives mehr abgewinnen können und die die Gewohnheit haben, alles niederzumachen.

Durch die Heilung können wir das Leben erneut optimistisch umarmen und unsere Einstellungen fördern das Positive und haben guten Erfolg.

Mental - Florale Akupressur

Psychologisches Profil:
Nervosität, besorgt darüber, was alles passieren könnte.
Sympathikus-Akupunkt am Ohr. (siehe S. 267)

Körper - Florale Akupressur

Körperliche Symptome:
Krankheiten der Verdauung und des Kreislaufs.
Sympathikus-Akupunkt am Ohr. (siehe S. 267)
(siehe auch Blue China Orchid)

Heilpfad der Seele

Man gewöhnt sich allzu leicht an eine Einstellung, die überall nur
Fehler sieht. Solch eine Orientierung schafft eine Art Gravitation, die
alles Positive wie ein schwarzes Loch in sich aufsaugt. Damit man
diese Ausrichtung wieder los wird, braucht man viel Heilung und
Kraft. Weit besser ist es, sich gar nicht erst auf solch eine Gesinnung
einzulassen. Wenn wir also sehen, daß Neigungen dieser Art in uns
auftauchen, sollten wir uns schleunigst damit auseinandersetzen,
bevor sie uns und anderen schaden.

Meditatives Gedicht

Wild Violet

Ja klingt warm und einladend.

Lachen verbindet

die Menschen.

Freude ist ein kostbares Geschenk,

das darauf wartet,

ausgepackt zu werden.

Positive Eigenschaften Schlüsselworte:

ıbe an den Erfolg

Optimismus

ıeuter Idealismus

'roblembereiche Schlüsselworte:

fatalistisch

mutlos

unsicher

traurig

Defätist

Verwirklichung eines Traumes

Die Essenz der Überzeugung, erfolgreich zu sein. Man faßt neue Ziele ins Auge, ohne eine unvermeidliche Niederlage zu befürchten. Wir verlieren nicht den Mut, sondern fachen das Verlangen an, mit unseren Idealen voranzukommen, auch wenn wir dafür kämpfen müssen und es schwierig ist. Hilfreich in langen, ermüdenden und scheinbar sinnlosen Phasen auf dem Weg zur Erfüllung unserer Bestrebungen.

Mental - Anwendungen allgemein

Für jene, die bei der Verwirklichung ihrer Ziele nicht voranzukommen meinen. Sie bleiben stecken und sehen nur noch mehr Probleme und Schwierigkeiten auf sich zukommen, wenn sie weitergehen würden.
Für den traurigen, erschöpften Idealisten.
Für Mutlose, die sich nicht sicher sind, wie es weitergehen soll und deshalb davor zurückschrecken weiterzumachen.
Wenn man bei einer langwierigen und harten Aufgabe die Inspiration verliert.
Wenn die Bürde, die man im Leben trägt, zu schwer wird und man, bezogen auf seine liebsten Bestrebungen, eine Niederlage für unvermeidlich hält. Man bleibt stecken und fühlt sich der Lage nicht gewachsen, wodurch sie nur noch schlimmer wird.

Die Heilung verschafft die Inspiration, Kraft und Vitalität, über den Dingen zu stehen und sie erfolgreich anzugehen, egal wie müde man sich fühlt. Man kümmert sich nun um die Aufgaben und zwar Schritt für Schritt, so daß man nicht mehr von der Menge überwältigt wird, die man anscheinend noch bewältigen muß. Man fühlt sich den alltäglichen Problemen nicht mehr verhaftet und fühlt dennoch eine neue Begeisterung, sich mit ihnen auseinanderzusetzen.

Mental - Florale Akupressur

Psychologisches Profil:
Weil man die eigene Bürde für erdrückend hält, ignoriert man
potentiell problematische Themen.
Zwerchfell-Akupunkt am Ohr. (siehe S. 252)

Körper - Florale Akupressur

Körperliche Symptome:
Schluckauf, Gelbsucht.
Zwerchfell-Akupunkt am Ohr. (siehe S. 252)
(siehe auch Black Kangaroo Paw)

Heilpfad der Seele

Was tun, damit wir, inspiriert von einer Vision der Liebe, unsere
wichtigsten Ziele und tiefste Sehnsucht niemals aufgeben? Wir müssen
lediglich das Ziel im Auge behalten und unsere Fähigkeiten auf allen
Ebenen nutzen, um die jeweiligen Hindernisse zu überwinden. Diese
können jede Form oder Größe annehmen und anscheinend kein Ende
haben, und dennoch haben wir nach jeder Wegversperrung die
Möglichkeit, die Tiefen unserer inneren Schätze auszuloten und uns
ein neues Potential anzueignen.

Meditatives Gedicht

Woolly Banksia

Der Siegespreis ist mein,

schon wenn ich ihn erstrebe.

Er lag schon in mir

seit zahllosen Äonen.

Das gibt mir die Kraft, weiterzumachen,

bis ich ihn in Händen halte.

*perspektivisches
Selbst*

Demut

Objektivität

dramatisch

übertreiben

egoistisch

Der Geist der Demut

Die Essenz der höheren Sicht und der Demut. Geht den Glitzerfallen der Selbstüberheblichkeit aus dem Weg, so daß man das Leben objektiv betrachten kann. Man macht stetig Fortschritte und läßt sich nicht von Dramen ablenken. Hilft, die Relevanz zentraler Fragen zu sehen. Integriert die Persönlichkeit mit der Seele, das persönliche mit dem spirituellen Ich.

Mental - Anwendungen allgemein

Für Menschen, die zu Übertreibungen neigen und sich selbst in den Mittelpunkt stellen.

Für jene, die nicht fähig sind, ihre wirkliche Bedeutung einzuschätzen, und die keine ausgeglichene Sicht aushalten, in der sie selbst nicht im Mittelpunkt stehen.

Wenn man alles dramatisiert und Gutes vor allem mit dem Mundwerk tut.

Für Menschen, die sich selbst für außerordentlich wichtig halten und das zum Mittelpunkt ihres Lebens machen. Wenn sie im Laufe der Zeit nicht den gewünschten Respekt bekommen oder verehrt werden, wächst ihr Desinteresse und ihre Unklarheit und sie ziehen sich mental und emotional dorthin zurück, wo sie ihr übergroßes Selbstbild befriedigen können.

Die Heilung führt auf eine Reise, bei der man sich selbst vergißt. Man spürt die Liebe, die Kraft und das Genie der universellen Einheit und erkennt, daß jeder nur ein kleines Bewußtseinselement im weit bedeutenderen, universellen Fluß der Liebe ist.

Heilpfad der Seele

Das persönliche mit dem spirituellen Ich zu integrieren, ist der Sinn der spirituellen Aufgabe. Das persönliche Ich ist immer an seine eigene Bedeutsamkeit und Fähigkeiten gefesselt, während das spirituelle Ich sich als Glied des universellen Körpers des Lebens betrachtet. Solch ein Verständnis ermöglicht es dem Einzelnen, sich von erleuchteter Warte aus zu betrachten: Das Universum kann ohne unseren Beitrag auskommen, aber wir können nicht ohne die Unterstützung des Uni-versums auskommen. Das ist der wahre Geist der Demut.

Meditatives Gedicht

Woolly Smokebush

Seele, Geist und Form zusammen,

das ist mein Leben.

Die enorme Farbvielfalt, zu der ich gehöre,

gestaltet das Universum.

Alle Farben ergänzen sich,

formen ein einziges Bild, ein Gesamtkunstwerk.

Der Wert von Fehlern

Die Essenz der Toleranz und des Verständnisses. Die Erkenntnis, daß es einen Wert hat, Fehler zu machen, weil man daraus lernt, insbesondere unter der Leitung eines ernsthaften und wohlwollenden Menschen. Man ist sensibel und versucht, sich und andere auf sanfte Weise zu lehren und nicht hart zu beurteilen.

Mental - Anwendungen allgemein

Für den strengen Zuchtmeister.
Für jene, die Fehler nicht mit ansehen können, dazu neigen, die Sache zu übernehmen und es selbst zu machen.
Für Eltern oder Chefs, die nicht genügend Geduld besitzen, jemandem ganz ruhig zu zeigen, wo er fehlgegangen ist, oder wo sein Handeln nicht angemessen war.
Für jene, die bei sich selbst und bei anderen höchste Maßstäbe anlegen, wobei die Lernkurve aus Fehlern nicht berücksichtigt wird. Wenn Fehler auftreten oder Dinge schiefgehen, betrachten sie das als Niederlage und strafen sich selbst oder die betreffenden Menschen.

Die Heilung inspiriert uns mental, wenn Dinge schieflaufen, konstruktiv und besonnen zu reagieren und nicht scharf oder abschätzig. Verhält man sich in der Situation positiv und ermutigend, so inspiriert das uns selbst und auch andere, die Probleme begeistert anzugehen und zu lernen, so daß wir im Laufe der Zeit immer besser mit Problemen umgehen können.

Heilpfad der Seele

Die Seele lernt andauernd aus „sogenannten" Fehlern und definiert sich auf ihrer Reise immer wieder neu. Die Schönheit der Fehlschläge und die Einschätzung, weshalb und wie das geschehen konnte, ist ein wesentliches Element der Bewußtseinsentwicklung. Man kann sich voll und ganz konzentrieren und etwas leisten, ohne dabei die reizvolleren Eigenschaften Geduld, Sanftheit, Sorglosigkeit und Jovialität verlieren zu müssen. Diese Eigenschaften machen Konzentration reizvoll und zwar nicht erst, wenn man eine Aufgabe erledigt hat, sondern schon im Alltag. Hinzu kommt, daß auch die Leute um uns herum diese Erfahrung genießen können.

Meditatives Gedicht

Yellow & Green Kangaroo Paw

Die Arbeit war

nicht vollkommen,

aber die zunehmende Weisheit

nährte meine Seele.

Danke.

Der stille Geist

Konzentration

Studium

ruhig

Fokus

hyperaktiv

zerstreut

ruhelos

oberflächlich

abgelenkt

Die Essenz besänftigt und zentriert den Geist und schenkt ihm Stille. Inspiriert zu tiefer Konzentration und Kontemplation. Hilft, seine Gedanken konzentriert und ruhig zu Ende zu denken, ohne sich ablenken zu lassen.

Mental - Anwendungen allgemein

Für Menschen, die geistig hyperaktiv und zerstreut sind.
Wenn man sich leicht ablenken läßt.
Für Studenten, die durch mentale Ruhelosigkeit und Unkonzentriertheit Mühe mit dem Studium haben.

Die Heilung besänftigt und zentriert den Geist, der nun der Richtung unseres Denkens oder Handelns folgen und befriedigende Resultate erzielen kann.

Mental - Florale Akupressur

Psychologisches Profil:
Zerstreutheit, Konzentrationsschwierigkeiten. Weiß nicht, was er/sie tut; ist überall und nirgends.
Schilddrüsen-Akupunkt am Ohr. (siehe S. 268)

Heilpfad der Seele

Das Wort "Manusa" im alten Sanskrit bedeutet Mensch, "man" = Geist/Vernunft, "usa" = Sein, und beschreibt Menschen somit als Wesen des Geistes/der Vernunft. Der Geist ist unser wesentlichstes Instrument: Er macht die Reise, die unser Körper absolviert und unsere Seele wahrnimmt. Aus der ruhigen Mitte der Seele müssen wir fähig sein, unseren Geist zu bündeln und auszurichten - so nutzen wir das Instrument geschickt und unser Pfad ist gerade: Dann steht der Erfolg schon fest.

Meditatives Gedicht

Yellow Boronia

Die Schmetterlinge des Denkens

ruhen auf der Blume des Friedens.

Gemeinsam bewegen sie langsam ihre Flügel

und werden dann still

und sinnen dem Windhauch des Lebens nach.

Selbsterkenntnis

Positivität

Selbstachtung

Zufriedenheit

**Problembereiche
Schlüsselworte:**

unterschätzt

Minderwertigkeit

nicht akzeptiert

depressiv

Selbsterkenntnis

Die Essenz ermutigt zu der Erkenntnis, daß unsere aller- wichtigste Meinung die über uns selbst ist. Sie ist die Quelle persönlichen Wachs- tums und persönli- cher Entfaltung, die auf Positivität und Selbstachtung be- ruht und nicht auf der Anerkennung anderer. Stärkt das Selbstwertgefühl.

Mental - Anwendungen allgemein

Für jene, die ohne die Anerkennung anderer nicht auskommen, weil sie sich sonst minderwertig fühlen.
Für jene, die von anderen ausgenutzt werden, ohne daß diese ihnen dabei irgendeine Wertschätzung angedeihen lassen.
Für jene, die nur deshalb etwas für andere tun, weil sie - unbewußt - Anerkennung suchen. Mangel an Anerkennung macht sie depressiv.
Für jene, die traurig sind, weil man sie für selbstverständlich hält, die aber selbst zu diesem Zustand beigetragen haben, indem sie sich selbst unterbewertet haben.

Die Heilung führt zu dem Empfinden innerer Zufriedenheit, die das Bedürfnis nach Anerkennung durch andere auflöst, weil man sich nun als positiv, klar und stark erkennt.

Heilpfad der Seele

Innerer Frieden beruht darauf, daß wir unseren Selbstwert erkennen. Ein Mensch, der sich seines Selbstwertgefühls sicher ist, kümmert sich nicht um die negativen Meinungen anderer. Wie uns die Außenwelt behandelt und was wir in unserem Innern sind, entspricht sich nicht unbedingt spiegelbildlich. Wenn wir uns selbst richtig einschätzen und bewerten und diese Wirklichkeit anschließend entsprechend projizieren, kann das eine Gedankenwelle auslösen, auf die dann die Welt positiv reagiert. Und genau dieser Vorgang sorgt dafür, daß die Reaktion der Außenwelt und unsere innere Wirklichkeit sich spiegelbildlich entsprechen.

Meditatives Gedicht

Yellow Cone Flower

Ich bin ein Wesen

grenzenlosen Staunens

endloser Überraschungen

und eines potentiellen Flusses

innerer Freude.

Positive Eigenschaften Schlüsselworte:

sorglos

leichten Herzens

heiter

ausgeglichen

Kraft

Problembereiche Schlüsselworte:

gestreßt

düster

trübsinnig

verspannt

unvorbereitet

Der sorglose Geist

Die Essenz des unbeschwerten Herzens und der Ruhe trotz anwachsenden Drucks, die dafür sorgt, daß der innere Frieden und die Beziehungen nicht darunter leiden. Man genießt den Garten des Lebens. Hilft, in streßreichen Phasen Seelenruhe und Weisheit zu wahren und das Leben nicht als eine endlos lange, harte Aufgabe zu betrachten.

Mental - Anwendungen allgemein

Für jene, die ihre Sorglosigkeit verloren haben und die das Leben nun als sehr ernst empfinden.
Für jene, deren sorglose Haltung sie nicht auf plötzliche Prüfungen ihrer Widerstandskräfte unter Streß vorbereitet hat.
Für Menschen, die sich das Leben mit ihrem Mürrisch-sein selbst schwer machen.

Mental - Florale Akupressur

Psychologisches Profil:
Das Gefühl, verrückt zu werden; wenn der Verstand entgleist
Shenmen-Akupunkt am Ohr. (siehe S. 263)
Psychologisches Profil:
Das Gefühl, sich nicht auf andere verlassen zu können; man muß alles selbst machen, weil man von anderen sowieso im Stich gelassen wird. Unabhängig, isoliert.
Dünndarm-Akupunkt am Ohr. (siehe S. 264)

Körper - Florale Akupressur

Körperliche Symptome:
Streß, Schlaflosigkeit, durch Träume gestörter Schlaf, Entzündungen, Schmerz.
Shenmen-Akupunkt am Ohr. (siehe S. 256-259, 265 - 266)
(anwenden mit Purple Flag Flower)
(siehe auch Hybrid Pink Fairy Orchid, Pink Fairy Orchid, Purple Flag Flower, Cowkicks, Pink Fountain Triggerplant, Reed Triggerplant und Violet Butterfly)
Körperliche Symptome:
Verdauungsstörungen, Herzklopfen
Dünndarm-Akupunkt am Ohr. (siehe S. 264)
(siehe auch Happy Wanderer)

Heilpfad der Seele

Freude ist nicht nur für Zeiten reserviert, in denen alles gut läuft, wenn wir Ferien machen, frei haben, oder wenn unsere liebsten Pläne offensichtlich erfolgreich funktionieren. Der sorglose Geist kann sogar die allerschwierigste Situation genießen, weil er den guten Willen oder den Humor sieht, der in allen großen und kleinen, ernsten und nichtigen Ereignissen verankert ist.

Meditatives Gedicht

Yellow Flag Flower

Ich wahre mein Lächeln,

wohin ich auch gehe.

Es hilft mir, die Wahrheit zu erkennen,

das Licht zu finden

und die Schönheit in allem wahrzunehmen.

**Positive
Eigenschaften
Schlüsselworte:**

offen

hört zu

verständnisvoll

Weisheit

lernen

Die Kunst des Zuhörens

Die Essenz stimuliert zu einer Aufgeschlossenheit, wodurch man das Wissen und die Konzepte anderer aufnehmen kann. Beruhigt den Geist und vertreibt die Illusion, daß wir etwas hören könnten, wenn wir gar nicht richtig zuhören. Hilft uns, ein guter Zuhörer zu sein und Weisheit zu empfangen.

**Problembereiche
Schlüsselworte:**

abweisend

intolerant

unsensibel

ungeduldig

arrogant

Mental - Anwendungen allgemein

Für jene, die nicht richtig zuhören, entweder, weil sie aus intellektueller Arroganz nicht an dem interessiert sind, was sie hören, oder weil sie nicht aufgeschlossen genug sind, um die Meinung anderer zu verarbeiten.

Für Menschen, die die Gedanken anderer ohne weiteres verwerfen.

Für jene, die schwer verstehen können, was andere meinen, wenn sie mit ihnen reden. Oft bekommen sie überhaupt nicht mit, worüber geredet wird.

Für jene, die ein Probleme damit haben, Informationen aufzunehmen und sich daran zu erinnern.

Für Menschen, die Schwierigkeiten haben, sich an das, was sie studiert haben, zu erinnern.

Für jene, die sich die Ideen anderer erst gar nicht anhören wollen, weil es für sie die reinste Zeitverschwendung ist.

Für „Allwissende".

Für Menschen mit einem „Tunnelblick".

Die Heilung führt zu einer Neubewertung der Offenheit und Toleranz. Man wird wieder sensibler, und es entwickelt sich Hochachtung für die Gedanken und Konzepte anderer. Wenn man lernt, nicht davon auszugehen, daß man etwas weiß, kann sich das Bewußtsein vollständig erweitern. Die Beziehung zu anderen wird sich automatisch verbessern.

Mental - Florale Akupressur

Psychologisches Profil:
Völlig überzeugt von seiner Meinung und seinem Wissen. Hält seine Meinung, wie die Dinge laufen oder sein sollten, für völlig richtig.
Lungen-Akupunkt am Ohr. (siehe S. 261
Psychologisches Profil:
Will die Ideen anderer nicht hören oder zulassen.
Innenohr-Akupunkt am Ohr. (siehe S. 255)

Körper - Florale Akupressur

Körperliche Symptome: Husten, Asthma.
Lungen-Akupunkt am Ohr. (siehe S. 261
(anwenden mit Brachycome) (siehe auch White Eremophila)
Körperliche Symptome: Tinnitus, Hörschwierigkeiten
Innenohr-Akupunkt am Ohr. (siehe S. 255)
(siehe auch Geraldton Wax)

Heilpfad der Seele

Je weiser wir werden, desto mehr erkennen wir, wie wichtig Aufgeschlossenheit für das Wachstum von Weisheit ist. Der Verstand sucht immer nach Konzepten, als seien es Felsvorsprünge, auf die man hochklettern kann, um sich dort anschließend auszuruhen und zu glauben: „Jetzt weiß ich es." Man muß sich unbedingt bewußt machen, daß es immer noch mehr zu wissen gibt, und daß dieses Wissen und Verständnis aus zahllosen unterschiedlichen Quellen stammt. Auch die einfachste Seele kann uns große Wahrheiten beibringen.

Meditatives Gedicht

Yellow Leschenaultia

Ich öffne die Tür, um Deine Worte zu hören,

um Dich zu verstehen. In den reichen Tiefen

kann ich das Universum sehen.

Florale Akupunkturkarten
Ohr(Auriculare)-Akupunkte

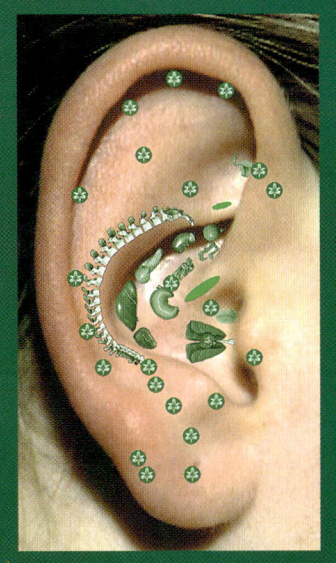

**Blüten-
essenzen
für diesen
Punkt:**

Macrozamia

Ribbon Pea

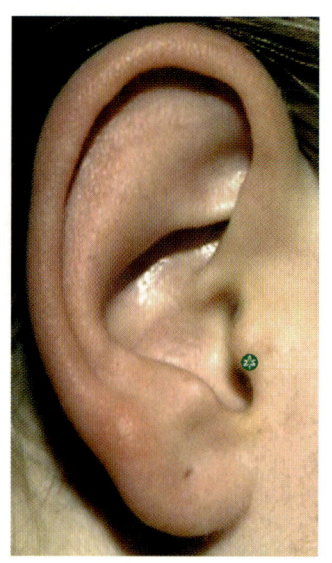

Mental /Emotional

Macrozamia
Zieht die Konfrontation vor;
reagiert schnell und aggressiv auf
alles, was bedrohlich erscheint.

Ribbon Pea
Impulsiv, panikartig.

Körper

Macrozamia

Ribbon Pea
Hypotonie, schwacher Puls,
Schock, Asthma, Entzündungen.

**Blüten-
essenzen
für diesen
Punkt:**

Geraldton
Wax

Purple
Eremophila

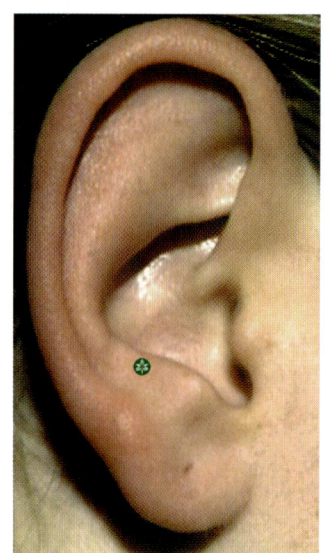

Mental /Emotional

Geraldton Wax
Fühlt sich nutzlos, hilflos, kann
nichts erreichen.

Purple Eremophila
Sucht die Unterstützung anderer,
versagt wegen ausbleibender
Unterstützung durch andere.
Ist enttäuscht.

Körper

Geraldton Wax

Purple Eremophila
Kopfschmerz, Schwindelgefühl.

250

**Blüten-
essenzen
für diesen
Punkt:**

Balga

*Start's
Spider
Orchid*

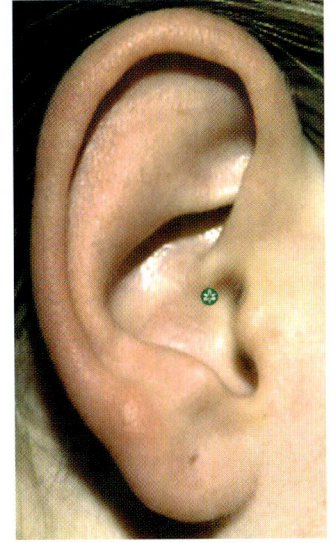

Mental /Emotional

Balga
Unabhängig, eigenwillig, tut, was
er/sie will.

Start's Spider Orchid
Abhängigkeit.

Körper

Balga
Start's Spider Orchid
Übelkeit, Erbrechen.

**Blüten-
essenzen
für diesen
Punkt:**

*Red Beak
Orchid*

*Red & Green
Kangaroo
Paw*

*Start's
Spider
Orchid*

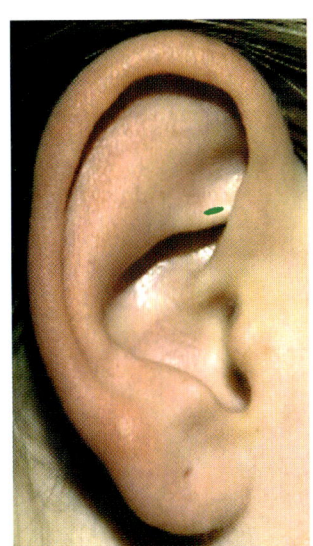

Mental /Emotional

Red Beak Orchid
Start's Spider Orchid
Energie und Antrieb, um die
eigenen Wünsche zu erfüllen, aber
keine Energie, um der eigenen
Verantwortung gerecht zu werden.

Red Beak Orchid

Red & Green Kangaroo Paw
Unerfüllte Wünsche, frustrierte,
wütende Disposition.

Körper

Red Beak Orchid
Red & Green Kangaroo Paw
Start's Spider Orchid
Verstopfung, Durchfall.

**Blüten-
essenzen
für diesen
Punkt:**

*Black
Kangaroo
Paw*

*Woolly
Banksia*

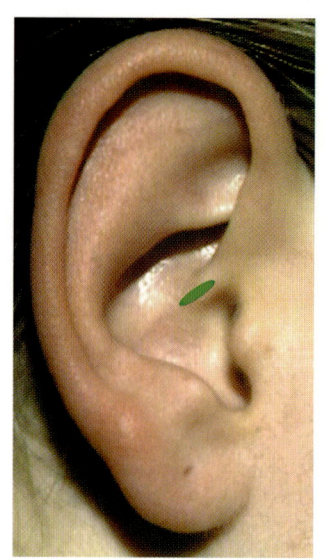

Mental /Emotional

Black Kangaroo Paw
Fühlt sich bei der Suche nach Lösungen überlastet, wird aggressiv und unsensibel.

Woolly Banksia
Hält seine Bürde für zu schwer und ignoriert daher potentiell problematische Themen.

Körper

Black Kangaroo Paw
Woolly Banksia
Schluckauf, Gelbsucht.

**Blüten-
essenzen
für diesen
Punkt:**

*Hybrid Pink
Fairy Orchid*

*Red
Leschenaultia*

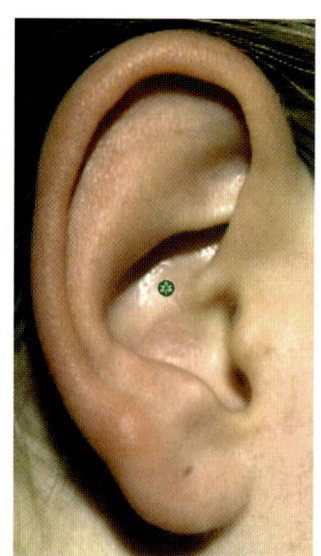

Mental /Emotional

Hybrid Pink Fairy Orchid
Will allein gelassen werden, ist andern gegenüber zu sensibel, Überreaktionen, kann keine Perspektive wahren.

Red Leschenaultia
Ist sich selbst genug, braucht niemanden, will nicht mit anderen teilen.

Körper

Hybrid Pink Fairy Orchid
Red Leschenaultia
Zwölffingerdarmgeschwür, Pylorospasmus (Krampf des Magenausgangs).

*Blütenessen
zen
für diesen
Punkt:*

*Cowslip
Orchid*

*Red Beak
Orchid*

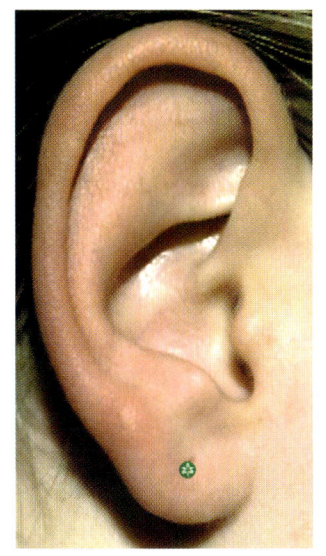

Mental /Emotional

Cowslip Orchid
Läßt sich leicht von der Umgebung ablenken, ist zu sehr aufs Äußere gerichtet, übervorsichtig.

Red Beak Orchid
Kann sich nicht um Dinge kümmern, läßt sich treiben.

Körper

Cowslip Orchid
Red Beak Orchid
Augenkrankheiten, überanstrengte Augen, Probleme beim Fokussieren.

*Blüten-
essenzen
für diesen
Punkt:*

*Brachy-
combe*

*White
Eremophila*

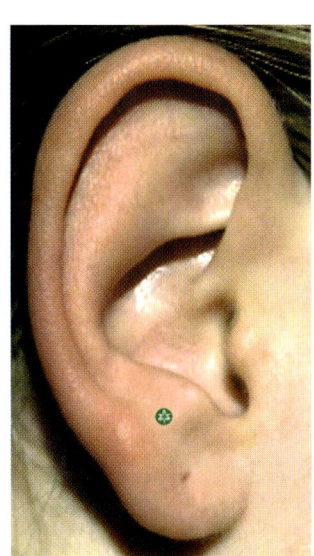

Mental /Emotional

Brachycombe
Intellektuelle Arroganz.

White Eremophila
Glaubt ungeschickt oder dumm zu sein.

Körper

Brachycombe
White Eremophila
Kopfschmerz, Benommenheit, Schlaflosigkeit.

*Rabbit
Orchid*

*Reed
Triggerplant*

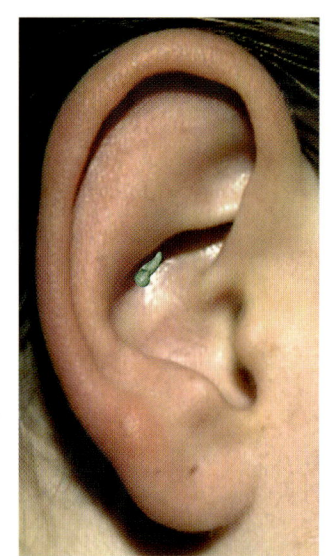

Mental /Emotional

Rabbit Orchid
Locker, nur auf Spaß aus,
mangelndes Verantwortungsgefühl.

Reed Triggerplant
Hypersensibel, kann sich nicht für
sich selbst einsetzen, Schwäche.

Körper

Rabbit Orchid
Reed Triggerplant
Pankreatitis, Verdauungsstörungen,
Krankheiten der Harnröhre.

Balga

Macrozamia

*Purple
Nymph
Waterlily*

*White
Nymph
Waterlily*

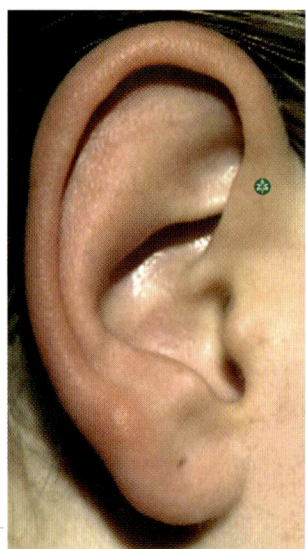

Mental /Emotional

Balga
Macrozamia
Sexuell frigide, Abneigung gegen
Sexualität.

Purple Nymph Waterlily
White Nymph Waterlily
Hyperaktive Sexualität, starkes
Verlangen nach Aufregung und
Spaß.

Körper

Macrozamia
Balga
Purple Nymph Waterlily
White Nymph Waterlily
Impotenz, sexuelle Frigidität.

Blüten-
essenzen
für diesen
Punkt:

Cowslip
Orchid

Ursinia

Cowkicks

Pink
Fountain
Triggerplant

Purple
Enamel
Orchid

Reed
Triggerplant

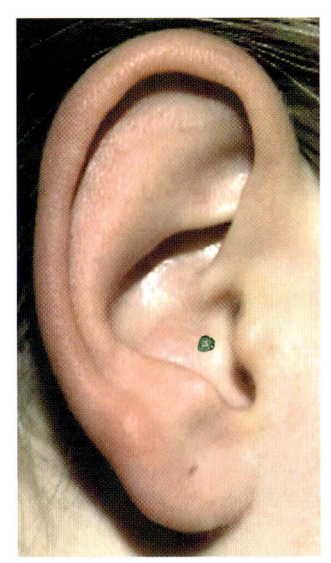

Mental /Emotional

Cowslip Orchid
Überlegenheitskomplex,
diktatorisch.

Ursinia
Schlechte Meinung von sich haben,
sich als nutzlos und dumm
empfinden.

Körper

Cowslip Orchid
Ursinia
Hysterie, Herzklopfen, Arrhythmie.

Cowkicks
Pink Fountain Triggerplant
Purple Enamel Orchid
Reed Triggerplant
Energieverlust.

Blüten-
essenzen
für diesen
Punkt:

Geraldton
Wax

Yellow
Leshenaultia

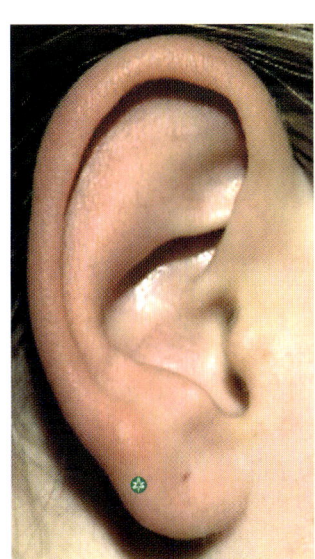

Mental /Emotional

Geraldton Wax
Paßt sich zu sehr an die Meinungen
oder Ideen anderer an, oder hört zu
sehr auf sie.

Yellow Leshenaultia
Will den Ideen anderer nicht
zuhören oder sie nicht zulassen.

Körper

Geraldton Wax
Yellow Leshenaultia
Tinnitus, Hörschwierigkeiten.

**Blüten-
essenzen
für diesen
Punkt:**

Dampiera

Leafless
Orchid

Macrozamia

Menzies
Banksia

Purple
Flag Flower

Ursinia

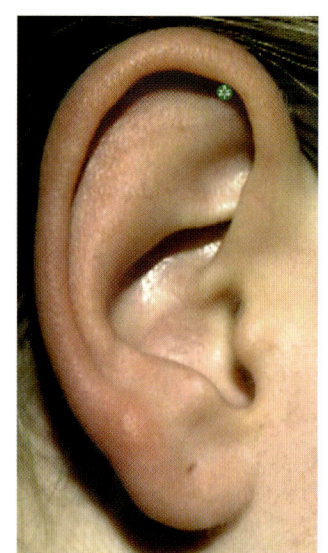

Körper

Bei Schmerzen im Bereich der
Fußgelenke/Zehen

Dampiera
Wenn das weiche Gewebe in diesem
Bereich hart und rigide ist.

Leafless Orchid
Bei schleppender Heilung.

Macrozamia
Bei Durchblutungsstörungen.

Menzies Banksia
Bei Phantomschmerzen auf zellulärer
Ebene.

Purple Flag Flower
Wenn das weiche Gewebe gestreßt
ist oder unter Druck steht.

Ursinia
Bei fehlender Koordination zwischen
Körperfunktionen und/oder Organen.

**Blüten-
essenzen
für diesen
Punkt:**

Dampiera

Leafless
Orchid

Macrozamia

Menzies
Banksia

Purple
Flag Flower

Ursinia

256

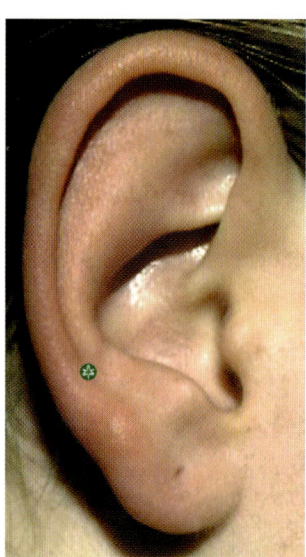

Körper

Bei Schmerzen im Bereich des
Schlüsselbeins.

Dampiera
Wenn das weiche Gewebe in diesem
Bereich hart und rigide ist.

Leafless Orchid
Bei schleppender Heilung.

Macrozamia
Bei Durchblutungsstörungen.

Menzies Banksia: Bei Phantomschmerzen auf zellulärer Ebene.

Purple Flag Flower
Wenn das weiche Gewebe gestreßt ist
oder unter Druck steht.

Ursinia
Bei fehlender Koordination zwischen
Körperfunktionen und/oder Organen.

**Blüten-
essenzen
für diesen
Punkt:**

Dampiera

Leafless
Orchid

Macrozamia

Menzies
Banksia

Purple
Flag Flower

Ursinia

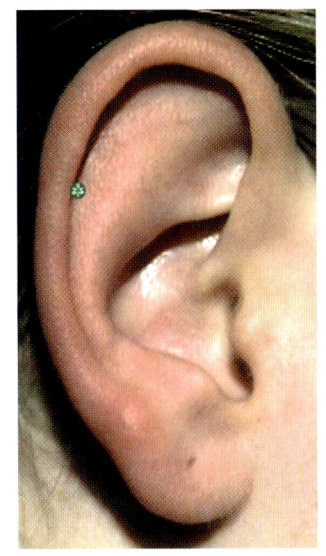

Körper

Bei Schmerzen im Bereich der Ellbogen.

Dampiera
Wenn das weiche Gewebe in diesem
Bereich hart und rigide ist.

Leafless Orchid
Bei schleppender Heilung.

Macrozamia
Bei Durchblutungsstörungen.

Menzies Banksia
Bei Phantomschmerzen auf zellulärer
Ebene.

Purple Flag Flower
Wenn das weiche Gewebe gestreßt
ist oder unter Druck steht.

Ursinia
Bei fehlender Koordination zwischen
Körperfunktionen und/oder Organen.

**Blüten-
essenzen
für diesen
Punkt:**

Dampiera

Leafless
Orchid

Macrozamia

Menzies
Banksia

Purple
Flag Flower

Ursinia

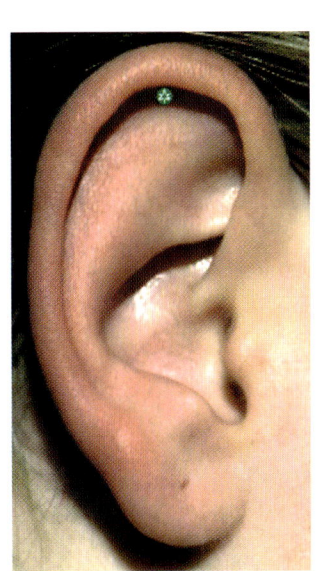

Körper

Bei Schmerzen im Bereich der Finger.

Dampiera
Wenn das weiche Gewebe in diesem
Bereich hart und rigide ist.

Leafless Orchid
Bei schleppender Heilung.

Macrozamia
Bei Durchblutungsstörungen.

Menzies Banksia
Bei Phantomschmerzen auf zellulärer
Ebene.

Purple Flag Flower
Wenn das weiche Gewebe gestreßt ist
oder unter Druck steht.

Ursinia
Bei fehlender Koordination zwischen
Körperfunktionen und/oder Organen.

**Blüten-
essenzen
für diesen
Punkt:**

Dampiera

Leafless
Orchid

Macrozamia

Menzies
Banksia

Purple
Flag Flower

Ursinia

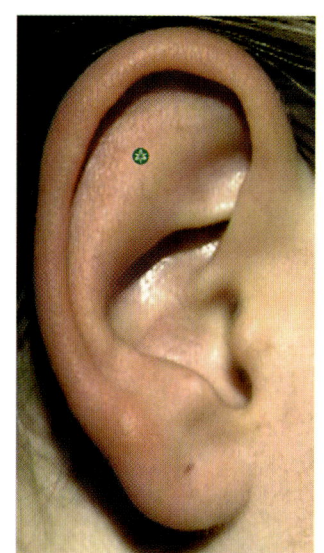

Körper

Bei Schmerzen im Kniebereich.

Dampiera
Wenn das weiche Gewebe in diesem
Bereich hart und rigide ist.

Leafless Orchid
Bei schleppender Heilung.

Macrozamia
Bei Durchblutungsstörungen.

Menzies Banksia
Bei Phantomschmerzen auf
zellulärer Ebene.

Purple Flag Flower
Wenn das weiche Gewebe gestreßt ist
oder unter Druck steht.

Ursinia
Bei fehlender Koordination zwischen
Körperfunktionen und/oder Organen.

**Blüten-
essenzen
für diesen
Punkt:**

Dampiera

Leafless
Orchid

Macrozamia

Menzies
Banksia

Purple
Flag Flower

Ursinia

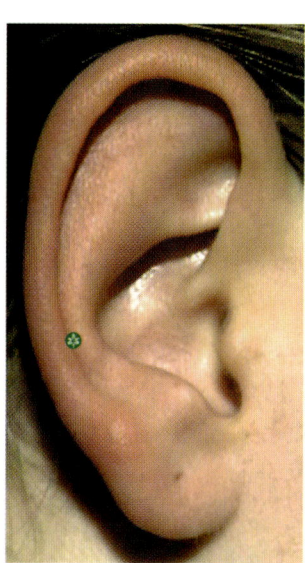

Körper

Bei Schmerzen im Bereich der
Schultergelenke.

Dampiera
Wenn das weiche Gewebe in diesem
Bereich hart und rigide ist.

Leafless Orchid
Bei schleppender Heilung.

Macrozamia
Bei Durchblutungsstörungen.

Menzies Banksia: Bei Phantomschmerzen auf zellulärer Ebene.

Purple Flag Flower
Wenn das weiche Gewebe gestreßt ist
oder unter Druck steht.

Ursinia
Bei fehlender Koordination zwischen
Körperfunktionen und/oder Organen.

**Blüten-essenzen
für diesen
Punkt:**

Dampiera

Leafless
Orchid

Macrozamia

Menzies
Banksia

Purple
Flag Flower

Ursinia

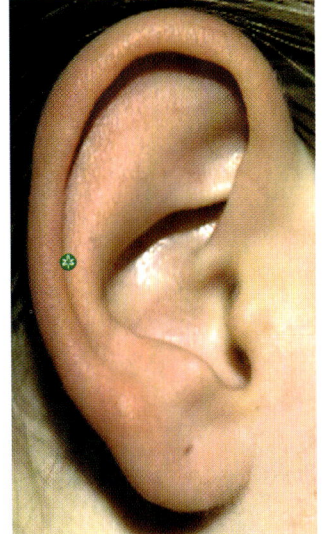

Körper
Bei Schmerzen im Sculterbereich.

Dampiera
Wenn das weiche Gewebe in diesem
Bereich hart und rigide ist.

Leafless Orchid
Bei schleppender Heilung.

Macrozamia
Bei Durchblutungsstörungen.

Menzies Banksia
Bei Phantomschmerzen auf zellulärer
Ebene.

Purple Flag Flower
Wenn das weiche Gewebe gestreßt ist
oder unter Druck steht.

Ursinia
Bei fehlender Koordination zwischen
Körperfunktionen und/oder Organen.

**Blüten-essenzen
für diesen
Punkt:**

Dampiera

Leafless
Orchid

Macrozamia

Menzies
Banksia

Purple
Flag Flower

Ursinia

259

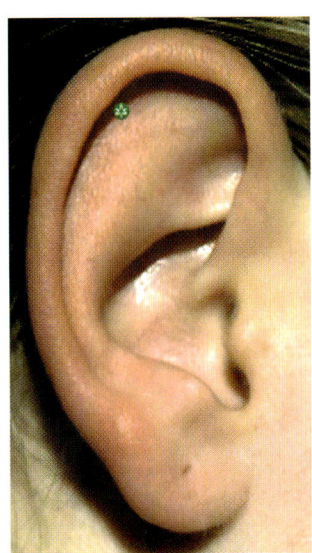

Körper
Bei Schmerzen im Handgelenkbereich.

Dampiera
Wenn das weiche Gewebe in diesem
Bereich hart und rigide ist.

Leafless Orchid
Bei schleppender Heilung.

Macrozamia
Bei Durchblutungsstörungen.

Menzies Banksia
Bei Phantomschmerzen auf
zellulärer Ebene.

Purple Flag Flower
Wenn das weiche Gewebe gestreßt ist
oder unter Druck steht.

Ursinia
Bei fehlender Koordination zwischen
Körperfunktionen und/oder Organen.

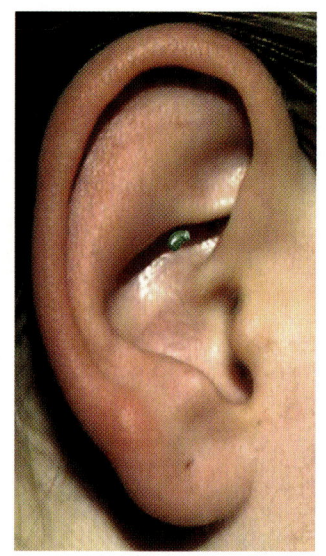

Mental / Emotional

Balga
Mental selbstbewußt, zu sehr darauf versessen, die eigenen Ideen in die Tat umzusetzen. Unsensibel und ohne Kontakt zur Umwelt und zu anderen Menschen.

Brown Boronia
Mentale Verwirrung, überarbeitet. Besorgt und nervös, chaotische Umgebung.

Körper

Balga
Brown Boronia
Tinnitus, Hörprobleme, Lumbago.

Blüten-essenzen für diesen Punkt:

Red Beak Orchid

Start's Spider Orchid

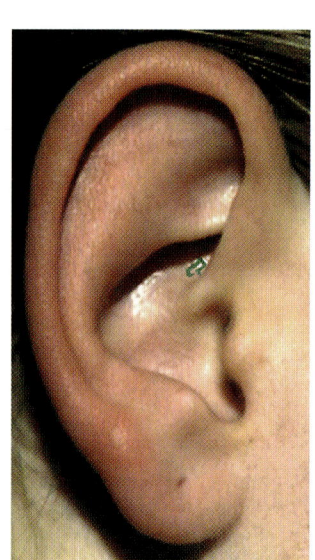

Mental / Emotional

Red Beak Orchid
Unmotiviert, faul.

Start's Spider Orchid
Möchte in Ruhe gelassen werden, lethargisch.

Körper

Red Beak Orchid
Start's Spider Orchid
Verstopfung und/oder Durchfall.

Blüten-essenzen für diesen Punkt:

Blue Leschenaultia

White Eremophilia

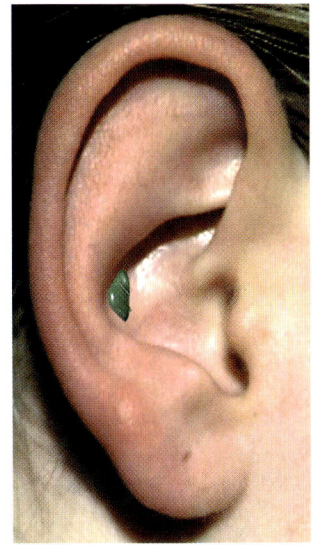

Mental / Emotional

Blue Leschenaultia
Besitzergreifend und/oder habgierig durch Unsicherheit/Furcht vor Mangel.

White Eremophila
Selbstgerecht, urteilt gerne, intolerant bei Fehlern anderer. Tendenz, eine Position der Stärke auszunutzen: „Was gut ist, steht mir verdientermaßen zu; ich verdiene es, gut behandelt zu werden."

Körper

Blue Leschenaultia
White Eremophila
Hepatitis, Hypochonderschmerzen, Augenkrankheiten.

Blüten-essenzen für diesen Punkt:

Blue China Orchid

Brachycombe

White Eremophila

Yellow Leschenaultia

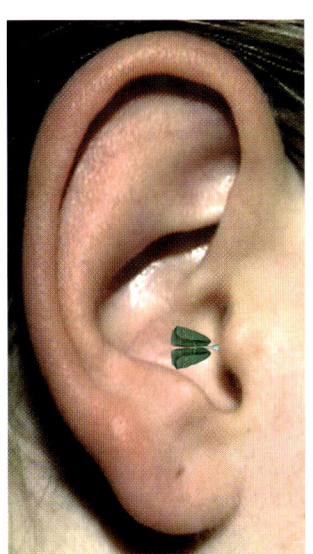

Mental / Emotional

Brachycombe
Yellow Leschenaultia
Völlig überzeugt von seiner Meinung und seinem Wissen. Hält seine Meinung, wie die Dinge laufen oder sein sollten, für völlig richtig.

White Eremophila
Zu viele neue Ideen, zu viel Input, Chaos, unfähig, die Dinge zuende zu bringen oder etwas zu schaffen.

Körper

Blue China Orchid
Drogensucht, insbesondere Rauchen.

Brachycombe
White Eremophila
Yellow Leschenaultia
Husten, Asthma.

**Blüten-
essenzen
für diesen
Punkt:**

*Leafless
Orchid*

Pale Sundew

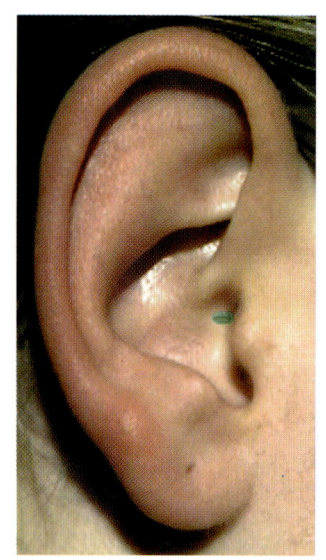

Mental / Emotional

Leafless Orchid
Mangelnde verbale Kontrolle,
spricht Dinge im falschen Moment
aus, nervöse Eßgewohnheiten,
stochert beispielsweise im Essen
herum.

Pale Sundew
Der Wunsch, Fallen zu stellen und
zu überwältigen.

Körper

Leafless Orchid
Pale Sundew
Gesichtslähmung, Geschwüre im
Mund.

**Blüten-
essenzen
für diesen
Punkt:**

*Blue China
Orchid*

Cape Bluebell

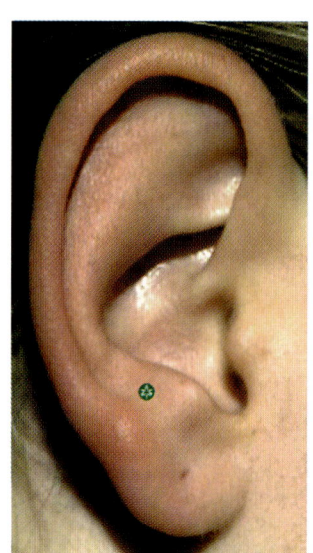

Mental / Emotional

Blue China Orchid
Meidet Probleme oder
Unannehmlichkeiten,

Cape Bluebell
Übermäßigkeit, sehnt sich nach
Erfüllung.

Körper

Blue China Orchid
Cape Bluebell
Kopfschmerz, Neurasthenie.

Cowkicks

*Hybrid Pink Fairy
Orchid*

Pink Fairy Orchid

*Pink Fountain
Triggerplant*

urple Flag Flower

Reed Triggerplant

Violet Butterfly

Yellow Flag

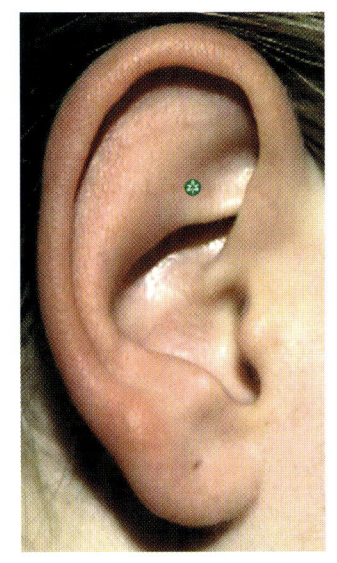

Mental / Emotional

Cowkicks
Hybrid Pink Fairy Orchid
Pink Fairy Orchid
Pink Fountain Triggerplant
Reed Trigger Plant
Violet Butterfly
Das Gefühl, auseinanderzufallen;
der Lage nicht gewachsen sein.

Purple Flag Flower
Yellow Flag Flower
Das Gefühl, verrückt zu werden;
wenn man den Verstand verliert.

Cowkicks

*Hybrid Pink
Fairy Orchid*

*Pink
Fairy Orchid*

*Pink Fountain
Triggerplant*

*Purple
Flag Flower*

*Reed
Triggerplant*

Violet Butterfly

Yellow Flag

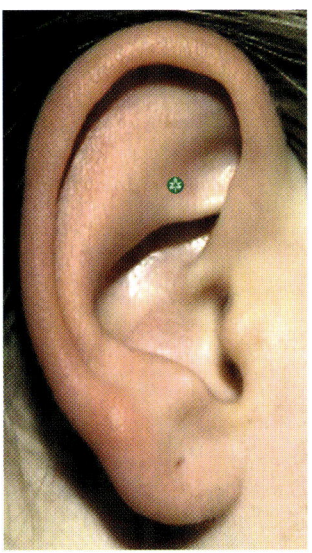

Körper

Cowkicks
Hybrid Pink Fairy Orchid
Pink Fairy Orchid
Pink Fountain Triggerplant
Purple Flag Flower
Reed Trigger Plant
Violet Butterfly
Yellow Flag Flower
Schlaflosigkeit, durch Träume
gestörter Schlaf, Entzündungen.

*Blüten-
essenzen
für diesen
Punkt:*

*Happy
Wanderer*

Yellow Flag

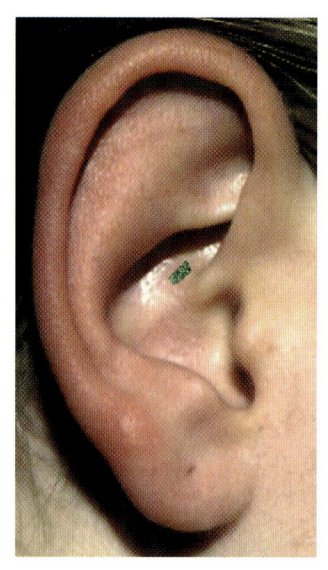

Mental / Emotional

Happy Wanderer
Sucht die Unterstützung anderer;
die eigenen Bemühungen schlagen
fehl, weil man nicht von anderen
unterstützt wird.
Fühlt sich im Stich gelassen.

Yellow Flag
Das Gefühl, sich nicht auf andere
verlassen zu können; man muß
alles selbst machen, weil man von
anderen sowieso im Stich gelassen
wird; unabhängig, isoliert.

Körper

Happy Wanderer
Yellow Flag
Verdauungsstörungen, Herzklopfen.

*Blüten-
essenzen
für diesen
Punkt:*

Cape Bluebell

Pale Sundew

*Swan
River Myrtle*

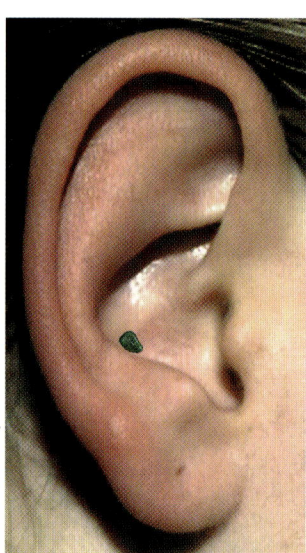

Mental / Emotional

Cape Bluebell
Pale Sundew
Sadistische Gelüste, Haß.

Swan River Myrtle
Mißbraucht, verletzt, Opfer von
Ungerechtigkeit oder Sadismus.

Körper

Cape Bluebell
Pale Sundew
Swan River Myrtle
Blähungen des Unterbauchs.

**Blüten-
essenzen
für diesen
Punkt:**

Dampiera

Leafless
Orchid

Macrozamia

Menzies
Banksia

Purple
Flag Flower

Ursinia

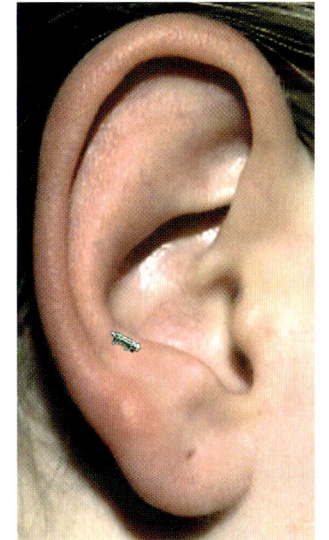

Körper
Bei Schmerzen im Halswirbelbereich

Dampiera
Wenn das weiche Gewebe in
diesem Bereich hart und rigide ist.

Leafless Orchid
Bei schleppender Heilung.

Macrozamia
Bei Durchblutungsstörungen.

Menzies Banksia
Bei Phantomschmerzen auf
zellulärer Ebene.

Purple Flag Flower
Wenn das weiche Gewebe gestreßt
ist oder unter Druck steht.

Ursinia
Bei fehlender Koordination
zwischen Körperfunktionen
und/oder Organen.

**Blüten-
essenzen
für diesen
Punkt:**

Dampiera

Leafless
Orchid

Macrozamia

Menzies
Banksia

Purple
Flag Flower

Ursinia

265

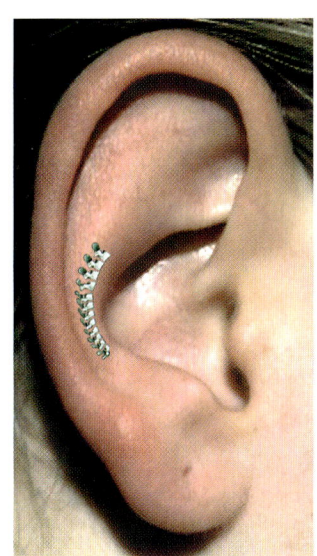

Körper
Bei Schmerzen im Brustwirbelbereich.

Dampiera
Wenn das weiche Gewebe in diesem
Bereich hart und rigide ist.

Leafless Orchid
Bei schleppender Heilung.

Macrozamia
Bei Durchblutungsstörungen.

Menzies Banksia
Bei Phantomschmerzen auf zellulärer
Ebene.

Purple Flag Flower
Wenn das weiche Gewebe gestreßt ist
oder unter Druck steht.

Ursinia
Bei fehlender Koordination zwischen
Körperfunktionen und/oder Organen.

**Blüten-
essenzen
für diesen
Punkt:**

Dampiera

Leafless
Orchid

Macrozamia

Menzies
Banksia

Purple
Flag Flower

Ursinia

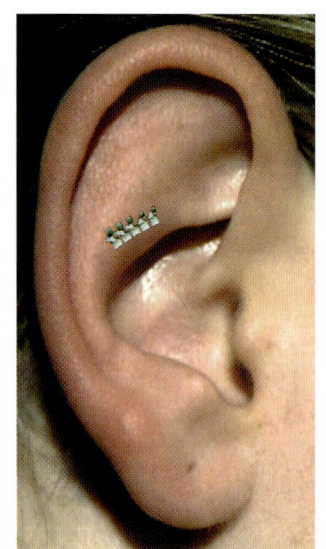

Körper
Bei Schmerzen im
Lendenwirbelbereich.

Dampiera
Wenn das weiche Gewebe in diesem
Bereich hart und rigide ist.

Leafless Orchid
Bei schleppender Heilung.

Macrozamia
Bei Durchblutungsstörungen.

Menzies Banksia
Bei Phantomschmerzen auf zellulärer
Ebene.

Purple Flag Flower
Wenn das weiche Gewebe gestreßt ist
oder unter Druck steht.

Ursinia
Bei fehlender Koordination zwischen
Körperfunktionen und/oder Organen.

**Blüten-
essenzen
für diesen
Punkt:**

Dampiera

Leafless
Orchid

Macrozamia

Menzies
Banksia

Purple
Flag Flower

Ursinia

266

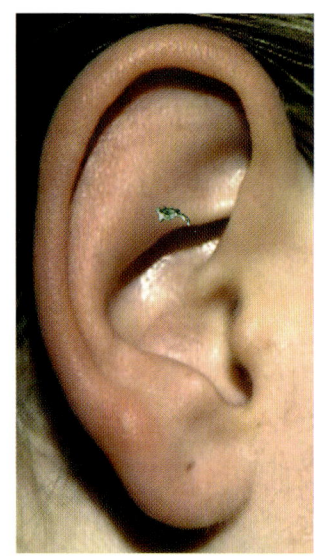

Körper
Bei Schmerzen im Sakralwirbelbereich.

Dampiera
Wenn das weiche Gewebe in diesem
Bereich hart und rigide ist.

Leafless Orchid
Bei schleppender Heilung.

Macrozamia
Bei Durchblutungsstörungen.

Menzies Banksia
Bei Phantomschmerzen auf zellulärer
Ebene.

Purple Flag Flower
Wenn das weiche Gewebe gestreßt ist
oder unter Druck steht.

Ursinia
Bei fehlender Koordination zwischen
Körperfunktionen und/oder Organen.

Blue
Leschenaultia

Many Headed
Dryandra

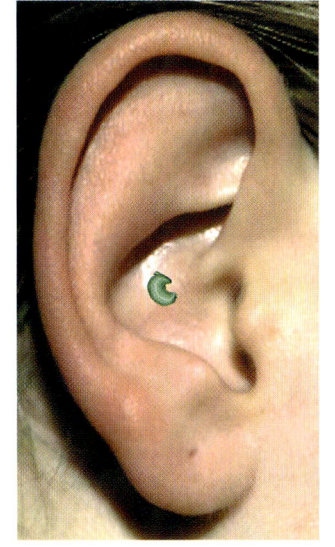

Mental /Emotional

Blue Leschenaultia
Haltungen wie: "Mir geht's gut, das Leben meint's gut mit mir", aber indifferent, beziehungsweise möchte nichts von den Dilemmas und Schwierigkeiten anderer wissen.

Many Headed Dryandra
Fühlt sich schwach, will sich abwenden, schafft es nicht, es ist alles zu viel.

Körper

Blue Leschenaultia
Many Headed Dryandra
Magenkrämpfe, Erbrechen, Verdauungsstörungen.
Blue China Orchid
ungesundes Eßverhalten/Sucht

Blue
China Orchid

Wild Violet

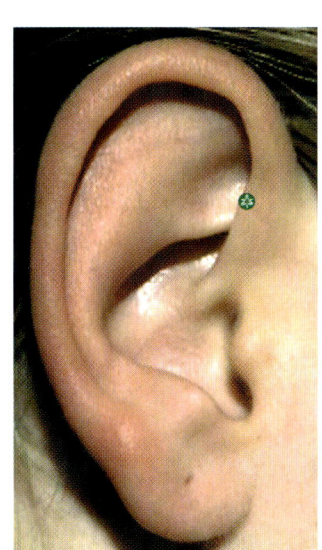

Mental / Emotional

Blue China Orchid
Starke Sehnsucht nach Aufregung und Spaß.
Wild Violet
Nervosität, Sorgen.

Körper

Blue China Orchid
Wild Violet
Verdauungsstörungen und Kreislaufbeschwerden.

Balga

Goddess
Grasstree

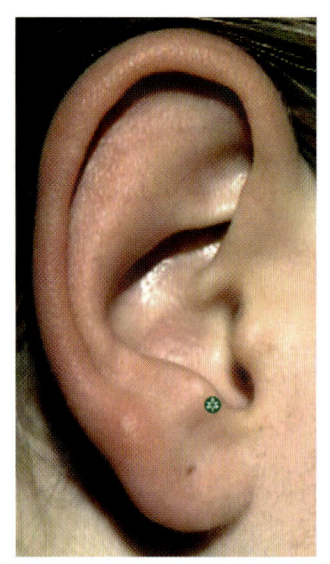

Mental / Emotional

Balga
Sexuell zu geringes
Selbstbewußtsein, Befürchtungen
hinsichtlich der sexuellen
Fähigkeiten, Impotenz aufgrund
psychologischer Probleme.

Goddess Grasstree
Starkes Verlangen nach körper-
lichen, sexuellen Erlebnissen mit
anderen Körpern, zu selbstsicher,
Mentalität eines „Hengstes" oder
„Machos":„Ich bin wirklich gut."

Körper

Balga, Goddess Grasstree
Prämenstruelle Spannungen,
abnormale Menstruation, weibliche
Hormone aus dem Lot, Menopause.

White
Eremophila

Yellow
Boronia

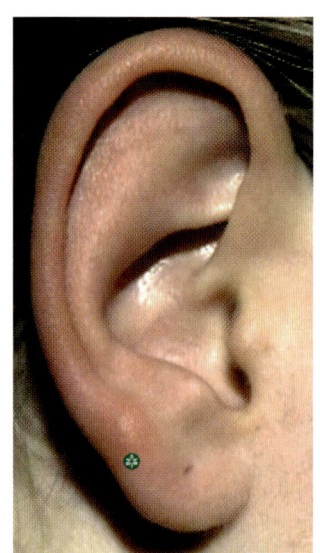

Mental / Emotional

White Eremophila
Drängt zu stark und ungeachtet
eventueller Konsequenzen vorwärts
und ruiniert dabei beispielsweise
seine Gesundheit und/oder
vernachlässigt alles, außer dem
eigenen Ziel.

Yellow Boronia
Zerstreutheit,
Konzentrationsschwierigkeiten;
wissen nicht, was sie tun; sind
überall und nirgends.

**Blüten-
essenzen
für diesen
Punkt:**

Giving Hands

Fringe
Lily Twiner

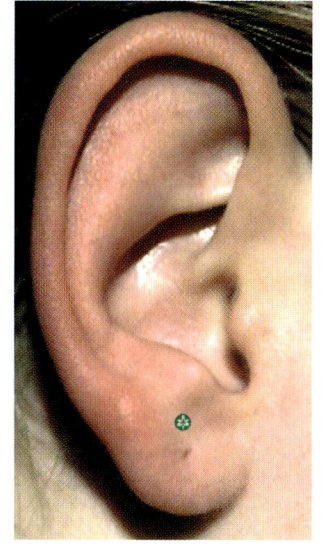

Mental / Emotional

Giving Hands
Unterschiedsloses Geben, offen
dafür, ausgenutzt zu werden.

Fringed Lily Twiner
Eifersucht, das Gefühl, man sollte
auch haben, was andere besitzen
und Ressentiments, wenn dies
nicht der Fall ist.

**Blüten-
essenzen
für diesen
Punkt:**

Golden Glory
Grevillea

Hairy
Yellow Pea

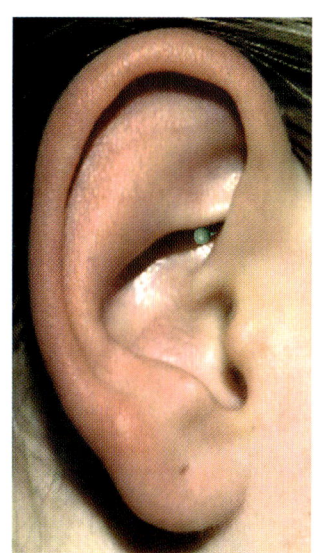

Mental / Emotional

Golden Glory Grevillea
Hairy Yellow Pea
Angeblich der Lage gewachsen,
verbirgt jedoch die Unfähigkeit, mit
dem Leben innen und/oder außen
umzugehen.

Hairy Yellow Pea
Die Überzeugung, man könne nichts
erreichen, das Gefühl,
durcheinander oder zerstört worden
zu sein. Kann nicht sehen, wie die
Dinge klappen könnten.

Körper

Golden Glory Grevillea
Hairy Yellow Pea with
Enuresis, Harnverhalten.

269

**Blüten-
essenzen
für diesen
Punkt:**

Cape Bluebell

Macrozamia

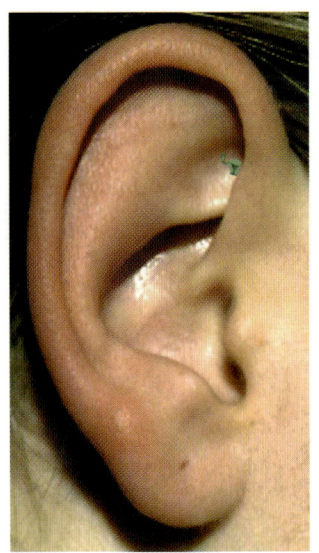

Mental / Emotional

Cape Bluebell
Verlangen nach Rache, Haß

Macrozamia
Wunsch nach Isolation, Aversion
gegen Menschen.

Körper

Cape Bluebell
Macrozamia
Unregelmäßige Menstruation,
Leukorrhöe (Weißfluß),
Dysmenorrhöe (schmerzhafte
Regelblutung), Impotenz,
nächtliche Ejakulation.

Florale Akupunkturkarten
Körper-Akupunkte

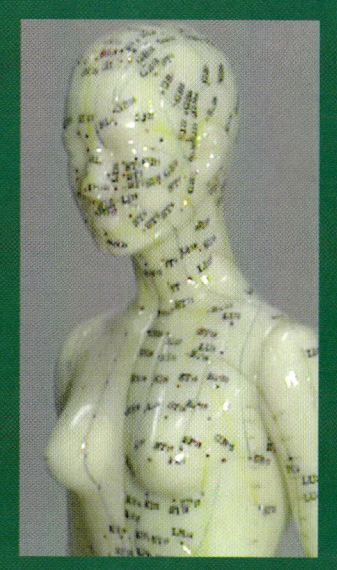

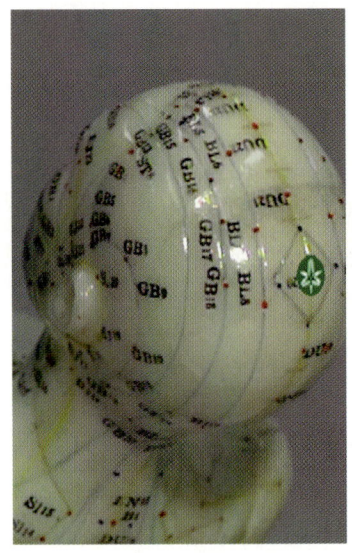

**Blüten-
essenzen
für diesen
Punkt:**

*Leafless
Orchid*

Pink Trumpet

Mental / Emotional

Leafless Orchid
Nutzen Energie ohne Weisheit.

Pink Trumpet
Konzentrationsschwierigkeiten und
mangelndes Durchhaltevermögen.

Körper

Leafless Orchid
Wenig Energie.

Man findet den Baihui Punkt,
indem man eine Linie vom
untersten Ende des Ohrläppchens
zur oberen Spitze des Ohrs zieht
und dieser Linie kerzengerade bis
zur Schädelmitte folgt.

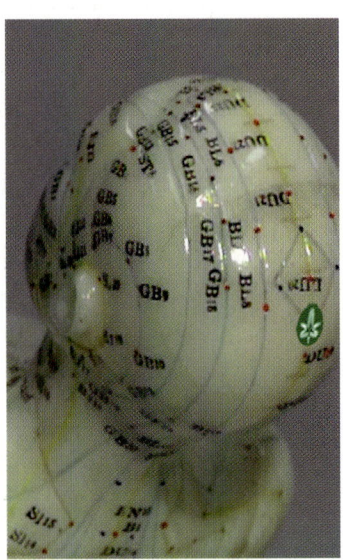

**Blüten-
essenzen
für diesen
Punkt:**

*West
Australian
Smokebush*

Mental / Emotional

West Australian Smokebush
Nebulöse Gefühle oder Nervosität.
Streßgefühle.
Körper und Geist sind nicht gut
verbunden.

Körper

West Australian Smokebush
Nachwirkungen einer Anästhesie.
Ohnmacht, Schwindelgefühle.

Der Extra Sechs-Punkt befindet sich
eine Daumenbreite* (ein
chinesisches Chun) hinter dem
Baihui Punkt.

(Beachte: Daumenbreite des
Patienten)

Register

Antiseptic Bush	57		Pink Fountain Triggerplant	155
Balga, Blackboy	59		Pink Impatiens	158
Black Kangaroo Paw	62		Pink Trumpet Flower	160
Blue China Orchid	65		Pixie Mops	162
Blue Leschenaultia	67		Purple and Red Kangaroo Paw	164
Brachycome	70		Purple Enamel Orchid	166
Brown Boronia	73		Purple Eremophila	168
Candle of Life	75		Purple Flag Flower	170
Cape Bluebell	77		Purple Nymph Waterlily	172
Catspaw	80		Queensland Bottlebrush	174
Christmas Tree, Kanya	82		Rabbit Orchid	176
Correa	84		Red and Green Kangaroo Paw	178
Cowkicks	86		Red Beak Orchid	180
Cowslip Orchid	89		Red Feather Flower	183
Dampiera	91		Red Leschenaultia	185
Donkey Orchid	93		Reed Triggerplant	187
Fringed Lily Twiner	95		Ribbon Pea	190
Fringed Mantis Orchid	97		Rose Cone Flower	192
Fuchsia Grevillea	99		Shy Blue Orchid	194
Fuchsia Gum	101		Silver Princess, Gungurra	196
Geraldton Wax	103		Snakebush	198
Giving Hands	105		Snake Vine	200
Goddess Grasstree	107		Southern Cross	202
Golden Glory Grevillea	109		Spirit Faces, Banjine	204
Golden Waitsia	111		Star of Bethlehem, (Australian)	206
Green Rose	113		Start's Spider Orchid	208
Hairy Yellow Pea	115		Swan River Myrtle	211
Happy Wanderer	117		Urchin Dryandra	213
Hops Bush	119		Ursinia	215
Hybrid Pink Fairy Orchid	121		Veronica	218
Illyarrie	123		Violet Butterfly	220
Leafless Orchid	126		Wattle	222
Macrozamia	129		West Australian Smokebush	224
Many Headed Dryandra	132		White Eremophila	226
Mauve Melaleuca	134		White Nymph Waterlily, Miani	229
Menzies Banksia	136		White Spider Orchid	231
One Sided Bottlebrush	138		Wild Violet	233
Orange Leschenaultia	140		Woolly Banksia	235
Orange Spiked Pea	142		Woolly Smokebush	237
Pale Sundew	144		Yellow & Green Kangaroo Paw	239
Parakeelya	147		Yellow Boronia	241
Pincushion Hakea	149		Yellow Cone Flower	243
Pink Everlasting	151		Yellow Flag Flower	245
Pink Fairy Orchid	153		Yellow Leschenaultia	247

Das innere Licht hochhalten - Antiseptic Bush	57
Die Kraft des kreativen Kriegers - Balga, Blackboy	59
Die Freude der Vergebung - Black Kangaroo Paw	62
Die Erhabenheit des Willen - Blue China Orchid	65
Die Freude am Geben - Blue Leschenaultia	67
Die Süße der Anerkennung - Brachycome	70
Die Befreiung des Denkens - Brown Boronia	73
Von Licht und Liebe umfangen - Candle of Life	75
Die Vergangenheit befreien - Cape Bluebell	77
Die eigene Wahrheit äußern - Catspaw	80
Teil des Ganzen sein - Christmas Tree, Kanya	82
Uns Selbst akzeptieren - Correa	84
Die Wiederherstellung - Cowkicks	86
Die Akzeptanz aller als Gleiche - Cowslip Orchid	89
Die Freiheit, loslassen zu können - Dampiera	91
Innere Entschlossenheit - Donkey Orchid	93
Das dankbare Herz - Fringed Lily Twiner	95
Sich für Wohlwollen entscheiden - Fringed Mantis Orchid	97
Die Einheit von Denken, Worten und Taten - Fuchsia Grevillea	99
Frei von Klaustrophobie - Fuchsia Gum	101
Die Heiligkeit des Selbst - Geraldton Wax	103
Der Geist der Erneuerung - Giving Hands	105
Die Kraft der geduldigen Heldin - Goddess Grasstree	107
Das Coming Out - Golden Glory Grevillea	109
Horizonte werden weiter - Golden Waitsia	111
Fortschreiten - Green Rose	113
Auf die Welle warten - Hairy Yellow Pea	115
Die Freiheit der Unabhängigkeit - Happy Wanderer	117
Geist in Ruhe - Hops Bush	119
Das Licht im Inneren - Hybrid Pink Fairy/Cowslip Orchid	121
Furchtlose Innenschau - Illyarrie	124
Kontrolle aus der Mitte - Leafless Orchid	126
Das Gleichgewicht von Yin und Yang - Macrozamia	129
Der verläßliche Freund - Many Headed Dryandra	132
Die Quelle ewiger Liebe - Mauve Melaleuca	134
Wieder leben - Menzies Banksia	136
Die Bewußtheit der Gemeinschaft - One Sided Bottlebrush	138
Sanft bleiben - Orange Leschenaultia	140
Die Ausdruckskraft - Orange Spiked Pea	142
Das Licht des Gewissens - Pale Sundew	144
Fairneß durchsetzen - Parakeelya	147
Der freie und offene Geist - Pincushion Hakea	149
Die Quelle Ewiger Unterstützung - Pink Everlasting	151
Träger inneren Friedens - Pink Fairy Orchid	153
Die Rückkehr der Vitalkraft - Pink Fountain Triggerplant	155
Der Mut des einsam Reisenden - Pink Impatiens	158

Energie und Konzentration - Pink Trumpet Flower	160
Über sich selbst hinaus - Pixie Mops	162
An den Händen der Liebe - Purple and Red Kangaroo Paw	164
Das Qi meistern - Purple Enamel Orchid	166
Gelassenheit - Purple Eremophila	168
Die Befreiung - Purple Flag Flower	170
Selbstlose Liebe - Purple Nymph Waterlily, Miani	172
Der gesellige Geist - Queensland Bottlebrush	174
Die Demaskierung der Seele - Rabbit Orchid	176
Die Schönheit der Nähe - Red and Green Kangaroo Paw	178
Die Ganzheit umarmen - Red Beak Orchid	180
Der Geist der Hilfe - Red Feather Flower	183
Die Verschmelzung der Seelen - Red Leschenaultia	185
Die Verjüngung - Reed Triggerplant	187
Im Universum geborgen - Ribbon Pea	190
Die innere Stille - Rose Cone Flower	192
Durchbrechen - Shy Blue Orchid	194
Der Geist der Ausdauer - Silver Princess, Gungurra	196
Die Einfachheit der Liebe - Snakebush	198
Die Ermutigung - Snake Vine	200
Die Weisheit des Einfühlungsvermögens - Southern Cross	202
Der weite Horizont - Spirit Faces, Banjine	204
Kreative Lösungen - Star of Bethlehem (Australian)	206
Direktes Herangehen - Start's Spider Orchid	208
Der Geist der Fairneß - Swan River Myrtle	211
Die Freude der Selbstachtung - Urchin Dryandra	213
Gemeinsame Ideale verwirklichen - Ursinia	215
Brücken schlagen - Veronica	218
Wieder lieben - Violet Butterfly	220
Weltklug - Wattle	222
Die Einheit des Wesens - West Australian Smokebush	224
Den Nebel durchschauen - White Eremophila	226
Seelensucher - White Nymph Waterlily, Miani	229
Fürsorge geben - White Spider Orchid	231
Der Geist des Optimismus - Wild Violet	233
Verwirklichung eines Traumes - Woolly Banksia	235
Der Geist der Demut - Woolly Smokebush	237
Der Wert von Fehlern - Yellow and Green Kangaroo Paw	239
Der stille Geist - Yellow Boronia	241
Selbsterkenntnis - Yellow Cone Flower	243
Der sorglose Geist - Yellow Flag Flower	245
Die Kunst des Zuhörens - Yellow Leschenaultia	247

Florale Akupunkturkarten

Ohr (Auriculare) Akupunkte	249
Adrenalindrüse	250
Gehirnstamm	250
Mageneingang	251
Verstopfung	251
Zwerchfell	252
Zwölffingerdarm	252
Auge	253
Stirn	253
Galenblase/Pankreas	254
Genitalien (äußere)	254
Herz	255
Innenohr	255

Gelenke

Fußgelenk/Zehengelenk	256
Schlüsselbeingelenk	256
Ellbogengelenk	257
Fingergelenk	257
Kniegelenk	258
Schultergelenk	258
Schulter	259
Handgelenk	259

Niere	260
Dickdarm	260
Leber	261
Lunge	261
Mund	262
Hinterkopf	262
Shenmen	262
Dünndarm	264
Milz	264
Halswirbel	265
Brustwirbel	265
Lendenwirbel	266
Sakralwirbel	266
Magen	267
Symphatikusnerv	267
Hoden (Gebärmutter)	268
Schilddrüse	268
Zunge	269
Blase	269
Uterus	270

Florale Akupunkturkarten
Körper-Akupunkte

Gouverneur-Akupunkt –Baihui	271
Intelligenz-Akupunkt –	
Extra Sechs	272

achten	204	Entscheidung	115	Geist, offener	206
achtsam	178	entschlossen	208	Geisteskraft	160
Akzeptanz	73, 84	Entschlossenheit	117,	Gelassenheit	153
akzeptierend	101, 149,		158, 180, 206	gelöst	109, 142, 170
	190, 202	entspannt	101, 170,	genesen	187
Anerkennung	70, 80,		174, 192	Genialität	77
	138	Entspannung	119	geradeheraus	97
anpassungsfähig	111	Erfolg, Glaube		Gerechtigkeit	144
aufbauen, neu	86	an den	235	gesellig	109
Ausdauer	166, 196	erforschen	233	Gesundung	220
Ausdruck	99, 218	erfüllt	198	Gewissen	97, 144
Ausdruck, freier	194	Erfüllung	132	Gleichgewicht	126, 129
ausdrucksvoll	109, 142	ergänzen	151	gleichmäßig	132, 166
ausgeglichen	168, 174,	erhalten	126	glücklich	213, 233
	245	Erkenntnis	124	glückselig	185
Ausgeglichenheit	153	Erleichterung	170	gute Absichten	97
ausgesprochen	142	ermutigend	239	gütig	95
ausgleichend	59	Ermutigung	200	heilen	136
aussprechen, offen	80	erneuern	187	Heiligkeit	57
befreien	77, 136, 172	Erneuerung	65, 75	hell	124
Befriedigung,			105, 136	Herausforderung	196
innere	89	erweiternd	111	Herz	172
Begeisterung	180, 183	expansiv	111	Herzens, leichten	245
beobachten	226	fähig	117	hilfreich	183
bequem	101	Fairneß	211	hinausgehen,	
Berührung, in	138, 178	Flexibilität	91	darüber	231
besonnen	168	Fokus	57, 113, 241	Hoffnung	206
Besonnenheit	153	forschend	149	hört zu	247
bewußt	202, 222	Fortschritt	113	Idealismus	134
Bewußtheit	138	frei	67, 73	Idealismus,	
Brüderschaft	218	freigiebig	67	erneuter	235
Chancen	206	Freude	77, 124	Inspiration	105
Demut	70, 89, 237	freudig	105, 136	inspiriert	132, 194
diplomatisch	168	freundlich	77	integriert	215
Direktheit	208	Freundlichkeit	70, 144	integriert,	
Durchbruch	113, 194	Friede, innerer	153	wieder	224
durchsetzen	158	Frieden	93, 119, 192	Integrität	57, 99
Dynamik	194	friedseling	192	Interaktion	174
ehrlich	176	furchtlos	124, 190	jovial	245
Ehrlichkeit	99	fürsorglich	82	Kapazität,	
einfühlsam	202	ganz	220, 224	erneuerte	220
einigend	99	Ganzheit	126	klarer Kopf	224
Einsicht	211	ganzheitlich	180	Klarheit	80, 226
Energie	183	geben	67, 95	kommunizieren	142
Energie, neue	86	Geduld	73, 115	Konzentration	241
Engagement	132	geduldig	107, 178	konzentriert	160

kooperativ 91
Koordination 215
Kraft 245
Kraft, innere 103, 121, 147, 158, 211
Kreativität 59, 206
Läuterung, emotionale 229
lehren 239
leichten Herzens 245
Leistung 160, 166
lernen 84, 247
Licht 75, 144
Liebe 62, 185
Liebe aufrecht erhalten 231
Liebe für sich selbst 198
Liebe, bedingungslose 107
Liebe, dauerhafte 134
Liebe, Einheit in 129
Liebe, selbstlose 172
lieben, wieder 220
liebevoll 95
lösen 208
Losgelöstheit 93
loslassen 77, 91
Loslösung 73, 93, 119, 129, 170
Meditation 229
meistern 196
Mitgefühl 140, 162
mitgehend 151
Mut 80, 136, 158, 208, 233
nachsinnen 101
Nähe 178, 185
nährend 107
neugierig 149
Objektivität 226, 237
offen 67, 91,109, 149,176,218, 233,247
Offenheit 164
Optimismus 75,105, 200,235
orientieren, neu 218

Perspektive 138, 144, 204, 226
Perspektive, spirituelle 229
perspektivisches Selbst 237
positiv 190
Positivität 62, 75, 93, 200, 211, 243
Potential 84
regulierend 166
reif 107, 222
Reife 59, 82
Reinigung 57
revitalisieren 187
Richtung 115
rücksichtsvoll 162
Rückzug 218
Ruhe 115, 119, 142, 168, 190, 241
Ruhe, innere 192, 229
Sanftheit 140, 185
schmelzen 185
Schwung 155
Selbstachtung 213
selbstbewußt 109, 147
Selbstbewußtsein 59
Selbstenthüllung 176
Selbsterkenntnis 243
selbstlos 204
selbstsicher 89, 103, 117
Selbstwert 147, 243
Selbstwertgefühl 213
Self control 65
sensibilisieren 185
Sensibilität 140, 178, 62, 164
sexuelle Ganzheit 129
sich widmen 132
Sinn 231
sorglos 111, 245
sozial 174
Spaß 124
Stabilität 121
stärken 65
Studium 241
teilen 67, 82, 183

Tiefe 172, 176
Toleranz 70, 239
überschwenglich 124
überwinden 196
unabhängig 103, 117, 198
unparteiisch 70, 172
unterscheiden 121, 149
unterstützen 151, 231
unterstützend 107, 183
verantwortlich 82, 180, 222
Verantwortung übernehmen 215
verbunden 224
verbunden, neu 155
Vergebung 62
verjüngen 187
Verlangen 180
Verletzlichkeit 164
Verständnis 164, 202, 239, 247
Vertrauen 84, 89, 166, 200
Vertrauensbildung 93
vitalisierend 126
Vitalität 86, 113, 155
wachsam 57, 222
wahrhaftig 99
Wandel 65, 113
weise 222
Weisheit 115, 202, 215, 247
weiten 204
Widerstandskraft 121, 153
widerstehen 187
wiederherstellen 155
Wille 65
Wohlwollen 97
Würde 147
zärtlich 140
zentrieren 126
zielbewußt 160
Zufriedenheit 134, 243
Zufriedenheit, innere 198

abgelenkt 57, 178, 241
abgenutzt 126, 187
abgeschnitten 109
abhängig 107
abhängig, emotional 117
Abstand, auf 178
abweisend 247
abwesend 178
aggressiv 59
akzeptiert, nicht 243
angegriffen 200
angespannt 200
Angst 117, 136
Angst, vor zitternd 190
ängstlich 101, 233
anhaftend 107
Arbeitspferd 147
Ärger haben 192
arrogant 70, 144, 247
auf und ab 166
aufgeben 196
aufgebracht 95, 162, 183
aufgestaut 142
ausgebrannt 151
ausgeflippt 132
ausgelaugt 126, 155, 174, 187
Aversion 109, 231
barsch 140
beachtet, nicht 80
bedürftig 134, 198
beeinflußbar 57, 103, 121
beherrscht, wird 103
belastend 183
belastet 138
beschränkt 149
besessen 65, 73
Besessenheit 62
bezichtigen 93, 164
Bilder, negative 129
Bitterkeit 77, 198
blockiert 129, 136, 194, 206
Defätist 235
defensiv 149

depressiv 243
desillusioniert 215
dogmatisch 149
dramatisch 237
Druck 170
Druck, unter 103
Durcheinander 168, 208
düster 245
egoistisch 82, 89, 140, 237
egozentrisch 95
Eifersucht 77, 107
einmischend 97
einsam 218
Einsiedler 174
emotional 107, 121
emotional abhängig 117
emotional am Boden 220
Energie, zertreute 119
enttäuscht 134, 215, 235
entziehen, sich 124, 208, 174
erfahren 93
Erinnerung, unterdrückte 124
ernst 91
Erschöpfung 86
explosiv 142
Falle, in der 101
Falschheit 144
fatalistisch 235
faul 113, 183
fixiert 204
fordernd 89, 95, 198
frenetisch 119
Frustration, emotionale 172
frustrierend 208
frustriert 134, 180, 196, 229,
Furcht 73, 124, 136, 190, 224, 190
gefangen 229
Gefühle, verwirrte 168
geschätzt, nicht 147
Geschwätzigkeit 97

gestreßt 153, 192, 245
gewachsen sein 155
Groll 77, 93, 113
habgierig 67
hamstern 67
hart 107, 185, 239
Haß 62
herrisch 107
heuchlerisch 99
hilflos 57
hoffnungslos 75, 105, 168, 206
Hut, auf der 109
hyperaktiv 119, 241
hypersensibel 121
Image, oberflächliches 176
intolerant 140
introvertiert 80, 231
irrational 101
isoliert 183, 218, 138
kalt 185
Kampf 75, 158, 187
kämpfen 75, 200
klagen 138
Klaustrophobie 101
kleinlich 67, 111
kollabierend 166
kompromißbereit 158, 208, 57, 147
Konkurrenz 89
Kontrolle, nicht 97
konzentriert, auf sich selbst 204
kritisch 70
kritisierend 164, 215
kurzsichtig 202
leblos 155
leer 126, 151, 187, 206
leicht gereizt 192
lethargisch 180
machtlos 194
manipulativ 107, 144
meidet Konfrontation mit Realität 222
Meinung, vorgefaßte 226
Minderwertigkeit 84, 213, 243
mißbraucht 105

mißtrauisch 93
mißverstanden 218
Mitte sein wollen 89
müde 86, 126
naiv 222
negativ 164
Negativität 62
Neid 77
nervös 91, 115, 153, 170, 245
niedergeschlagen 124, 213
Niederlage 113
oberflächlich 241
obligatorisch 103, 176
ohnmächtig 224
Opfer 213
Opposition 158
Optionen, keine 206
orientierungslos 224
Panik 101
Perfektionismus 111
Perfektionist 239
Pessimismus 136
pessimistisch 233
Probleme, sexuelle 129
provoziert 142
Qual 231
Rache 93
Raubtier, wie ein 144
reagieren 153, 164, 226
reaktionär 162
rebellisch 180, 183, 196
richten 202
Rückzug 109, 218
ruhelos 178, 241
Scheinheiligkeit 99
Scheuklappen 206
Schlaflosigkeit 73
Schmerz 62, 80, 124, 134, 142, 162, 172, 198
Schmerz, alter 75
schnüffeln 97
Schuld 77
schwach 65, 166

Schwäche
verachten 185
Schwere 105
selbstgefällig 99
Selbstmitleid 211
Selbstrecht-
fertigung 211
selbstsüchtig 67
Selbstvorwürfe 84
Selbstzweifel 117
sexuelle Probleme 129
Sorgen 73, 111, 233
Stagnation 113, 196
starr 91
stereotyp 129
strafen 239
streitlustig 164
streng 107
Streß 119, 170, 224
süchtig 65
Täuschung 144
Trauma 86, 220
traurig 200, 213, 218, 235
Traurigkeit 105, 231
trocken 151
trübsinnig 245
trügerisch 97
Überlegenheit 70
überreagierend 121
übertreiben 237
übervorsichtig 233
überwältigt 65, 115, 126, 132, 153, 158, 231, 220
umherschweifen 160
unberrechenbar 166
unbeständig 82
uneins 180
unentschlossen 194
unerfahren 115, 202
unerfüllt 151, 172
unersättlich 67
Unfairneß, Opfer von 211
ungeduldig 239
uninspiriert 180
unklar 160, 208, 224 226
unkontrolliert 142

unkonzentriert 160
unrealistisch 215
Unrecht - erleiden;
- zufügen 211
unreif 59, 82
unruhig 174
unsensibel 59
unsicher 117, 176, 235
unterdrückend 91
unterdrückt 194
unterdrückt 80
unterminiert 200
unterschätzt 243
unterwürfig 198
unverantwortlich 82, 132
unvorbereitet 245
Unwohlsein 174
verbunden, nicht 160
verbunden, nicht 224
verhärtet 140, 162
verhüllend 176
verlegen 109
verletzlich 222
vernachlässigen 185
verschlossen 149, 185
verspannt 170, 192
versteckt negativ 99
versunken 204
vertstrickt 226
verurteilend 202
verwirrt 153, 192
Vision fehlt 229
Vorahnungen, böse 190
weglaufen 132
Weisheit 115
Wünsche, verleugnete 229
Wut 62, 134
Wutanfälle 95
zerschmettert 86
zerstörerisch 59
zerstreut 115, 222, 241
zögerlich 136
zurechtkommen, nicht 187
zurückziehen 147

A
Allergie 121
Anästhesie, Erholung von 224, 272
Arthritis 77
Asthma 250, 261
ätherisches Reinigungsbad 57
Ätherkörper 224
Attaken 216
Augen, überanstrengt 253
Augenkrankheiten 253, 261

B
Bauch und Magen, Spannungen 80
Bauchschmerzen 67
Blähungen des Unterbauchs 254
Blähungen des Unterbauchs 264
Blutkreislauf 267, 216

D
Desorientierung 224
Druck, aufgebauter 171
Durchfall 251, 260
Dysmenorrhö 130, 270

E
Ejakulation, nächtliche 270
Energie 119, 127, 155
Energieverlust 255, 272
Entzündungen 250, 263
Enuresis 269
Erbrechen 251, 267
erholen, Rekonvaleszenz 127, 155

F
Flüssigkeitshaushalt 130
Frigidität, sexuelle 254

G
Gastralgie 267
Gehirnlähmung 216
Gelbsucht 252
Gesichtslähmung 262
gestörtes Gleichgewicht
der Hormone 107, 268
Gift 62, 77

H
Harnverhalten 269
Hautproblem 121, 134
Hepatitis 261
Herzklopfen 264
Hörprobleme 255, 260
Husten 261
Hypochonderschmerzen 261

I
Immunität, geschwächt 103, 121
Immunsystem 103, 121
Impotenz 130, 254, 270

K
Kokussieren, Probleme beim 253
Koordinationsprobleme
zwischen Körperfunktioenen
und Körperteilen 216
Kopfschmerzen 250, 253, 262, 91
Krampf 91
Krampf d. Magenausgangs 252
Krebs 75, 105

L
Lethargie 99, 180
Leukorrhö 270
Lumbago 260

M
Magenkrämpfe 267
Menopause 130, 268
Menstruation 107, 130, 268, 270
Müdigkeit 119, 127, 155, 255, 272
Mund, Geschwüre im 262
Muskeldystrophie
(Muskel, Nerv) 216

N / O
Neurasthenie 262
Ohnmacht 224, 272
Operationen, Gesundheits-
schwierigkeiten nach 155
Organe, sexuelle 130

P

Pankreatitis	254
Prämenstruelle Spannungen	268
Puls, schwacher	250
Pylorospasmus	252

R / S

Rekonvaleszenz	127, 155
Schlaf	73, 119
Schlaf, von Träumen gestört	263
Schlaflosigkeit	253, 263
Schläfrigkeit	224
Schluckauf	252
Schmerz	137, 256 - 259, 265, 266
Schock	155, 250
Schulter, verhärtete	216
Schweißausbruch	101
Schwellung	130, 171
Schwindelgefühl	224, 253, 272
Schwindelgefühl	250
Sexualorgane, Unausgeglichenheit,	130
Spannungen	101, 121, 250
Spasmen	216
Spasmen	91
Streß	73, 121, 153

T

Tinnitus	255, 260
Trauma	216

U

Übelkeit	251
Unausgeglichenheit, Sexualorgane	130
ungenügend eingedickter Stuhlgang	260, 59

V

Verdauungsbeschwerden	267
Verdauungsstörung	254,264, 267
verspannt	91
verspannt und verhärtet	91
Verstopfung	251, 260, 91
Virusinfektion, Gesundheitsschwierigkeiten nach	155, 195

W

Weißfluß	270
Wunden	137

Z

Zittern	216
Zwölffingerdarmgeschwür	252

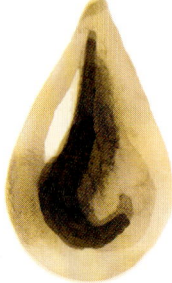

Die Original-Blütenkarten von **Living Essences**

Kartenrückseite mit Blütenname

Australasian
Flower Essence
Academy
Red & Green Kangaroo Paw

Rabbit Orchid

Ribbon Pea

Red Beak Orchid

Alle Blüten dieses Buches
auf 88 stabilen Karten. Format 8 x 10 cm,
glanzlackiert. Erhältlich zum Preis von DM 80.- inkl. MWSt.
zzgl. Versandkosten direkt bei:
Edition Tirta, Hauptstr. 198, 33647 Bielefeld, Fax 0521-441047

Weitere Fachbücher in der **Edition Tirta**

Dirk Albrodt (Hrsg.)

Illustrierte Enzyklopädie der Blütenessenzen

Überall in der Welt entstanden und entstehen neue, wunderbare Essenzen nach der Methode *Dr. Bachs.* Leider gab es bisher keine **bebilderte Zusammenstellung der weltweit erhältlichen Blütenmittel.** Die vorliegende *Illustrierte Enzyklopädie der Blütenessenzen* schließt diese Lücke. Der Herausgeber *Dirk Albrodt* ist bekannt durch Veröffentlichungen zum Thema Blütentherapie und hat in diesem Werk alle wichtigen Essenzen der Welt beschrieben: sowohl den botanischen Hintergrund der Pflanze, als auch die Anwendungsbereiche und „Themen" der Blüten bzw. ihrer Essenzen. **Mehrere Register** erleichtern den schnellen Zugriff, und über **600 ansprechende Farbfotos** ermöglichen den wichtigen visuellen Eindruck.

„Kompliment zur einmaligen Gliederung und zum Layout, vor allem zur gelungenen Konzeption! Ein Buch dieser Art zu besprechen, macht fachlich Freude. Danke für das Lesevergnügen, interessant endlich auch mal über Bach hinaus!" *(Jost Kröger, HP Freie Heilkunde, Verlag Medizin und Management).*

830 S., fester Einband, komplett farbig, DM 89.-

Peter Ekl

Blütentherapie und Naturerfahrung

Wer sich mit der Blütentherapie nach Dr. Bach befaßt, steht bald vor der Frage: **Wie konnte Dr. Bach erkennen, welche Blütenessenzen bestimmte seelische Zustände des Menschen harmonisieren?** *Peter Ekl* hat erkannt, daß **grundsätzlich jeder Mensch die Fähigkeit besitzt,** solche Entsprechungen zu erspüren, auch bei anderen (neuen) Pflanzen, die nicht von Dr. Bach beschrieben wurden. *Peter Ekls* Buch leitet Schritt für Schritt an, die eigene Wahrnehmung so zu schulen, daß die Beziehung einer Blütenpflanze zu einem menschlichen Gefühl genau beschrieben werden kann. Er erläutert **alle Methoden der Herstellung** von Blütenessenzen. **Fallgeschichten** von Menschen, die mit den beschriebenen Methoden praktisch gearbeitet und die seelische Heilkraft von Blüten an sich selbst erfahren haben, vertiefen das Verständnis und zeigen Möglichkeiten, sich selbst zu helfen.
Ein komplettes Blütenseminar, erstmals in Buchform.
Peter Ekl ist Heilpraktiker und Gründungsmitglied des *Blütenarbeitskreises Steyerberg.*

240 S., flexibler Einband, teilweise farbig, DM 29.80

Dirk Albrodt (Hrsg.)

Illustrierte Enzyklopädie der einheimischen Blütenessenzen

Diese Enzyklopädie bietet einen **Überblick über die Blütenessenzen,** die **in heimischen Landen** hergestellt werden. Es handelt sich um die wirksamsten Essenzen, deren Pflanzen direkt vor der Haustür wachsen. Aufbau und Systematik des Nachschlagewerkes sind identisch mit der, der internationalen Enzyklopädie. Neben **über 270 Essenzen,** die in bewährter Weise jeweils auch mit einem **Farbfoto** der Blüte beschrieben werden, finden sich in diesem Lexikon auch alle **Herstellungsmethoden, Bezüge zu Chakren und Aku-Punkten** und die wichtigen Hinweise zur Therapie und Selbst-Therapie. **Erstmalig** sind in diesem Werk alle wichtigen einheimischen Blütenessenzen dargestellt und mit Bezugsquellen verzeichnet - ein Überblick und eine Inspiration, die Sie woanders nicht finden.
15 Hersteller aus Deutschland, der Schweiz, den Niederlanden und Österreich veröffentlichen die Ergebnisse jahrelanger Forschung erstmalig.

Heilen Sie sich selbst!

430 S., fester Einband, komplett farbig, DM 48.-